SCÉNARIOS d'AVENIR

Les Éditions Transcontinental
24ᵉ étage
1100, boul. René-Lévesque Ouest
Montréal (Québec)   H3B 4X9
Tél. : (514) 392-9000 ou, sans frais, 1 800 361-5479

Données de catalogage avant publication (Canada)
Sheitoyan, Robert, 1936-
Scénarios d'avenir
ISBN 2-89472-099-8
1. Prévision commerciale. 2. Prévision économique. 3. Vingt et unième siècle – Prévisions.
4. Planification stratégique. 5. Projet d'entreprise. 6. Innovations. I. Messier, Christian, 1956-
II. Titre.

HD30.27.S53 1998   658.4'0355   C98-941647-X

Collaboration à la rédaction:
Sophie DeCorwin

Correction:
Lyne M. Roy

**Mise en pages et conception
graphique de la couverture:**
Studio Andrée Robillard

Imprimé au Canada
© Les Éditions Transcontinental inc., 1998
Dépôt légal: 4ᵉ trimestre 1998
Bibliothèque nationale du Québec
Bibliothèque nationale du Canada

ISBN 2-89472-099-8

Les Éditions Transcontinental remercient le ministère du Patrimoine canadien et la Société de développement des entreprises culturelles du Québec d'appuyer leur programme d'édition.

ROBERT SHEITOYAN
CHRISTIAN MESSIER

SCÉNARIOS d'AVENIR

Se préparer dès aujourd'hui au monde de demain

Les Éditions
TRANSCONTINENTAL inc.

REMERCIEMENTS

La préparation d'un livre de cette facture est une aventure fascinante. Nous connaissons notre destination, mais le chemin pour y parvenir change constamment et réserve somme toute une foule de surprises. Sur notre route, nous avons eu le privilège de croiser plusieurs personnes qui nous ont offert leur appui inconditionnel, entre autres :

- Monsieur Jean Morval, Ph.D., professeur titulaire au département de psychologie de l'Université de Montréal ;
- Monsieur Jacques Saint-Pierre, professeur titulaire de la Chaire UQAM-SITQ ;
- Monsieur François Asselin, directeur, planification et stratégie, chez GE Capital (Montréal) ;
- Monsieur Sylvain Bédard, notre éditeur, qui a cru en ce projet et qui, avec son équipe, a fourni les efforts et l'enthousiasme nécessaires à sa réalisation.

Nous désirons par ailleurs remercier tout spécialement nos compagnes, France Tremblay et Christine Hébert. Une fois de plus, elle ont fait preuve d'une grande patience et d'une franche solidarité tout au long de la mise en œuvre de cet ouvrage.

Bonne lecture à vous... et bons scénarios !

Robert Sheitoyan
Christian Messier

9 novembre 1998

Table des matières

Chapitre 7
OÙ VIVRONS-NOUS ?

Chapitre 8
FORMULER UN SCÉNARIO D'AVENIR

CECI N'EST PAS UNE CONCLUSION

NOTES

INTRODUCTION

Si on vous demandait de nommer des entreprises nord-américaines qui connaissent actuellement un succès notoire, votre liste comprendrait probablement des firmes comme Microsoft, Intel, Hewlett-Packard, General Electric, Bombardier, Cascades ou encore CGI.

Si on vous demandait ensuite de relever les facteurs susceptibles de causer leur perte ; si on vous invitait en quelque sorte à formuler un «scénario de disparition» pour chacune de ces entreprises, comment vous y prendriez-vous ? Nous vous voyons déjà réagir : «Microsoft, Bombardier, Hewlett-Packard, rayées de la carte ? Voyons donc, c'est impossible !»

Pourtant, en dépit de leur vigueur actuelle, ces organisations négligent de tenir compte de facteurs qui pourraient éventuellement les amener à fermer leurs portes ou à être acquises par d'autres entreprises plus puissantes : de nouvelles technologies, un changement rapide dans l'orientation de leur marché respectif, une innovation cruciale apportée à un produit substitutif ou concurrent, une bureaucratie interne qui assommerait la ferveur des troupes, etc.

Une autre question surgit : comment se fait-il que les organisations échouent si souvent dans leur tentative de maintenir leur succès à long terme, sinon en permanence ? Avouez que, à leur place, vous vous demanderiez tous les jours comment faire pour demeurer le génie de l'industrie, n'est-ce pas ? Avouez que vous chercheriez sérieusement les clés du succès, pour vous-même et pour votre entreprise ?

On constate un manque de réflexion sur les causes des erreurs commises. Les entreprises qui sont efficaces sont tellement occupées à bien faire les activités quotidiennes qu'elles prennent rarement le temps de réfléchir sur ce qui peut assurer leur succès dans l'avenir. En fait, les gens et les organisations réfléchissent trop peu souvent et trop peu longtemps pour se donner les moyens de demeurer compétitifs.

De nos jours, il faut prendre les décisions d'affaires si vite qu'elles reposent souvent sur des modes passagères. On imite simplement ce qui se fait ailleurs. Le gestionnaire n'a pas le temps de se livrer à une profonde réflexion sur l'avenir de son service ou de son entreprise et de dresser un plan stratégique. Pourtant, c'est bien là une de ses fonctions. On est réduit à parer au plus urgent... On joue au pompier !

Une réflexion sur l'avenir de l'entreprise s'enracine dans les opérations quotidiennes. Pour être réaliste, cette réflexion doit être institutionnalisée, comme un processus d'affaires. Si elles veulent survivre, voire s'épanouir, les entreprises doivent se forger une vision de l'avenir idéal. Demain, lorsque le monde sera plus turbulent, plus incertain, il sera trop tard pour se demander comment réagir ; il importe d'*anticiper* l'avenir. Ce livre propose une démarche permettant d'atteindre cet objectif et ainsi de réduire l'incertitude.

Il existe une tendance à surestimer les répercussions d'un phénomène dans le « court terme » et à sous-estimer ses effets dans le « long terme ».

Roy Amara

POURQUOI « SCÉNARIOS D'AVENIR » ?

Pourquoi avoir choisi un tel titre ? La réponse se trouve, en partie du moins, dans un exercice inspirant conçu par Lou Gerstner, pdg d'IBM (International Business Machine). Toutes les six semaines, Gerstner rassemble ses 40 hauts dirigeants avec lui pour une retraite de deux jours dans un environnement propice au ressourcement.

Il ne s'agit pas de procéder à une revue d'affaires ordinaire. Gerstner utilise un moyen original en vue d'aider ses gestionnaires à ouvrir leur esprit à tout ce qui peut exercer une influence positive sur l'entreprise. À chacune des séances, un conférencier présente son point de vue sur un aspect du leadership d'IBM. Ce conférencier peut être un universitaire, un dirigeant d'une autre industrie ou même un représentant du monde des arts. Gerstner dirige lui-même ces rencontres qui favorisent l'émergence de nouvelles façons de penser et de nouvelles perspectives sur les affaires de l'entreprise.

Nous vous proposons à votre tour d'ouvrir votre esprit à la nouveauté, à ce que peut vous réserver l'avenir. Attention, nous n'avons pas la prétention de prédire ce qui va arriver dans les cinq prochaines années. Nous présentons simplement des façons d'affiner l'intuition. Et l'outil privilégié pour anticiper, analyser et gérer l'incertitude est le **scénario d'avenir**.

Les incertitudes du marché, l'évolution de la société, le tumulte des valeurs, la vitesse et la nature des changements technologiques font que nos lendemains sont plus que jamais imprévisibles. Des approches et des outils nouveaux ont donc été mis au point pour faire face à l'incertitude de l'environnement des peuples, des institutions, des organisations, des groupes et des individus. Réduire l'incertitude veut dire « prendre l'initiative de l'action et déterminer soi-même son avenir ».

La gestion stratégique formulée par un comité de gestion, la gestion de carrière par un professionnel et la gestion de soi d'un employé ou d'un gestionnaire servent à s'orienter et à décider des actions à prendre. Mais, ces moyens ne sont des outils puissants que dans la mesure où ils permettent d'engager une action dans un environnement **connu** et **prévisible**; ils sont limités si l'environnement n'est pas bien compris et perçu.

L'adaptation d'une personne, d'un groupe ou d'une organisation à son environnement concurrentiel et à la conjoncture économique requiert des outils d'analyse qui permettent de prendre des décisions et de passer à l'action. Ces outils contribuent à notre capacité de bien saisir la mouvance de notre environnement.

Le futur est-il suffisamment clair? Voit-on des scénarios de rechange? Se trouve-t-on devant une gamme de possibilités ou devant une réelle ambiguïté? Les organisations font face à trois défis de taille:

- **Défi n° 1** : trouver des moyens nouveaux et mieux adaptés en vue de décoder les indicateurs permettant de se situer et de se donner un meilleur positionnement.

- **Défi n° 2** : trouver une façon de s'opposer à la détérioration des organisations, de leur redonner une vitalité.

- **Défi n° 3** : déterminer comment venir en aide à tous ceux qui sont touchés directement par les changements, soit les individus, les groupes sociaux et communautaires ainsi que les organisations.

L'effet des grandes tendances démographiques, économiques, écologiques et technologiques sur notre société offre des fils conducteurs qui nous permettent d'imaginer de quoi l'avenir sera fait, de définir un scénario de l'avenir. Dans un premier temps, nous présenterons les points de vue des grands observateurs de notre temps sur les tendances actuelles — vous allez voir, plusieurs sont assez contradictoires, merci! Certaines tendances auront peu ou pas de conséquences sur nous-mêmes ou sur notre organisation; d'autres seront déterminantes. C'est la connaissance intime de notre environnement qui nous permet d'évaluer intuitivement ce qui dessinera l'avenir. Et cela, toutes les personnes évoluant dans les organisations ont la compétence nécessaire pour s'en faire une idée.

L'INTUITION

Comment dresser un scénario d'avenir ? Il faut d'abord choisir ce qui est — ou deviendra — sous peu une **tendance**. Et déterminer si une connaissance particulière, un savoir scientifique donné ou un phénomène concret constitue une tendance ou le deviendra relève bien souvent de l'**intuition**.

L'intuition repose d'abord sur l'observation des phénomènes macroscopiques plus lents de notre société, qu'ils soient de nature technologique, économique, écologique ou démographique. Puis, elle s'inspire des phénomènes d'évolution plus rapide, comme le travail, la famille, les loisirs et le développement personnel. Il s'agit de percevoir l'état actuel des choses afin d'anticiper l'évolution respective des gens et des milieux de vie. Cela dit, il y a sans doute d'autres manières de percevoir les données à l'origine d'une intuition du futur. Toutefois, nous croyons que les facteurs technologiques, économiques, écologiques et démographiques suffisent à l'élaboration d'un scénario d'avenir.

En fait, le scénario d'avenir est synthétique tout comme le diagnostic des tendances et de leur effet potentiel. L'idée la plus simple est que les choses vont changer de la même façon qu'elles ont changé par le passé. On assimile aisément un «nouveau encore inconnu» à un «ancien bien connu» ; on suppose que, dans l'avenir, il y a des choses que les gens continueront de faire, comme se nourrir, se reproduire et créer. L'extrapolation vers un monde futur repose sur un enchaînement de causes à effets tout à fait logique.

L'utilité du scénario d'avenir est de faciliter le positionnement, la prise de décisions et le passage à l'action. Il se distingue de la prospective par l'utilisation de certaines données qui ne sont pas connues mais supposées.

QUELQUES MISES EN GARDE

Le scénario d'avenir repose sur le choix relativement précis de l'horizon temporel souhaité et d'un domaine particulier. De plus, cette vision de l'avenir ne doit pas servir à fuir des problèmes réels. Se situer, s'orienter, décider et passer à l'action sont les motifs qui guident le choix des indicateurs du scénario. Une fois choisis, ces indicateurs façonnent naturellement une vision de l'avenir qui doit répondre aux objectifs poursuivis. La démarche proposée permettra au lecteur, aux groupes et aux équipes de travail de formuler leur propre scénario d'avenir.

L'enchaînement des différentes sections de cet ouvrage est aléatoire. On peut lire les parties du livre dans l'ordre qui nous convient. Chose certaine, tout au long de sa lecture, le lecteur pourra s'interroger et faire des liens :

- Quelles autres solutions l'organisation a-t-elle omis d'envisager ?

- Qu'est-ce qui, dans l'avenir, pourrait faire surgir de nouvelles possibilités ?

- Quelles autres stratégies décisionnelles n'ont pas été considérées ?

Puis, une fois les scénarios d'avenir élaborés, il pourra s'interroger de nouveau :

- Quelles autres stratégies découlent de ces scénarios ?

- De quelle façon les nouvelles possibilités diffèrent-elles des choix actuellement sous examen ?

Chaque chapitre offre des éléments essentiels à la préparation d'un scénario d'avenir. Pour étoffer sa démarche, on peut lire simultanément d'autres ouvrages et y puiser les éléments d'un scénario d'avenir personnalisé.

« DITES-MOI, QUELLES SONT LES NOUVELLES ? »

Jennifer James, qui s'intéresse aux habiletés des leaders du futur, rapporte une anecdote de l'un de ses voyages, qui fut pour elle une source d'inspiration. Il y a quelques années, elle se trouvait en Malaisie, dans l'ancienne ville de Malaga. Elle était à la recherche d'indices afin de mieux comprendre quelles sortes de personnes pouvaient se sentir confiantes et accomplies il y a plusieurs centaines d'années. Au fil de ses recherches, elle trouva dans la crypte d'une église, gravé dans le bronze, le texte suivant :

Né à Rome, mon père a été un négociant arménien. Quant à ma mère, elle avait des parents grecs et perses. Et moi, je suis né à Istanbul. Asseyez-vous sur ma tombe et donnez-moi des nouvelles du monde.

Jacob Shamier
Négociant aux îles Moluques (1745-1774)

Jacob Shamier, décédé en 1774 à 29 ans, nourrissait un profond amour de la vie et sa passion pour l'avenir n'était apparemment pas éteinte au moment de sa mort. À la lecture de cette épitaphe, Jennifer James a su qu'elle avait sous ses pieds un homme qui embrassait l'avenir sans peur. Jacob Shamier aurait certainement pu réussir au XXIe siècle comme il avait réussi au XVIIIe. Mais, il semblait paradoxal, aux yeux de Jennifer James, que le modèle d'attitude tant recherché pour le futur surgissait ainsi du passé.

S'il semble si difficile — voire impossible — de déterminer de quoi l'avenir sera fait, c'est que nous sommes aliénés par le présent et ambivalents vis-à-vis du futur. Nous sommes désolés à l'égard de notre société et nous manquons d'outils pour interpréter ce qui s'en vient. En fait, l'avenir, souvent, nous effraie; nous préférons nous en tenir aux bons augures. Cependant, l'avenir n'est pas seulement ce qui va nous arriver de bien... C'est aussi ce qui va nous surprendre!

Il s'agit donc de se faire l'idée la plus juste possible de ce qui surgira de l'avenir. Et il faut prendre garde de ne pas se limiter aux choses qui nous enchantent, mais également se concentrer aux éléments qui nous inquiètent. En fait, pour tirer le meilleur parti de l'avenir, il faut transformer les obstacles que nous rencontrerons probablement en opportunités pour notre organisation ou notre communauté. On peut y parvenir en devenant *proactif*. On ne veut plus dépendre des événements, mais y participer pleinement en considérant toutes les options possibles et probables. L'objectif, finalement, est d'arrêter de regarder passer le train. Il faut coûte que coûte *devenir* le train.

Le scénario d'avenir est un outil simple de développement organisationnel. Il mène inévitablement à une réflexion fondée sur la réalité d'une équipe ou d'un groupe, d'une organisation ou d'une communauté. Il ne faut surtout pas l'oublier: **le scénario d'avenir doit être partagé par tous dans l'organisation**. Il aide les gens à s'approprier davantage leur environnement et à en exploiter les ressources insoupçonnées. Il permet d'établir des relations enrichissantes et favorise la croissance entre les individus et les équipes à l'intérieur d'une organisation. Le scénario d'avenir conduit directement à la prise de décisions, quelle que soit l'étape de planification stratégique à laquelle on se trouve. Enfin, le scénario d'avenir possède ceci de particulier: il contribue à mobiliser les individus et les équipes vers **l'action concertée**. C'est dire à quel point le scénario d'avenir est un outil puissant.

L'ÉCLATEMENT DES TECHNOLOGIES DE L'INFORMATION

- Quel est le rôle des technologies de l'information dans les activités d'exploitation de mon organisation?

- Les gens compétents en matière de technologies de l'information se trouvent-ils à l'intérieur ou à l'extérieur de mon organisation?

- Quel rôle doivent jouer les cadres supérieurs pour que nos gens accroissent leurs compétences en matière de technologies de l'information?

- Comment devraient être organisées les fonctions technologiques de l'information et quel est le rôle des sous-traitants?

- Quels sont les critères appropriés qui permettent de mesurer les bénéfices procurés par les technologies de l'information?

- Quel rôle puis-je jouer dans ce processus? Quel est le rôle de mon équipe?

LES TECHNOLOGIES DE L'INFORMATION NOUS TOUCHENT DÉJÀ

Qu'est-ce que l'information? Les sons produits par les oiseaux et les discours des présidents sont de l'information, comme toutes les musiques. Le dessinateur d'une maison et le concepteur d'une auto-mobile produisent de l'information, ainsi que les centaines de millions de personnes qui exécutent du travail de bureau.

Les humains sont en rapport avec l'information de trois façons. Nous recevons l'information avec nos **sens**. Nous traitons cette information avec notre **système nerveux** et notre **cerveau**. Enfin, nous produisons une activité d'information avec nos **muscles** pour parler, gesticuler et crier.

L'information se distingue des moyens physiques utilisés pour l'em-magasiner et la transporter. Par exemple, les volumes d'une ency-clopédie ou un cédérom peuvent contenir la même information. L'expression «technologies de l'information» désigne les connaissances qui permettent de l'organiser, de l'emmagasiner et de la transporter au moyen d'un support matériel.

Le tableau 1.1 montre les étapes du développement des technologies de l'information. Ces dernières reposent sur des infrastructures com-plexes. L'âge de l'information n'est pas à la portée de tous!

TABLEAU 1.1

**Les 5 étapes pour entrer dans l'âge de l'information,
selon Michael L. Dertouzos[1]**

1. Les nombres sont utilisés pour représenter toute l'information.

2. Ces nombres sont exprimés par « 1 » et « 0 »
   (la base numérique binaire).

3. Les ordinateurs transforment l'information en faisant de l'arithmétique
   avec ces nombres.

4. Les sytèmes de communication transportent l'information en
   transportant ces nombres.

5. Les ordinateurs et les systèmes de communication se combinent pour
   créer des réseaux d'ordinateurs qui sont la base des infrastructures de
   l'information de demain, lesquelles constituent les bases du marché de
   l'information.

Les technologies de l'information changent nos façons de faire, notre manière de travailler et nos choix de loisirs. Elles ont déjà de grandes conséquences sur les différents aspects de nos vies. Elles déterminent de plus en plus comment nous recevons les soins de santé, comment nos enfants apprennent, comment les personnes âgées demeurent en relation avec la société, comment les gouvernements gèrent leurs affaires, comment les groupes ethniques préservent leur héritage culturel, quelles voix seront entendues et même comment les nations seront constituées.

Par l'ampleur des changements qu'elles provoquent, les technologies de l'information lancent de grands défis. Elles agiront sur des phénomènes sociaux et économiques comme la pauvreté — la manière par laquelle les gens pauvres deviennent plus pauvres et plus malades — et la confidentialité des renseignements personnels — elles facilitent l'accès à nos comptes bancaires, à nos dossiers médicaux et à notre correspondance personnelle par les criminels, les compagnies d'assurances et les employeurs.

Pour comprendre à quel point les changements produits par les technologies de l'information utilisées dans les affaires et les organisations vont exercer une influence sur nos vies, il faut se rendre compte de l'importance de l'information dans une économie nationale.

Les effets de la révolution de l'information

L'habileté à trouver l'information utile va devenir plus valable que l'information elle-même : la vraie valeur procurée par l'information n'est pas l'information, mais ce qu'on peut en faire et comment on peut la trouver. Les entreprises compétitives vont faire une place particulière aux gens qui peuvent rechercher, organiser, classer, indexer et cataloguer l'information. La valeur ajoutée à l'information est ce qu'on peut en faire.

Richard Worzel
The Next 20 Years of your Life

LA PART DE L'INFORMATION DANS L'ÉCONOMIE

Comment calculer le pourcentage que représente l'information par rapport à l'ensemble des activités économiques ? Il faut d'abord soustraire le travail physique et toutes les activités étrangères à l'information : le transport, l'agriculture, les services de restauration, etc. La tâche n'est pas facile, car même dans ces secteurs il faut départager les tâches qui relèvent de l'information de celles qui lui sont étrangères : commandes, comptabilité, traitement des données, publicité, négociation, contrats, ventes, livraison, surveillance, facturation, gestion du personnel, correspondance et notes de service, appels téléphoniques, télécopies et photocopies.

Laissés à leurs propres engrenages, les marchés de l'information vont augmenter l'écart entre les pays riches et les pays pauvres et entre les gens riches et les gens pauvres.

Michael L. Dertouzos
What Will Be

Une firme en services financiers relève à 100 % du domaine de l'information, alors qu'un restaurant en dépend à un degré variant de 5 % à 30 %. Aux États-Unis, jusqu'à 58 % de la force de travail totale (cela inclut le gouvernement) se consacre à du travail de bureau. On estime ainsi que 60 % du produit intérieur brut de ce pays découle de l'information.

Toujours aux États-Unis, 17 % de la force de travail suffit à manufacturer tous les biens nécessaires à la vie quotidienne, tant est énorme l'augmentation de la productivité.

UN ACTIF PRÉCIEUX : LE SAVOIR

L'utilisation croissante de termes comme «capital de savoir» manifeste clairement l'importance que les entreprises américaines accordent au rôle de l'information. Anciennement, les organisations avaient un chef de la direction, un directeur financier et un directeur de l'exploitation. Maintenant, elles ont en plus un directeur de l'information (ou de l'informatique). Récemment, un nouveau rôle a vu le jour, celui de *Chief Knowledge Officer* («directeur des connaissances»).

Toute information susceptible d'aider l'organisation constitue un savoir. Les futurologues croient que le savoir peut apporter quelque chose de plus que l'information elle-même. L'organisation qui se l'approprie détient un avantage concurrentiel.

Il est probable que les organisations qui vont alimenter, respecter et apprécier leurs travailleurs auront le plus grand avantage sur leurs compétiteurs. Ces attitudes dans les philosophies de gestion vont devenir même plus importantes dans le nouveau monde de l'information parce que les employés vont posséder, par leurs connaissances, une part plus grande des moyens de production en participant aux processus de décision.

Michael L. Dertouzos
What Will Be

LES PAUVRES DEVIENDRONT-ILS RICHES ?

Des penseurs croient que les technologies de l'information peuvent améliorer l'éducation et la santé, accélérer le développement des nations défavorisées et libérer les gens pauvres de leur pauvreté. Ils s'imaginent et affirment que les pauvres profiteront aussi des avantages d'un bureau à domicile et gagneront ainsi le salaire qui les sortira de la misère.

Il est vrai que les technologies de l'information peuvent être utilisées pour enseigner la lecture, l'agriculture, la production de l'électricité ou la prévention des maladies. Il est aussi vrai que les machines peuvent remplacer les professeurs dans certains apprentissages et certaines tâches éducatives. Le télétravail est déjà une réalité. La demande pour un tel travail augmentera au fur et à mesure que les firmes deviendront transnationales et que le marché de l'information présentera des disparités géographiques.

> Le marché de l'information va sans doute toucher les organisations avec une force dont l'ampleur est maintenant difficile à prédire. Le travail à la maison pourra prévaloir en transformant les villes et les banlieues particulièrement, en déplaçant les bureaux vers les maisons, en transférant des restaurants et des services vers les banlieues et en produisant une diminution correspondante dans les grandes villes. Ce déplacement démographique devrait aussi créer une nouvelle classe de citoyens divisés entre l'identité des villes et des villages.
>
> Michael L. Dertouzous
> *What Will Be*

Les machines et les logiciels nécessaires au télétravail sont toutefois onéreux, tout comme les services de formation et de soutien technique essentiels à leur utilisation.

Certains suggèrent de faciliter l'accès des pays pauvres au marché de l'information. Ils proposent, par exemple, de simplifier certaines fonctions des ordinateurs afin d'en faciliter l'utilisation. Mais, cette proposition n'est pas réaliste. En effet, les coûts de fabrication des circuits intégrés approchent le milliard de dollars pour le développement et la mise en marché d'un seul microprocesseur, coût obtenu par l'amortissement d'un capital de risque élevé.

Même s'ils étaient peu coûteux, les ordinateurs soulèvent dans de nombreux pays en voie de développement un problème auquel on ne songe même pas : le manque d'infrastructures pour les soutenir. Alors qu'en Occident on veut compter un ordinateur dans tous les foyers, en Afrique du Sud, seuls 2 % des gens ont le téléphone. Les pays d'Afrique ont d'abord besoin de développer les infrastructures essentielles à la survie, à la sécurité et au transport, avant de considérer la nécessité d'une infrastructure informationnelle adéquate.

Ces visionnaires croient qu'il est possible de passer directement du stade de production agraire au stade du marché des technologies de l'information. Ils escamotent tout simplement le stade industriel, comme si un enfant pouvait apprendre à danser sans nécessairement apprendre à marcher.

OÙ VA L'ORDINATEUR ?

De 1981 à 1994, le nombre d'ordinateurs personnels utilisés dans le monde est passé de 4 millions à 166 millions. Les États-Unis sont en tête avec 75 millions, soit 287 ordinateurs pour 1000 personnes. L'Australie, le Canada et le Royaume-Uni comptent entre 150 et 200 ordinateurs par 1000 habitants. Au Japon, c'est presque 100 par millier d'habitants. La Chine et l'Inde, par contre, entrent tout juste dans l'ère informatique avec moins de un ordinateur par 1000 habitants.

L'utilisation des ordinateurs croît rapidement depuis 1981, mais pas autant que la puissance de calcul, multipliée par 15 au cours des 7 dernières années. Malgré l'expansion phénoménale de la capacité des ordinateurs de traiter et d'analyser des données, la capacité de l'esprit humain d'absorber l'information, de l'utiliser et de susciter une réponse sociale à l'ordinateur demeure inchangée. La croissance économique moderne se distingue encore par l'application des connaissances scientifiques aux problèmes de la production économique.

La « faute additive » : les gens font les mêmes activités qu'ils faisaient avant d'avoir des ordinateurs au travail ; s'y ajoutent les travaux requis pour garder l'ordinateur « heureux » ou donner l'impression d'avoir l'air moderne. Et nous obtenons, malgré la présence de l'ordinateur, une contre-productivité.

Michael Dertouzos
What Will Be

LE JEU DES STRATÉGIES

Tout a commencé dans les années 1960 avec la conception d'un premier «calculateur», engin capable de résoudre des problèmes. Puis, trois stratégies compétitives ont émergé de l'industrie des ordinateurs. Les entreprises qui se sont positionnées sur le marché commercial durant les années 1960 ont eu une influence décisive sur le développement des technologies de l'information jusqu'à nos jours.

La première stratégie s'est façonnée avec l'introduction d'ordinateurs personnels substituts aux systèmes de comptabilité partiellement automatisés qui fonctionnaient avec des cartes perforées et des rubans magnétiques. Cette stratégie consistait à rendre obsolètes les produits sur le marché afin d'obtenir des avantages concurrentiels. Les manufacturiers d'ordinateurs ont ainsi aidé les utilisateurs à se tourner vers des systèmes beaucoup plus performants et à créer de nouveaux logiciels d'application (progiciels) pour le traitement des données.

IBM louait alors des machines pour le traitement des données qui s'y prêtaient. Cette stratégie encourageait les clients à remplacer au fur et à mesure leur équipement par les versions plus récentes, dont les capacités étaient supérieures : il suffisait d'un simple ajustement dans les comptes de location. Cette stratégie a donné naissance à deux tactiques. Une première tactique reposait sur l'implantation d'ordinateurs offrant des compatibilités intergénérationnelles, c'est-à-dire d'une version à l'autre. La seconde reposait sur l'introduction de nouvelles «familles» d'ordinateurs offrant des avancements importants, mais incompatibles avec les ordinateurs de générations antérieures. La tactique intergénérationnelle compatible visait à renforcer les relations entre le fournisseur et sa clientèle et à créer une dépendance du client. Elle a directement contribué à la concentration des fabricants d'ordinateurs.

La « faute du cliquet » : chaque fois qu'on apporte une modification à un programme, elle s'ajoute à la complexité du programme initial, et on alourdit un système qui perd alors de sa capacité et devient moins performant.

Michael Dertouzos
What Will Be

La décision d'IBM d'offrir des compatibilités intergénérationnelles fut la conséquence de l'insatisfaction des clients, qui étaient aux prises avec l'incompatibilité des formats de données et des répertoires d'instruction entre les trois premiers ordinateurs d'IBM. Ces incompatibilités empêchaient le partage des données entre les différents ordinateurs chez un même client, ce qui entraînait une plus faible capacité d'utilisation.

La deuxième stratégie consistait à fabriquer les appareils à l'échelle industrielle en vue de développer des avantages concurrentiels basés sur les économies d'échelle.

Une troisième stratégie concurrentielle est devenue possible seulement vers la fin des années 1960. Elle a résulté de l'amélioration des composantes des circuits intégrés, à l'origine de la haute performance des « miniordinateurs », ordinateurs de plus petite taille et à prix moins élevé. Les miniordinateurs ont connu une pénétration de marché fantastique et contribuèrent à accroître les revenus provenant des ventes de systèmes principaux dans les années 1970 à 1975.

Durant la dernière décennie de l'industrie des ordinateurs, le développement des ordinateurs personnels et des postes de travail a amené une décentralisation des systèmes informatiques. Cette évolution a cependant suivi les stratégies de marché développées durant les premiers 30 ans. D'abord, les producteurs dans le domaine des technologies de l'information — fabricants de machines à écrire, de caisses enregistreuses et de terminaux d'ordinateurs — se sont trouvés en compétition directe avec les entreprises de vente ou de location d'ordinateurs, par l'offre de produits substitutifs. De plus, certains producteurs d'ordinateurs, tels que NEC et IBM, ont surmonté avec succès les barrières à l'entrée de l'industrie des technologies de l'information avec l'introduction sur le marché de leurs propres produits. C'est ainsi que les technologies électroniques ont, petit à petit, remplacé les technologies électromécaniques.

Par la suite, les producteurs de miniordinateurs et d'ordinateurs principaux (*mainframe*) ont constaté que les utilisateurs exigeaient la **compatibilité** pour permettre la communication de données entre les nouveaux appareils. La centralisation des activités de calcul continues, réalisées grâce aux ordinateurs, offrait des avantages pour les logiciels d'application, au moyen d'améliorations locales ou sectorielles. En ce qui concerne les miniordinateurs, plusieurs logiciels d'application spécialisés, particulièrement en génie et en science, ont été directement remis en question par l'utilisation croissante des nouveaux postes de travail individuels.

La «faute de la perfection»: nous cherchons à produire des documents dont la création et la présentation exigent énormément de temps. Nous perdons un temps fou à réaliser des présentations dont nous n'avons pas réellement besoin. Cet effort est souvent contre-productif.

Michael Dertouzos
What Will Be

Enfin, les entreprises d'ordinateurs personnels et de postes de travail se sont alignées sur des normes de compatibilité intergénérationnelle afin de faciliter la pénétration de leurs marchés. Dans le cas des ordinateurs personnels, la conséquence de cette stratégie fut une perte de croissance dans les locations d'appareils IBM, inventeur de l'ordinateur personnel dominant, au profit de ses concurrents: Microsoft, fournisseur du système d'exploitation standard pour les ordinateurs personnels compatibles IBM, et Intel, fournisseur dominant des microprocesseurs pour les ordinateurs MS-DOS et Windows. Dans le marché des postes de travail, c'est la firme Sun qui a le mieux réussi avec l'introduction d'un système ouvert basé sur le système d'exploitation UNIX. Toutefois, Sun souffre encore de la compétition.

DES INVESTISSEMENTS CROISSANTS, UNE RÉDUCTION DES PRIX

Le profil de la compétition dans l'industrie s'est établi en 1972. Les investissements furent colossaux. La capacité de l'industrie des technologies de l'information à réduire le prix des systèmes par unité de performance est une raison importante de la croissance phénoménale des investissements dans ce secteur.

Aux États-Unis, les investissements en ordinateurs ont doublé de 1980 à 1985, passant de 90 $ à 180 $ par personne. De 1985 à 1990, en dépit d'une augmentation par 10 fois du coût des capacités en MIPS (millions d'instructions par seconde), l'investissement par tête est passé à 200 $, un maigre 11 % d'augmentation. Certains expliquent ce changement par le transfert d'investissement des ordinateurs vers les logiciels. C'est ainsi que les technologies de l'information continuent leur évolution historique.

Plusieurs interprétations s'opposent quant à la **valeur** des technologies de l'information. Parmi celles-ci, la plus optimiste considère que les 40 premières années de l'industrie ne représentent qu'une exploration dans le développement et l'utilisation des ordinateurs. Une autre prétend que les technologies de l'information ont déjà dépassé nos habiletés à restructurer les activités économiques et les organisations d'affaires.

Une interprétation pessimiste soutient que les technologies de l'information sont inefficaces pour livrer les promesses d'amélioration de la productivité. Les firmes ont fait d'énormes investissements en ce domaine dans l'espoir de trouver des manières profitables d'utiliser la technologie, mais ces réorganisations ne seraient rien d'autre que des déplacements de coûts équivalents d'un ensemble d'activités à un autre. La source du problème peut effectivement être technologique.

Le manque de corrélation entre les dépenses en technologies de l'information et la profitabilité des entreprises est contraire aux affirmations publiques. Cela défie la croyance commune selon laquelle les investissements dans les processus électroniques d'information conduisent à réduire les coûts et à procurer des avantages compétitifs.

Paul Strassman
ex-directeur général de l'information, Xerox

Toutes ces interprétations sont plausibles pour autant que le calcul économique ne mesure pas comment les apprentissages, la dispersion des connaissances, l'amélioration de l'utilisation de ces connaissances et d'autres efficacités organisationnelles basées sur l'utilisation des informations sont réalisés dans les entreprises. Ces interprétations ne prennent pas toutes en compte que les technologies de l'information procurent 7,4 millions d'emplois dont le salaire moyen est de 46 000 $ US, soit 64 % plus élevé que le salaire moyen de l'ensemble du secteur privé.

Pour comprendre ces interprétations, nous devons être capables de décrire comment les développements dans les technologies de l'information et leurs utilisations peuvent évoluer dans la prochaine décennie. Nous devons également établir des critères qui nous permettent de vérifier que les activités passées furent réellement des investissements cumulatifs vers un avenir plus rentable. En particulier, nous devons comprendre la valeur des économies d'échelle procurées par les technologies de l'information.

UNE ÉCONOMIE D'ORDINATEURS

Les joueurs des technologies de l'information savent-ils où ils s'en vont? Laura Ramsay[2] croit qu'il est difficile — et risqué — de faire des projections parce que les technologies figent nos idées dans la glace. Paradoxalement, c'est la vitesse avec laquelle le réseau téléphonique s'est transformé, d'un « conduit pour faire la conversation » à un « courrier de données et d'images », qui a procuré à l'industrie des télécommunications une vision de son avenir.

Toutefois, malgré les progrès, il reste encore à trouver la meilleure voie possible pour cheminer vers cet avenir. Les consommateurs voudront probablement un ensemble de services qui inclura aussi les possibilités actuelles pour la voix, les données, la vidéo et les transmissions cellulaires.

L'accès aux services de télécommunications actuels déterminera la configuration des services accessibles futurs : Internet, câblodistribution et autres services à valeur ajoutée — par exemple un téléavertisseur pour signaler la réception d'un message important dans le courrier électronique, alors qu'on se trouve à l'extérieur. Le prix sera basé sur l'ensemble des services désirés.

Dans le contexte actuel, les compagnies de téléphone courent le danger de tomber dans un piège : céder à la tentation d'offrir *tous* les services électroniques. Essayer d'offrir trop de produits pourrait menacer leur raison d'être. On voit déjà assez bien se profiler les premiers effets de la compétition dans le secteur des technologies de l'information : beaucoup de promesses sans lendemain. Une année, c'est la fibre optique pour les zones urbaines afin d'augmenter la capacité de traitement ; l'autre, le câble coaxial pour la maison ; puis, le temps passe et on n'en parle plus. Ce phénomène actuel découle de la restructuration des grands fournisseurs et des enjeux financiers considérables qui incitent à lancer de vastes projets sans avoir bien évalué les besoins réels de la clientèle d'aujourd'hui.

L'APPORT DES TECHNOLOGIES DE L'INFORMATION DANS LES GAINS DE PRODUCTIVITÉ

À la fin du XIXᵉ siècle, les chemins de fer et les moteurs électriques ont transformé l'Amérique en propulsant une jeune économie industrielle beaucoup plus productive qu'elle ne l'était avant ces découvertes. Maintenant, à la fin du XXᵉ siècle, les ordinateurs suscitent les mêmes espoirs et sont censés produire le même miracle. Certains questionnent l'apport des technologies de l'information dans les gains de productivité des entreprises ou du PIB. Louis Uchitelle[3] croit qu'ils n'ont pas livré le fruit de leurs promesses. Stephen Shepard[4] considère plutôt que nous éprouvons simplement de la difficulté à mesurer leur apport véritable dans l'économie.

La richesse nationale (PIB[5]) a augmenté aux États-Unis à un taux annuel de moins de 2,5 % en moyenne ces dernières années. Cela inclut la contribution des ordinateurs, estimée à 0,04 %, selon les calculs des économistes Stephen D. Oliner et Daniel E. Sichel de la Réserve fédérale américaine.

Les effets de la révolution de l'information

La vitesse des découvertes scientifiques va ralentir étant donné que les chercheurs hésiteront à partager leurs découvertes : la libre circulation et les échanges d'information entre les scientifiques ont favorisé le progrès. Toutefois, certaines formes d'information vont devenir très valables, mais, avec leur faible capacité à protéger la propriété intellectuelle, les chercheurs préserveront l'information plutôt que la partager.

Richard Worzel
The Next 20 Years of your Life

L'informatisation a surtout bénéficié aux entreprises manufacturières et à l'industrie des télécommunications. Alors, pourquoi les ordinateurs n'ont-ils pas conduit toute l'économie à une croissance de 3 % ? Peut-être parce qu'ils représentent seulement 2 % du capital national, lequel englobe toute la machinerie, les équipements, les installations et les bâtiments que les entreprises utilisent pour produire des biens et des services.

Par comparaison, les chemins de fer représentaient au XIXe siècle plus de 12 % du capital national Ils devinrent des outils d'expansion économique, ouvrant des frontières à l'agriculture et à de nouvelles villes et industries. Au même moment, les moteurs électriques ont remplacé les moteurs à vapeur, procurant au pays beaucoup plus de flexibilité et de sources de puissance efficaces. Ils rendirent possibles les lignes d'assemblage. L'utilisation des chemins de fer et des moteurs électriques produisit d'énormes résultats.

Il reste qu'une entreprise comme Procter & Gamble a épargné 1,6 milliard de dollars entre 1991 et 1995 grâce à l'automatisation et au suivi en temps réel des stocks[6].

COMMENT MESURER LES EFFETS DES TECHNOLOGIES DE L'INFORMATION SUR LES GAINS DE PRODUCTIVITÉ ?

L'objectif d'utiliser des ordinateurs a toujours été d'augmenter la productivité globale d'une entreprise. Ceux qui croient aux miracles économiques — et ils sont nombreux ! — insistent pour mesurer la contribution informatique en dollars : ils oublient les améliorations qualitatives moins tangibles apportées à la vie quotidienne. La qualité ne se mesure pas par l'épaisseur du portefeuille...

Les effets de la révolution de l'information

Les voyages d'affaires vont chuter dramatiquement. Au fur et à mesure que les vidéoconférences deviendront moins chères et plus accessibles, les rencontres d'affaires de qualité vont se multiplier. Cela n'entraînera pas l'élimination des voyages d'affaires, mais les échanges d'information pourront se voir satisfaits avec les nouveaux moyens de télécommunication.

Richard Worzel
The Next 20 Years of Your Life

On calcule la productivité à partir des résultats du travail transformés en dollars : intrants variés incluant non seulement la main-d'œuvre, mais les outils utilisés, la machinerie, l'ordinateur et la climatisation, lesquels facilitent le travail. Une meilleure qualité de vie au travail permet aux gens de se concentrer davantage et ainsi d'être plus productifs, ce qui donne lieu à des résultats tangibles.

Lorsqu'on s'en tient à cette définition, les extrants provenant de la révolution informatique des 25 dernières années ont été décevants. Les ordinateurs contribuent, à n'en pas douter, à la productivité et à la croissance économique, mais cette contribution n'a pas pu être enregistrée encore par les statistiques gouvernementales ou privées comme étant un catalyseur de prospérité économique.

Les économistes et ceux qui font les politiques depuis deux décennies se trouvent confrontés à un paradoxe : comment concilier le constat que les ordinateurs n'ont pas rempli leurs promesses ni répondu aux attentes avec les progrès technologiques rapides et la croissance des valeurs mobilières, dans le contexte d'une période de performance économique décevante ? Selon Louis Uchitelle, le phénomène s'explique par l'inexactitude des statistiques obtenues sur le sujet. C'est possible. Dans ce cas, le rôle positif joué par les ordinateurs dans l'amélioration de la productivité n'a pas été correctement pris en compte.

Une autre explication existe. Il est possible que les ordinateurs, bien que cette invention rende la vie meilleure, n'ajoutent pas autant de richesses tangibles à la nation que les apparences le laissent croire. Les ordinateurs donnent l'impression de jouer plus du côté de l'utilisateur, et donc du côté de la dépense, et pas assez du côté de la production.

On peut expliquer cela de plusieurs manières. Par exemple, la plupart des gens n'utilisent pas toute la puissance de leur ordinateur. De plus, celui-ci est souvent utilisé pour faciliter la production et la manipulation de données. Posséder un ordinateur ne rend pas un consultant nécessairement plus compétent dans ses prévisions. Il est probable que l'amélioration de la productivité ait été systématiquement sous-estimée, en particulier dans le secteur des services, ce qui signifie que l'on aurait mal mesuré l'indice des prix à la consommation (IPC).

Selon un autre point de vue, les gains procurés par les technologies de l'information seraient globalement modestes, mais inégalement distribués dans le processus de production. Il se peut que certaines entreprises aient obtenu, grâce à eux, de bons rendements sur leurs investissements ; d'autres ont pu faire des investissements importants dans ces technologies sans en tirer de profit perceptible ou produisant même un rendement négatif.

L'hypothèse d'une distribution inégale des rendements sur le capital investi dans les technologies de l'information nous conduit au constat suivant : des ajustements importants s'imposent dans l'appareil productif pour atteindre un nouvel équilibre, plus importants encore que les fusions et les acquisitions de la dernière décennie. La précision et la compréhension accrues ainsi que l'épargne de temps que procurent ces technologies permettent de réorganiser les activités économiques.

Elles incitent à exploiter encore mieux le potentiel de certaines activités et à en délaisser d'autres.

En théorie, les grandes améliorations mesurables par les coûts du traitement de l'information et accompagnées de l'accroissement des achats de technologie de l'information touchent la productivité ainsi que les autres mesures de l'activité économique et des performances. Les technologies de l'information représentent 8 % du PIB, mais sont responsables de 25 % de la croissance de l'économie américaine, selon le Département du commerce américain (avril 1998). Malheureusement, peu d'améliorations des agrégats dans les performances économiques ont été observées pour justifier les investissements croissants dans les technologies de l'information.

Durant la dernière décennie, la majorité des grandes firmes américaines n'ont presque pas engagé de nouveaux employés, en dépit de la croissance de l'emploi. On compte pourtant 17 millions de nouveaux emplois créés aux États-Unis au cours de cette période ! On explique principalement le rôle des technologies de l'information dans les restructurations des entreprises américaines par la capacité des ordinateurs d'ouvrir de nouvelles possibilités.

L'hypothèse du *cost disease* offre un autre point de vue négatif sur la contribution des ordinateurs. Cette hypothèse se base sur le fait que le coût des logiciels et des périphériques limite les améliorations de productivité découlant d'une nouvelle technologie. Ces charges sont aussi moins sensibles à l'augmentation de productivité que le coût des intrants directement visés par la rationalisation. L'application de l'hypothèse aux ordinateurs conduit à penser que le coût des logiciels peut freiner les gains de productivité. Les différents impacts négatifs des technologies de l'information, dont certains sont exposés dans les encadrés de ce chapitre, freinent aussi très certainement la productivité.

LES AVANTAGES CONCURRENTIELS
DES TECHNOLOGIES DE L'INFORMATION

Frank Ogden[7] illustre bien comment certaines applications des technologies de l'information peuvent conduire à des gains évidents en matière de productivité. La même quantité d'information peut être emmagasinée dans 1 000 000 de pages de livres ou sur un seul disque de 4,5 pouces. Cette quantité va bientôt augmenter par 100 fois grâce à l'organisation en couches, qui ressemble à l'action d'étendre des couches successives de peinture. On sait qu'il sera bientôt possible de récupérer l'information emmagasinée sur 100 étendues de données en utilisant un faisceau laser qui combine ce nombre de fréquences, chaque fréquence permettant d'atteindre une couche.

Les fournisseurs dominants imposeront au marché leurs standards, même si leurs concurrents ou des partenaires plus faibles désirent offrir des solutions plus efficaces. Ce phénomène aura pour effet de créer une prolifération de standards informatiques incompatibles. Par la suite, on assistera à l'exploration de solutions permettant de surmonter ce problème par le biais de l'acceptation de standards sur une base volontaire comme EDIFACT.

Frank Ogden
Navigating in Cyberspace

Il sera bientôt possible de se procurer le système SERODS (*Surface Enhanced Raman Optical Data Storage*). Ce dernier permettra de lire un disque de 12 pouces pouvant contenir un million de livres de 300 pages, sans organisation en couches de renseignements. Lorsque cette dernière technique sera appliquée au système SERODS, on pourra emmagasiner 100 millions de livres sur un simple disque. Avec de telles possibilités de coucher et d'emmagasiner l'information, les bibliothèques deviendront des ghettos pour les gens moins bien nantis.

À Vancouver, on vient de construire, dans le style du Colisée de Rome, une bibliothèque de plusieurs millions de dollars, mais la construction est déjà obsolète! Dans le prochain millénaire, les bibliothèques n'auront pas besoin d'un emplacement physique.

Si vous trouvez une utilisation profitable pour les bibliothèques, vous venez de découvrir une nouvelle niche.

Frank Ogden
Navigating in Cyberspace

À QUI PROFITERONT LES TECHNOLOGIES DE L'INFORMATION ?

À ce jour, les réseaux informatiques ont été l'apanage des entreprises en mesure de profiter de gains sur le plan des communications intra-organisationnelles. Les miniordinateurs, malgré leurs succès commerciaux, permettaient difficilement l'établissement de réseaux ; en effet, les systèmes à relier, les informations ou les logiciels étaient souvent incompatibles.

Des producteurs d'ordinateurs centraux et de miniordinateurs ont travaillé à mettre au point des solutions de communication pour les produits provenant d'un même fournisseur. Ils ont trouvé les moyens de permettre l'échange des données et ont établi des standards de communication.

Les méthodes permettant d'augmenter le flux des données à traiter dans les systèmes d'information ont clairement dépassé les capacités des organisations à analyser et à utiliser ces renseignements.

David Kirkpatrick
Fortune

La diffusion des ordinateurs personnels et des réseaux locaux d'entreprises durant les années 1980 a intensifié le problème du réseautage intraorganisationnel. Déjà, des dizaines de milliers de systèmes posent des difficultés pour la construction de réseaux.

Les besoins futurs en réseautage touchent à la fois les communications internes et externes de l'entreprise et nourriront ainsi deux marchés. Les firmes spécialisées dans la communication et le partage des données apportent des solutions aux problèmes de développement des entreprises. Elles peuvent établir des réseaux locaux pour une entreprise ou plusieurs établissements d'une même organisation.

Un changement radical se dessine actuellement. Les solutions informatiques s'orientent vers une recentralisation de la gestion. Il s'agit d'un retour en arrière vers les solutions des années 1970, à l'époque où les gestionnaires de données pouvaient s'asseoir devant des consoles et suivre toutes les activités de l'entreprise à partir d'un seul point de contrôle.

Trois phénomènes ont contribué ces dernières années à ce «retour vers le futur»[8] :

- le boum d'Internet, qui permet de relier tous les réseaux de communication d'une entreprise ;

- le fait que les entreprises peuvent utiliser tous les logiciels nécessaires à leurs processus d'affaires ;

- le fait que les réseaux de connexion pour les ordinateurs personnels coûtent très cher ; on estime qu'il en coûte près de 10 000 $ par année pour faire rouler un ordinateur personnel dans le réseau d'une grande entreprise en utilisant le système d'exploitation Windows 95 de Microsoft.

Les entreprises de services capables d'aider les gestionnaires d'entreprise confrontés à ce type de problème profiteront d'occasions intéressantes dans un futur proche. Ce sont les AT&T, Hewlett-Packard, IBM, Bombardier, Cascades et CGI d'aujourd'hui.

L'amélioration du réseautage intra-entreprises accroît le contrôle et la surveillance, un processus reconnu comme central dans l'amélioration de la productivité moderne. Des systèmes de communication comme l'intranet sont un exemple de ce besoin de communication à peu de frais et des possibilités de contrôle qu'ils procurent.

David Kirkpatrick
Fortune

La connexion intra-entreprises se révèle souvent un problème organisationnel plus qu'un problème technique. Actuellement, on utilise une énorme quantité d'approches distinctes dans l'enregistrement électronique de l'information et il y aura — en fait, c'est déjà commencé — des avantages concurrentiels à mettre sur pied des entreprises d'information spécialisées. Jusqu'à maintenant, l'implantation d'un concept unique pour le transfert électronique de documents se heurte à l'hétérogénéité des besoins dans l'industrie. Il semble actuellement que des entreprises visent une part de ce marché par l'entremise d'Internet. Il est loin d'être assuré que l'amélioration des systèmes informatiques ait des retombées sur le réseautage. Actuellement, la force de Wal-Mart et de Costco, par exemple, est redevable à l'utilisation intelligente de ce type de système.

Des améliorations dans les communications entre les entreprises favorisent les liens fournisseurs-consommateurs : elles contribuent à améliorer les systèmes de contrôle de la qualité et de gestion de la production, selon la méthode juste-à-temps. Les communications intra-entreprises permettront aussi des améliorations dans la gestion des stocks et dans le contrôle des intrants.

Contrairement aux préjugés selon lesquels les stocks jouent un rôle moins important dans le cycle d'affaires en raison des technologies de l'information, le processus de travail et les inventaires de biens finis dans les entreprises américaines sont à peu près les mêmes actuellement que ce qu'ils étaient en 1950, malgré la croissance du volume des activités économiques depuis ce temps.

La croissance des transferts de données entre les entreprises devrait favoriser un plus haut degré de spécialisation, grâce à la réduction des coûts de transactions et à l'établissement de spécifications communes de production. L'adoption de standards ouvre en outre de nouvelles possibilités de substitution dans l'achat des biens intermédiaires.

Les compatibilités intra-entreprises posent bien entendu un problème de taille. Une approche commune pour solutionner ce problème de façon globale paraît cependant improbable. Il est plus vraisemblable qu'un réseau croissant de passerelles et de ponts s'étende pour la traduction des informations entre les différents systèmes mutuellement incompatibles.

Un autre type d'investissement permettant d'améliorer la productivité consiste à créer de l'information de référence commune accessible aux différentes organisations. Puisqu'il coûte cher de se procurer ce type d'information, cela entraînera la nécessité de bien comprendre les besoins des clients. L'émergence de ce marché est déjà apparente par la possibilité d'utiliser les données des bibliothèques. Le marché des objets graphiques (*clip art*) va se développer rapidement en marché d'objets sonores et de banque de logiciels (*clip software*).

La diminution des prix conduira à l'utilisation croissante de ces produits d'information, ce qui contribuera à une efficacité nouvelle dans la mise en pages et dans la production de publications. Les manuels pourront être placés sur des disques optiques compacts et verront leurs utilisations généralisées. Des marchés spécialisés s'ouvriront pour satisfaire les besoins des marchés segmentés.

L'information peut être développée pour ses détenteurs seulement et certainement d'une façon commerciale ; les technologies de l'information permettent la production et la distribution d'information sous forme de produits grand public. Les bibliothèques publiques et les écoles, les répertoires traditionnels d'information pourraient rapidement voir croître leurs stocks de renseignements. L'accès limité à ceux-ci pose jusqu'ici un problème de distribution de la richesse disponible, tel que l'ont relevé des organisations professionnelles américaines comme la Computer Professionals for Social Responsibility.

Il est probable que le développement des banques d'information qui seront rendues disponibles grâce aux technologies de l'information, comme dans Internet, démocratiseront des outils qui, en réalité, sont actuellement sous-utilisés. Pensons par exemple aux collections de photographies de la bibliothèque du Congrès américain.

COMMENT L'ORDINATEUR POURRA-T-IL AMÉLIORER LES ENTREPRISES ?

En 1997, la firme KPMG a mené une étude dont le but était de comprendre pourquoi le tiers des projets en informatique de gestion de l'information des entreprises aboutissaient à un échec. L'étude a démontré que plus de la moitié (56 %) des projets d'implantation n'avaient pas répondu aux attentes : ils avaient dépassé leur budget initial d'au moins 30 % et près de 90 % d'entre eux avaient dépassé leur échéancier d'au moins 30 %.

Comme le souligne Marie-Claude Lortie[9], 250 milliards de dollars sont dépensés dans le développement de systèmes informatiques permettant de gérer l'information. Une étude de Deloitte & Touche montre que, en 1996, les entreprises américaines ont remplacé, dans une proportion de 70 %, leurs programmes de gestion informatisée par des logiciels prêts-à-l'emploi, c'est-à-dire des logiciels de gestion complets qu'il suffit d'adapter à leur réalité d'entreprise et d'affaires[10].

Les échecs ont plusieurs origines et revêtent différentes formes : une mauvaise planification, une mauvaise évaluation des besoins de l'entreprise ou un manque de suivi des projets par les dirigeants des entreprises d'où émanent les projets d'informatisation. Toutefois, la concrétisation de projets d'informatisation réussit dans les cas où les gestionnaires ou les consultants ont pris le temps de comprendre ou de définir les besoins de l'entreprise avant de formuler une solution informatique. Quand les projets mènent à des échecs, c'est essentiellement parce qu'on a essayé d'adapter à l'entreprise un système informatique fait d'avance.

Sur un autre plan, les technologies de l'information offrent un important soutien en gestion stratégique : stratégie d'affaires, stratégie de technologie de l'information, processus et infrastructures organisationnels, processus et infrastructures technologiques. Depuis une dizaine d'années, les technologies de l'information ont lentement évolué d'un rôle de soutien des services administratifs vers un rôle beaucoup plus stratégique. Elles aident non seulement à poursuivre les stratégies d'affaires courantes, mais à en formuler de nouvelles.

Les programmes informatiques de planification des ressources d'entreprise permettent d'atteindre ces objectifs. Ce sont des logiciels qui gèrent les bases de données pour les finances, les ressources humaines, la gestion de la chaîne de distribution, etc., dans une entreprise manufacturière, par exemple. Les principales entreprises de ce secteur — dont ne fait pas partie Microsoft — sont SAP, PeopleSoft et Baan. Ces trois entreprises valent ensemble plus de 43 milliards de dollars et ont engendré des revenus de 3,3 milliards de dollars en 1996. Ce secteur sera en croissance pour les prochaines cinq à dix années.

Selon Donald Rosenfield[11], trois tendances dans le développement des outils de distribution et d'inventaire permettent déjà d'intégrer les affaires et de favoriser des avantages concurrentiels : la mise au point de nouvelles méthodes permettant d'étendre les services, la consolidation des logistiques de réseau dans certaines industries et, enfin, la réduction des stocks par l'utilisation systématique de la gestion juste-à-temps. Ces tendances dépendent largement des technologies de l'information.

Les nouvelles technologies de l'information permettront aux organisations futures de se différencier des entreprises actuelles en regard de trois aspects : la vitesse, la structure et le contrôle décentralisé. Les organisations perdront leurs structures matérielles actuelles pour devenir de plus en plus virtuelles. Elles pourront pousser plus loin le processus décisionnel, par l'entremise d'équipes organisées autour des projets d'affaires de l'entreprise. Les technologies de la communication et de l'information vont rendre les gens capables d'être plus efficaces et efficients et de faire plus de travail que jamais.

La mobilité de la main-d'œuvre deviendra de moins en moins importante en raison de la possibilité nouvelle de choisir son milieu de vie sans égard au lieu de travail. On pourra, par exemple, choisir de vivre dans une municipalité rurale et y accomplir un travail de haute technologie — ces emplois ne sont plus strictement réservés aux grands centres urbains. C'est ainsi que les nouvelles technologies et les nouvelles organisations vont réduire certaines contraintes de la vie et rendre possible l'expression des valeurs humaines.

L'EFFET DES TECHNOLOGIES DE L'INFORMATION SUR LE TRAVAIL

Inventé il y a 200 ans uniquement pour répondre aux besoins de la révolution industrielle, le travail tel que nous le connaissons pourrait être dévoré bientôt par l'appétit vorace de la révolution informatique. Durant les années 1970, plus de 90 % des gens trouvaient de l'emploi dans les grandes entreprises. Encore récemment, près de 50 % des gens trouvaient des emplois dans les grandes organisations. Aujourd'hui, l'emploi chute à une vitesse déconcertante. La culture du travail à plein temps dans laquelle nous avons grandi est en train de devenir un simple fait historique. On considère toujours que le travail est un droit. Mais qu'est-il arrivé au rêve des emplois à vie, encore réalisable il y a 20 ans?

Avant l'ère industrielle, les emplois n'étaient pas fournis par un «employeur». Il y avait seulement des tâches qui devaient être accomplies à un certain moment, à un certain endroit, par une certaine personne. Le monde actuel, en dehors des périodes de croissance économique, revit les conditions de vie qu'il a pratiquement toujours connues. Le chômage va systématiquement augmenter et se maintenir élevé parce que le travail humain est systématiquement éliminé du processus de production, en raison de la quête de rendements toujours plus élevés.

Les entreprises font des restructurations afin de maintenir un groupe permanent d'employés chargés de définir les projets qui, par la suite, sont réalisés par un autre groupe de travailleurs pouvant être remerciés et réengagés au gré des projets à réaliser.

Victor Keegan
The Gazette

Les industries, pas seulement les entreprises, sont dans une course folle de restructurations qui conduisent souvent à la disparition de 40 % à 75 % de tous les emplois d'une organisation. L'objectif est d'obtenir des résultats pour le bilan trimestriel. Pour le reste, on verra plus tard. En moins de 10 ans, l'emploi est passé du temps plein à un «portefeuille» d'emplois à temps partiel ou temporaires. À ses débuts, une réorganisation touche les cols bleus. Ces jours-ci, on se demande même si les emplois de cadres intermédiaires vont survivre à ces restructurations, car ils sont, eux aussi, touchés durement.

Le monde industrialisé est entré dans une période de changement structurel, mais pour les gens, en ce moment, il est à toutes fins utiles impossible de réussir à s'ajuster à ce changement. Pour Frank Ogden[12], la vague de croissance technologique du prochain millénaire sera portée surtout par la publication électronique et les technologies de l'information. Nous savons que, dans 10 ans, la technologie qui est encore difficilement accessible aura modifié 90 % de notre culture sociétale, c'est-à-dire la manière que nous avons de penser, d'apprendre, d'aimer, de comprendre, de travailler et de survivre. Personne ne peut plus, aujourd'hui, dépendre des gouvernements, des grandes organisations ou du travail organisé.

Les cadres supérieurs, limités par leurs manières archaïques de faire les choses, deviennent extrêmement vulnérables. S'ils ne s'éveillent pas à la nécessité d'entrer sur le terrain mouvant de l'avenir, leur situation va sérieusement s'aggraver. Ils doivent trouver des manières rapides pour assimiler les données de la nouvelle réalité et produire des scénarios d'avenir.

Nous assistons au déclin continuel de la place des cols bleus, alors que de plus en plus de travailleurs perdent leur emploi. Ceux qui restent sont forcés de travailler dans une atmosphère intimidante et troublante (le syndrome du survivant), pour des salaires réduits ou gelés. Leurs tâches sont marginales et leur performance est évaluée par des systèmes informatiques complexes.

Victor Keegan
The Gazette

Les cols bleus ont moins de possibilités. Sous la pression de la vie quotidienne, ils éprouvent de la difficulté à trouver le temps d'acquérir la connaissance et les habiletés qui leur permettront de survivre.

Les entrepreneurs et les penseurs créatifs seront toujours des citoyens en demande sur le marché, car ils sont des «preneurs de risques». Comme des pilotes de guerre, ils se sentent invincibles. Même quand leur plan d'affaires ne fonctionne pas, ils se relèvent et volent encore.

Henry Ford a fait faillite cinq fois avant de «réaliser l'impossible». Quand il a finalement réussi, il a changé le monde!

Dans la pensée entrepreneuriale[13], la route du succès est plus importante que les gains économiques qu'elle procure. La survie financière est une question de jeu et non de prix. Une fois que vous vous engagez dans une opération risquée, les difficultés économiques disparaissent et les récompenses suivent immédiatement. C'est pourquoi le meilleur investissement consiste à développer... son propre cerveau.

Les travailleurs très habiles et assez chanceux pour conserver leurs emplois sont obligés de travailler de longues heures, laissant derrière eux des collègues sans habiletés et sans possibilités de travail. Avec en toile de fond un tel tableau, les questions suivantes se posent : Ce phénomène est-il irréversible ? Combien de temps durera-t-il ?

- Premièrement, il est possible que tout le phénomène de la disparition des emplois ne soit pas le résultat de forces irréversibles. Il pourrait être la simple conséquence de la conjoncture économique mondiale, qui commande des politiques pour contrer l'inflation. Ces mesures augmentent typiquement le nombre de sans-emploi.

- Deuxièmement, il n'y a pas actuellement de signe apparent de saturation de la demande dans l'économie. Lorsque les gens auront plus d'argent, ils trouveront tôt ou tard les moyens de le dépenser. Une des solutions au problème est de trouver les moyens d'encourager les riches à utiliser les ressources excédentaires en vue de créer des emplois pour les pauvres.

Pour Jeremy Rifkin[14], la seule solution est de demander aux gouvernements d'étendre le secteur tertiaire de l'économie en donnant du travail à ceux qui n'en ont pas en retour de services publics. Les coûts seraient considérables, certes, mais en rien comparables à ceux engendrés par l'inaction. Il ne peut être ni agréable de vivre dans un monde où la majorité des gens sont sans emploi, ni sécuritaire pour la riche minorité. Rifkin propose d'institutionnaliser le partage de l'emploi et de légiférer pour des semaines de travail plus courtes.

Selon Richard Worzel, ces mesures ne résoudront pas le problème. Le partage du travail est populaire chez les sans-emploi, mais impopulaire chez ceux qui travaillent. Les gens ont besoin d'argent. Le partage signifie « partager la paye ». Par ailleurs, toutes les mesures visant à rendre les semaines de travail plus courtes ou à augmenter le salaire minimum, ou d'autres approches législatives similaires, ne font que lier le problème de l'emploi aux coûts sociaux. Cela est voué à l'échec.

L'EFFET DES NOUVELLES TECHNOLOGIES SUR LE TRAVAIL

Les nouvelles technologies auront une incidence non seulement sur les connaissances, mais aussi sur le *type* de connaissances recherchées. Ainsi, les professeurs orientés vers la recherche avec peu d'expérience du monde réel vont progressivement être remplacés par des professeurs à temps partiel qui ont une bonne expérience d'affaires (Minkin, 1995)[15].

Dans le quart des familles américaines, au moins une personne travaille à la maison régulièrement ou occasionnellement. Plus de 26 millions d'Américains travaillent maintenant à domicile.

Les bureaux portatifs reposent sur quatre technologies de pointe : les téléphones cellulaires, les téléavertisseurs, les ordinateurs portatifs et le courrier électronique.

David Foot
Entre le boom et l'écho

Les entreprises et les agences gouvernementales achètent plus de biens et de services à l'extérieur qu'elles n'en produisent elles-mêmes et cette tendance va augmenter jusqu'à atteindre la moitié des décisions d'achat. L'impartition va conduire à l'amélioration de la qualité des services tant que les entrepreneurs seront obsédés à gagner et à servir de nouveaux consommateurs.

Le bureau portatif permettra aux employés de travailler là où il leur convient. Il leur permettra d'éliminer certaines dépenses et leur donnera un peu plus de liberté. La croissance du nombre de travailleurs à domicile va nourrir une croissance globale du marché des logiciels de traitement de texte, des photocopieurs, des télécopieurs, des logiciels en général, des ordinateurs personnels et du matériel de bureau. De plus, les capacités de communication vont favoriser la croissance des industries familiales et celle des approches créatives de commercialisation.

On sait que la technologie ne résoudra pas tous nos problèmes parce qu'elle en crée de nouveaux ; c'est « l'effet de revanche ». Dans les systèmes complexes du travail, des facteurs nombreux jouent continuellement les uns sur les autres. En conséquence, l'emploi chez SAP Amérique, une compagnie offrant des services en planification des ressources d'entreprise, a crû de 46 % en 1997. L'entreprise compte actuellement 2400 employés et voulait porter ce nombre à 7000 à la fin de 1998. Dans le secteur des technologies de l'information, il y a présentement 25 000 consultants qui vendent partout dans le monde le credo de la planification des ressources d'entreprise. On peut prédire que ce secteur d'activité progressera de façon significative en matière de création d'emplois.

Voici une loi inviolable : la technologie ayant pour but de résoudre un problème en crée un autre qui ne permet pas sa propre solution. Ainsi, pour chacune des actions technologiques posées, on voit surgir sur son passage une réaction opposée. Par exemple, quand les joueurs de football ont pu profiter d'un meilleur équipement de protection, un sentiment d'invulnérabilité sur le terrain a conduit à plus d'agressivité, ce qui a amélioré sensiblement le jeu, mais provoqué un plus grand nombre de blessures. Par conséquent, la qualité du jeu a diminué.

David Kirkpatrick
Fortune

LE CAS INTERNET

En novembre 1997, le monde comptait 82 millions d'internautes, 71 % de plus que l'année précédente. Moins de la moitié provenaient des États-Unis, alors que, trois ans plus tôt, presque la totalité des internautes y habitaient. Si les projections actuelles se réalisent, le monde devrait compter 268 millions d'internautes d'ici 2002. En 1996, le Web était constitué de 50 millions de pages ; au début de 1998, il en comptait déjà deux fois plus. Quelque 4000 pages Web sont créées toutes les 20 minutes.

Déjà, plus de 12 millions d'Américains travaillent dans une organisation ou à la maison, grâce à la création des intranets, ces prolongements protégés et réservés aux employés ou aux clients d'une organisation.

Figure 1.1
Croissance du nombre de sites Internet (juin 1993-juin 1997)[16]

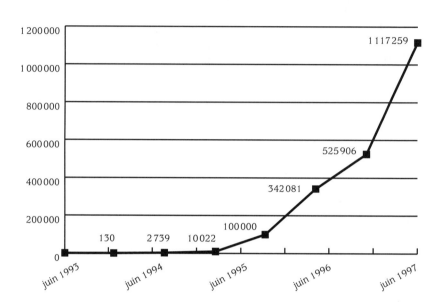

Internet procure à peu de frais la possibilité aux entreprises éclatées dans plusieurs endroits d'une ville, d'un pays ou du monde entier de maintenir une liaison permanente à travers le réseau. Au Québec, en 1996, neuf Québécois sur dix ont entendu parler d'Internet. Jusqu'à 7,4 % des ménages canadiens ont accès à Internet, les plus fortes proportions se trouvant en Alberta et en Colombie-Britannique (10 %), ainsi qu'en Ontario (8,7 %). La faible proportion du taux de branchement des Québécois pourrait découler du fait que la langue de communication d'Internet est surtout l'anglais. Les ménages francophones y sont branchés dans une proportion de 5 %, comparativement à 11,5 % pour les autres.

Les ménages à haut revenu (60 000 $ à 80 000 $) sont beaucoup plus branchés que ceux à faible revenu (10 000 $ à 20 000 $), avec un taux de 16 % comparativement à 4 %. Le taux de participation est de

35,5 % chez les 18-34 ans, de 24,5 % chez les 35-54 ans, mais de seulement 5 % chez les 55 ans et plus. Les personnes ayant une formation universitaire se qualifient d'internautes dans une proportion de 41 % par rapport à 33 % chez ceux qui ont une formation collégiale et à 9,5 % chez ceux qui ont une formation de niveau primaire et secondaire. Aussi, contrairement à la croyance populaire, les internautes ne passent pas tout leur temps à voyager dans le cyberespace, et seules 14 personnes parmi les 1005 interrogées ont dit avoir fait un achat dans Internet. Au sein de ce groupe, 13 sont francophones et 12 sont des hommes.

Quand on fait pour la première fois l'expérience d'Internet, on y découvre un monde étrange et diversifié. Nous pouvons penser à un labyrinthe dans lequel nous trouverions un bric-à-brac de portes menant autant à des musées et à des bibliothèques qu'à des centres de recherche maintenus par les plus grandes firmes du monde. Une fois rendus dans un site Web, nous trouvons des outils pratiques permettant d'utiliser les informations qui y sont contenues. C'est ainsi qu'on peut acheter de l'assurance, trouver un compagnon ou une compagne, acheter des billets d'avion ou faire son épicerie sans sortir de chez soi. On peut librement converser avec d'autres internautes sur tous les sujets imaginables, de la construction résidentielle jusqu'à l'observation des oiseaux.

Toutefois, nous pouvons tout aussi bien tomber dans une immense poubelle de trivialités, d'ordures et de pornographie. On fait alors du sur place. C'est d'ailleurs l'aspect le moins intéressant de la grande toile (Net) : elle a tendance à entraîner une énorme perte de temps. Une des raisons de ce phénomène est que, sur la toile, il n'y a pas de carte pour trouver son chemin : on consacre beaucoup de temps à chercher par tâtonnements. Non seulement devons-nous savoir ce que nous voulons, mais, dans le cas où nous le savons, nous devons aussi pouvoir utiliser les « fureteurs » afin de trouver ce que nous cherchons.

Pointer avec la souris de notre ordinateur et cliquer sur un mot ou une phrase surlignée (hypertexte) de la page d'un site nous transportent instantanément dans un autre site. Que le texte qu'on y lit soit en hypertexte constitue la caractéristique essentielle de la toile. Sans elle, la toile n'aurait été qu'un médium linéaire au lieu d'une « infinité » multi-dimensionnelle. En fait, les liens entre les sites et les documents d'un même site sont autant de renvois fonctionnels.

Il faut dire que voyager sur la toile est encore un périple très lent (nonobstant le type d'appareil dont nous disposons pour voyager dans le cyberespace, et Dieu sait qu'il est préférable d'en avoir un très puissant !). Si vous essayez d'aller, toujours par l'entremise d'un modem, vers un des fournisseurs de services de courrier électronique comme Compuserve ou America Online, vous avez besoin de beaucoup de patience !

De plus, si vous avez un fureteur comme Netscape, qui permet de faire des recherches et d'aller rapidement dans un site avec une connexion directe, vous pouvez vous attendre à faire des pauses et même à voir votre ordinateur « planter ». En fait, votre appareil risque d'être déjà démodé et il vous faudrait, pour tirer parti du potentiel énorme d'Internet, avoir un modèle dernier cri, toujours plus puissant en matière de capacité de mémoire et de vitesse.

Figure 1.2
Évolution du nombre d'hôtes (serveurs) dans le monde (1969-1997)[17]

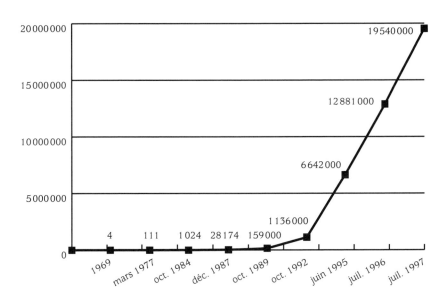

Mais ce n'est pas tout. Il y a aussi beaucoup de circulation sur la toile. Avec le nombre de nouveaux clients branchés à un taux de croissance actuel de 2300 % par année, les canaux de circulation sont déjà sclérosés. Il faut donc s'équiper de manière à pouvoir tuer le temps dans le réseau. De plus, les entreprises pourvues d'un site acheminent automatiquement l'information vers les usagers d'un réseau (comme Compuserve). Le Pentagone (CIA) s'en sert pour transmettre en temps réel les caractéristiques de l'empreinte laissée par les virus informatiques. La compagnie américaine de télécommunications AT&T l'utilise pour la formation de son personnel.

La notion de temps est étrange dans Internet. En effet, nous devons faire la distinction entre le temps réel, c'est-à-dire le temps dans lequel tous ces délais et arrêts sur image surviennent, et le « temps virtuel » propre au Web : une sorte de présent éternel dans lequel il ne fait ni jour ni nuit et où les aiguilles du temps ne battent jamais.

Le temps virtuel est un temps sans urgence, sans priorité. Parmi les facteurs de congestion qui retardent l'accès aux sites ou le téléchargement de l'information, il y a le système de transmission lui-même, qui ne fait pas la distinction entre les électrons qui véhiculent des photos ou des images et ceux qui véhiculent des codes de transactions boursières.

Le temps virtuel sur la toile, c'est aussi un temps sans subjectivité. Le temps virtuel est un énorme gaspilleur de temps réel, ce qui devient un problème si on occupe un emploi à plein temps. Selon Charles McGrath, les internautes n'ont plus le temps de lire, de regarder la télévision, de visiter leurs amis, plus de temps, en fait, pour toutes ces choses qu'ils avaient l'habitude de faire.

Un des plaisirs du multimédia, c'est l'exploration et l'utilisation de matériel haut de gamme. On peut trouver des sites où les «gens qui écrivent sur ceux qui écrivent» sont intéressants : le «Salon» est un magazine en ligne financé par Borders, la chaîne de librairies. La diffusion du son est possible et bon nombre de sites retransmettent des concerts en direct ou offrent de télécharger des disques compacts de musique. Les conférences de presse des entreprises de haute technologie sont de plus en plus accessibles depuis le Web.

On en est encore à un stade de développement embryonnaire, et la diffusion de la vidéo en temps réel se limite à des images qui prennent la forme de vignettes dans le coin de l'écran. Mais, la vitesse d'évolution qui caractérise Internet n'exclut pas de voir apparaître incessamment des films ou des émissions «webdiffusés». Chose certaine, il est préférable d'avoir un bon écran pour faire une lecture aisée, car chacun sait qu'un écran ne procure pas la clarté et la facilité de lecture que permettent le papier et l'encre de qualité. Là-dessus, il est important de reconnaître que la vieille technologie (le livre, la revue, le journal) reste encore plus satisfaisante, car la lecture à l'écran peut devenir un exercice exigeant et fatigant pour les yeux.

Figure 1.3
Évolution du nombre de forums de bavardage électroniques (1979-1997)

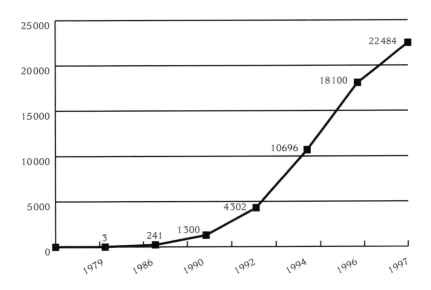

Chacun devient éditeur ou rédacteur, qu'il soit lettré ou non... et ça paraît rapidement. Mais personne ne pose de questions. Actuellement, personne ne contrôle Internet ; le réseau n'appartient à personne. Pour plusieurs utilisateurs, c'est justement ce qui est le plus intéressant, car ils y voient la dernière avenue de liberté actuellement disponible dans la société, un endroit où chacun peut dire ce qu'il veut et ce qu'il aime. Ainsi, on retrouve plusieurs groupes de bavardage (*chat*) sur la question de la liberté procurée par le Web. C'est le lieu d'expression des internautes qui veulent arrêter les exagérations et se donnent pour mission de jouer les censeurs. Le débat est ouvert !

En fait, les forums électroniques de bavardage font rage. Il existe entre 200 et 250 sites (c'est deux fois plus qu'en 1996) consacrés à la promotion d'opinions racistes, de la haine religieuse, de la pornographie infantile ou d'autres sujets du genre. Des logiciels de filtrage existent, mais ils obligent les usagers à faire confiance aux sociétés qui les produisent et classifient les sites; les produits plus personnalisés sont complexes pour le néophyte.

Des pays restés en marge plient devant l'ampleur du phénomène. Certains cherchent à éviter toute «contamination». Le Vietnam s'ouvre officiellement à Internet depuis décembre 1997, mais veut s'assurer que ses citoyens n'auront pas accès aux renseignements à caractère politique et social. Il croit pouvoir utiliser efficacement des logiciels pour filtrer le contenu de la toile. Cela est une tâche impossible, car ces logiciels fonctionnent selon une liste d'adresses de sites qu'il est presque impossible de maintenir à jour. Il est aussi facile de changer d'adresse Web que de numéro de téléphone!

Le commerce électronique, ça se passe ici, maintenant, et c'est probablement le secteur le plus bouillonnant des nouvelles technologies. D'ici à l'an 2000, 7,5 milliards de dollars de biens et services seront achetés électroniquement, dont le tiers par Internet.

Brian Edwards
Président-directeur général de MPACT Immedia

Les presses américaine et européenne font écho aux préoccupations exprimées devant la popularité croissante de la toile. En fera-t-on une utilisation abusive à des fins de marketing ou de collecte de données personnelles souvent recueillies à l'insu des internautes grâce aux *cookies*, ces mécanismes qui permettent de retracer les internautes? Devant ces défis incommensurables, le gouvernement américain a choisi, de son côté, de laisser l'initiative au secteur privé. Chose certaine, les entreprises gestionnaires de banques de données personnelles se sont engagées à retirer les renseignements personnels quand les gens le demandent.

Enfin, lorsqu'on pose la question à savoir dans quelle mesure la monnaie électronique pourrait changer notre vie, Walter Wriston, pionnier de l'économie en ligne moderne, souligne à cet égard que le premier grand changement pour les consommateurs sera l'introduction des cartes à puce, qui seront des espèces de porte-monnaie électroniques. À la maison, nous pourrons introduire notre carte dans un petit terminal à l'aide duquel nous pourrons effectuer des transactions bancaires. Nous n'irons plus à la banque pour retirer de l'argent. Et la petite monnaie qui s'accumule toujours dans nos poches n'existera plus. L'argent liquide ne disparaîtra pas pour autant, puisque certaines personnes apprécient l'anonymat que confère l'argent liquide. Pour cette raison, il y aura toujours des personnes à la caisse pour nous rendre des services. Mais il y en aura moins, et moins longtemps.

La conséquence pour les banques est que, si elles ne font pas attention et qu'elles n'investissent pas en recherche et développement, des entreprises financières comme American Express, General Electric ou Ford Credit continueront de grignoter leur part de marché. Cela dit, et malgré cela, les gens continueront de faire confiance aux banques.

LA RÉVOLUTION DES NOUVELLES TECHNOLOGIES

- Existe-t-il des produits ou des services de nouvelles technologies qui peuvent vous aider ou éventuellement nuire à vos affaires ?

- Selon vous, jusqu'à quel point les technologies peuvent-elles évoluer ?

- Est-il possible d'imaginer les progrès technologiques à venir ?

- Comment l'utilisation des nouvelles technologies influent-elles sur votre quotidien ?

LES PARADIGMES DU CHANGEMENT PROVIENNENT DES NOUVELLES TECHNOLOGIES

La Chine a inventé toutes les technologies nécessaires pour vivre une révolution industrielle des centaines d'années avant l'Europe. Déjà en l'an 2 de notre ère, 58 millions de Chinois vivaient sur un territoire moins étendu qu'aujourd'hui. Lester Thurow nous rappelle que la Chine a inventé le four à combustion forcée (pour le fer forgé), le fusil à poudre et le canon (pour les conquêtes militaires), le compas et le gouvernail (pour l'exploration mondiale), le papier (en feuilles mobiles en l'an 150) et la presse d'imprimante (pour disséminer les connaissances), les ponts suspendus, la porcelaine, la charrue, la brouette, le harnais, une machine à séparer le grain et une machine permettant d'améliorer les semailles, le système décimal et les nombres négatifs, le concept de zéro permettant d'analyser les activités ainsi que l'allumette, et ce, 800 ans avant leur apparition en Europe.

 Aujourd'hui, la technologie s'accélère à un degré sans précédent, et nous devons constamment nous y adapter. Ce qu'on a mis 10 000 ans à développer est renouvelé en 10 ans. Il n'y a pas si longtemps, ce qui prenait cinq ans à produire est maintenant produit en une seule année.

Ian Morisson
The Second Curve

C'est ainsi que, dès le XVe, la Chine aurait pu partir à la conquête du monde et faire progresser son économie en la convertissant d'un mode agricole à un mode industriel. En Europe pourtant, les royaumes étaient principalement composés de principautés n'ayant pas les technologies et les organisations politiques et sociales intégrées que la Chine possédait depuis longtemps. Si la révolution industrielle n'est pas survenue en Chine, c'est que cette dernière n'avait pas l'idéologie ou la mentalité nécessaires à son éclosion. Sa culture n'était pas prête à l'absorber.

En Chine, les nouvelles technologies étaient perçues comme une menace et non comme une source de nouvelles possibilités. Malgré les découvertes et les inventions qui se succédaient, l'innovation était prohibée. Et les textes canoniques, inspirés de ceux de Confucius, contenaient la solution à tous les problèmes.

En Occident, malgré Ptolémée et saint Thomas d'Aquin, il est évident qu'un environnement hostile a contribué à la nécessité de trouver des moyens efficaces de survivre. Par contraste avec l'Orient, l'avancement technologique en Europe vers la fin du Moyen Âge a conduit à des percées importantes pour les nations qui a exploité. Par exemple, l'astrolabe mis sur pied par les moines médiévaux pour mesurer les distances de la Terre à la Lune, au Soleil et aux étoiles a révolutionné le monde dès qu'il fut placé entre les mains du roi Henri, surnommé le Navigateur du Portugal. Avec l'astrolabe, les navigateurs portugais entrèrent dans l'« Âge des découvertes » et, pendant 80 ans, le Portugal a été la plus grande nation maritime, économique, militaire et scientifique du monde. Cette histoire est arrivée parce qu'un simple appareil a été utilisé une première fois pour faciliter la navigation maritime.

Selon Ian Morrisson[18], il y a plusieurs siècles, une technologie, une technique ou un appareil nouvellement mis au point nécessitaient plusieurs décennies afin d'être diffusés et acceptés. En fait, tout porte à croire qu'il fallait une trentaine d'années pour implanter une invention jusqu'à son acceptation complète dans le marché.

Cette lenteur semble plausible quand on pense à l'invention de la presse au XVe siècle, à l'introduction du téléphone et de l'automobile à la fin du XIXe siècle, et à la radio, à la télévision et au télécopieur au XXe siècle.

Auparavant, la résistance au changement était toute naturelle, car la technologie était étrangère à l'environnement des gens et difficilement intégrée aux activités de la vie quotidienne. La résistance aux nouvelles technologies est maintenant devenue un phénomène marginal.

Ian Morrisson
The Second Curve

Ev Rogers, le père de la théorie de la diffusion, s'est attardé à réfléchir à ce vieux paradigme des « 30 ans nécessaires à la diffusion d'une technologie nouvelle » et le considère beaucoup moins applicable à notre époque, particulièrement depuis la fin de la Deuxième Guerre mondiale jusqu'à 1985. Auparavant, ce paradigme était plausible en l'absence de conditions favorables à l'implantation et à l'acceptation des nouvelles technologies, à la maison et au travail, tout simplement parce que la technologie n'atteignait pas ceux qui l'utiliseraient. Rappelons-nous la résistance des mères de famille à l'égard de la cuisinière électrique !

Nous avons progressivement assimilé les nouvelles technologies et elles sont devenues partie intégrante de notre culture. L'introduction croissante et rapide des nouvelles technologies au travail nous y a d'abord enclins. Par la suite, leur introduction au foyer a facilité de façon croissante l'exécution des activités de la vie quotidienne, ce qui a conduit à l'augmentation rapide de la pénétration des nouvelles technologies dans les marchés domestiques, industriels et commerciaux au cours de la dernière décennie.

Nous vivons en outre dans un monde de plus en plus dépendant des technologies. L'utilisation quotidienne de la technologie de même que notre perception changent en conséquence. Il nous serait difficile d'imaginer la vie sans le téléviseur, le four à micro-ondes et le téléphone !

LA STRATÉGIE GAGNANTE EN MATIÈRE D'INNOVATION

En regard de l'innovation technologique, les entreprises doivent désormais modifier leur vision de l'avenir. Les changements technologiques peuvent se réaliser, et se sont généralement produits, par étapes successives, de manière continue ; ils peuvent également se produire de façon radicale, de manière discontinue.

Les innovations radicales contrastent avec l'approche de la recherche et du développement dominante dans les laboratoires des grandes entreprises ou des universités. Une innovation technologique peut prendre 15 ans ou 25 ans à mûrir, un délai normal selon les chercheurs. Toutefois, les entreprises qui désirent demeurer compétitives doivent réaliser des progrès technologiques plus rapidement, en raison des pressions exercées par la nouvelle économie.

Dans le domaine de la recherche et du développement, ce que vous obtenez à la fin est rarement ce que vous pensiez obtenir au départ.

Joseph Morone
Président du collège Bentley

Pendant que l'amélioration selon une progression régulière (continue) est essentielle à la compétitivité, les progrès technologiques radicaux (discontinus) sont à l'origine de nouveaux marchés et de la croissance future des performances d'une organisation. Les innovations radicales sont caractérisées par leur originalité, l'amélioration par un facteur de 5 à 10 de la performance d'un produit ou encore la réduction des coûts de 50 %.

Lorsqu'une entreprise cherche uniquement à se faire accepter des consommateurs, elle s'engage dans des projets d'amélioration continue, mais elle ne produit pas nécessairement de nouvelles idées. Auparavant, les industries américaines réussissaient à faire des percées technologiques, mais éprouvaient des difficultés à transformer les inventions en produits prêts à lancer sur le marché. De plus, elles ne parvenaient pas à les améliorer constamment. Ce n'est plus le cas aujourd'hui : les entreprises américaines mettent sur le marché de meilleurs produits que jamais.

Par ailleurs, il arrive régulièrement que des innovations d'envergure surgissent de projets déjà renouvelés, répétés, réorientés et restaurés. L'innovation émerge peu à peu d'un processus d'essais et d'erreurs, l'erreur étant la norme. La démarche créative est complexe et incertaine. Les découvertes obtenues par hasard ou, le plus souvent, de façon accidentelle, réorientent couramment les projets vers des directions imprévues.

En d'autres mots, les entreprises peuvent planifier des innovations radicales à l'intérieur de grandes lignes directrices en autant qu'elles favorisent une culture d'entreprise caractérisée par l'innovation. L'ennui, c'est qu'il n'existe pas de recette pour développer une telle culture. Les entreprises, sous l'impulsion de leurs dirigeants, tentent différentes approches.

Certaines font l'exercice de façon très structurée : elles gèrent par exemple une demi-douzaine de projets à la fois, qui ont des potentiels énormes de réalisation et qui évoluent à des rythmes différents. D'autres entreprises fonctionnent de façon moins formelle. Elles poussent leurs chercheurs à former de petits groupes et à consacrer du temps en dehors des activités normales, leur laissant une grande latitude (le style IBM et 3M).

Certaines lignes directrices semblent clairement favoriser le succès dans la recherche d'innovations. Premièrement, la recherche d'innovations nécessite d'être protégée des pressions habituelles des affaires. Elle comporte trop de risques et les activités de recherche se déploient à trop long terme pour survivre dans des conditions d'affaires où l'on exige des résultats à court terme. Aussi, les gestionnaires de projets ne peuvent utiliser une gestion fondée sur le rendement pour ce type d'activité.

Deuxièmement, les entreprises qui réussissent dans la recherche et le développement encouragent la libre circulation d'idées à l'intérieur et hors de l'entreprise. Les chercheurs les plus prolifiques ou ayant les plus grands potentiels exploitent un large éventail de ressources tant intérieures qu'extérieures à l'entreprise.

Certaines entreprises investissent considérablement en recherche et en développement de nouveaux produits et, parmi celles-ci, certaines ont acquis une réputation enviable. Ces dernières s'attirent les meilleurs chercheurs. Demander à un échantillon de chercheurs pour quel laboratoire ils rêveraient de travailler produit une liste intéressante.

Microsoft Corporation investit dans la recherche et pourra compter sur trois fois plus de chercheurs qu'actuellement. Jusqu'à 600 chercheurs y travailleront aux alentours de l'an 2000. Avec autant d'énergie pour faire évoluer les ordinateurs, il est possible qu'un jour l'ordinateur se trompe !

Neil Gross
Business Week

Dans les 20 dernières années, le nombre de docteurs en sciences informatiques a augmenté de 100 à 1000 par année aux États-Unis. Bien sûr, ils ne peuvent pas tous avoir un emploi dans l'un des six meilleurs laboratoires de recherche informatique du pays, mais ils peuvent aider les universités et les laboratoires industriels des petites entreprises à progresser. Cette diffusion de l'expertise informatique va accélérer la quête de nouvelles découvertes en informatique.

LES LIMITES DE L'ORDINATEUR

Le grand problème des ordinateurs est qu'ils font exactement ce qu'on leur demande de faire, rien de plus. Quand quelque chose ne va pas, ce n'est pas l'ordinateur qui est en faute. Microsoft s'évertue à changer cela… et elle pourrait bien réussir ! Rappelons-nous que rien ne laissait présager les conséquences sociales, économiques et culturelles de la découverte qui a donné naissance à l'ordinateur. Et les répercussions de l'informatique sont encore aujourd'hui inimaginables.

La toute première origine du développement de l'ordinateur fut le résultat d'une recherche sur la fonction des tubes électroniques réalisée dans les laboratoires de Bell. Ces tubes servaient jusque-là à amplifier les signaux électriques des conversations téléphoniques et des récepteurs des radios et des téléviseurs. L'un des problèmes qui se posait il y a 50 ans à propos des fonctions de résistance, c'est que ces tubes ne permettaient pas le développement des infrastructures nécessaires au développement des communications, dont on avait annoncé le besoin et fait la projection dès 1945.

Qui se doutait qu'une invention totalement inaperçue du grand public à la fin de décembre 1947 deviendrait l'une des réalisations scientifiques les plus utilisées dans le monde? Il s'agissait d'un appareil rudimentaire composé d'une agrafe, de deux minces lames d'or et d'une lame de germanium, un métal conduisant imparfaitement l'électricité : le transistor était né.

Le transistor trouve une première application en téléphonie, servant à amplifier le son dans les casques des téléphonistes. Le premier produit basé sur le transistor et destiné au consommateur est une prothèse auditive pour les personnes malentendantes. Dès 1952, il permet aux usagers du téléphone de composer leurs appels interurbains sans passer par la téléphoniste. Aujourd'hui, un seul téléphone comprend cinq millions de transistors.

En 1954, IBM introduit le premier ordinateur entièrement transistorisé. Le transistor devient une composante clé de la radio, de la télévision, des équipements stéréophoniques à haute-fidélité, des appareils photo, des montres, des systèmes radar, etc. Il amène pour la première fois la miniaturisation des appareils électroniques, contribution directe à la conquête de l'espace, aux télécommunications et aux loisirs quotidiens. Les gens oublient que derrière les puces électroniques, les circuits intégrés et les microprocesseurs se cachent des millions de milliards de transistors.

La taille d'un téléphone cellulaire fait de tubes électriques dépasserait les 169 mètres de l'obélisque de Washington.

Guy Clavet
La Presse

Le nombre de transistors placés sur une plaquette a doublé chaque année depuis 1965, passant de 4 à 200. En 1997, l'industrie a produit un quintillion de transistors, ce qui équivaut au nombre de fourmis vivant sur la Terre. On prévoit déjà que le transistor va poursuivre sa miniaturisation durant les 15 à 20 prochaines années ; sa taille chutera de 0,35 à 0,07 micron d'ici l'an 2011. Cette évolution devrait conduire la compagnie Intel à fabriquer des microprocesseurs 200 fois plus puissants qu'ils ne le sont actuellement.

La miniaturisation ne s'achèvera pas là. Un transistor expérimental de 0,06 micron, mille fois plus fin qu'un cheveu, a déjà vu le jour. Selon les laboratoires de Lucent Technologies, les conditions requises sont atteintes pour la production d'une puce de silicium de la taille d'un ongle qui contiendra un milliard de transistors.

Vers la fin des années 1970, Gordon Moore, ex-président du conseil de Intel, regarde autour de lui en quête de toutes les applications potentielles des microprocesseurs. Il en trouve 85. Deux ans plus tard, une nouvelle observation lui permet de constater qu'il n'avait pas réussi à imaginer ou à prévoir plus de la moitié des applications déjà présentes sur le marché. Le potentiel du microprocesseur était à ce point inconcevable !

La loi de Moore énonce que « [...] le coût d'une quantité donnée de puissance d'ordinateur diminue de 50 % tous les 18 mois. Chaque fois que cela se produit, le marché explose avec l'introduction de nouvelles applications qui n'étaient pas économiques avant cela. Le marché est phénoménalement élastique ».

Gordon Moore
Ex-président du conseil de Intel Corporation

Une voiture économique cache une douzaine de microprocesseurs qui contrôlent notamment le moteur et les freins. Le constructeur automobile Mercedes-Benz en place environ une soixantaine dans ses luxueuses voitures. L'idée que les mêmes ordinateurs puissent devenir une partie de notre corps n'est pas si farfelue qu'elle a pu paraître par le passé. Les chirurgiens utilisent, par exemple, grâce à une technologie développée par British Telecom, une implantation cochléaire dont bénéficient déjà quelque 17 000 patients ayant une perte d'ouïe.

Des technologies encore inconnues verront le jour, dans un avenir plus rapproché que nous ne pouvons l'imaginer. Ce qu'il faut mesurer et évaluer aujourd'hui est la diffusion du microprocesseur. En effet, l'ordinateur est un ensemble de microprocesseurs spécialisés utilisés à l'intérieur d'une application particulière.

EN TÊTE DU PELOTON

Le germe des ordinateurs de demain ainsi que leurs futures et inconcevables capacités se trouvent déjà dans les laboratoires d'aujourd'hui. Les travaux réalisés aujourd'hui préparent l'évolution de l'ordinateur pour les prochaines 15 ou 20 années.

Les entreprises qui y travaillent actuellement avec le plus de sérieux sont certainement les trois chefs de file de l'industrie : Compaq, Dell et Hewlett-Packard. Ces entreprises offrent des produits à la fine pointe de la technologie et réussissent encore à obtenir une marge brute de 22 %

à 25 % (leur marge brute fut déjà de l'ordre de 40 % dans un passé pas si lointain).

La concurrence subit une pression énorme pour accomplir les mêmes performances. Les stratégies dont les consommateurs profiteront ces années-ci reposent sur le fait que Compaq améliore son réseau de distribution alors que Dell améliore son service après-vente. En particulier, Dell essaie de s'organiser avec des fournisseurs de services de manière à offrir un meilleur soutien aux entreprises clientes.

Frank Ogden[19] estime que 90 % de tous les biens, services et technologies qui seront utilisés en 2004 ne sont pas encore développés au moment d'écrire ces lignes. En voici un avant-goût : IBM travaille actuellement à la mise au point d'un nouveau semi-conducteur en silicone-germanium beaucoup plus performant que les semi-conducteurs actuellement sur le marché ; General Electric a travaillé à un nouveau système de rayons X numérique en vue de remplacer les films par une imagerie numérique informatisée et ainsi faciliter l'expansion de la consultation médicale par Internet ; Otis, fabricant d'ascenseurs, met présentement au point un appareil pouvant se déplacer non seulement verticalement, mais aussi horizontalement.

Le futurologue Ian D. Pearson prédit quant à lui une convergence «massive» de l'ordinateur et des télécommunications dans 5 à 10 ans et la disparition des ordinateurs tels qu'on les connaît actuellement — ceux-ci seraient remplacés par des «interfaces» plus accessibles.

L'INNOVATION ET LA CONCURRENCE

Selon Ian Morisson[20], la disponibilité de nouvelles technologies ne signifie pas qu'elles pourront être vendues et utilisées ou même qu'elles seront désirables. Rappelons-nous un moment charnière des technologies de l'information, au début des années 1980 : on savait alors que l'acceptation des nouvelles technologies de l'époque pourrait prendre du temps. Mais une fois le tournant pris, le taux de croissance et les répercussions des technologies de l'information sur les processus de travail ont créé un véritable boum dont nous éprouvons toujours l'onde de choc.

Alors que la haute technologie devient inexorablement un jeu de miniaturisation, de mathématiques et d'expertise sur le silicone, des entreprises que nous ne reconnaissons pas encore comme étant des joueurs dans l'industrie des ordinateurs vont prendre éventuellement de l'avance dans la mise en marché de produits novateurs. Ces derniers répondront-ils aux attentes suscitées?

Avec l'évolution rapide des microprocesseurs (prix, taille, disponibilité, polyvalence), les industries de la photographie et de la photocopie sont en pleine métamorphose. Les appareils photo électroniques envahissent aujourd'hui le marché. Elles ne requièrent pas d'habileté et leurs images, une fois créées, ne nécessitent pas de développement. Fini l'album photo! Les images apparaissent immédiatement sur l'écran du téléviseur ou de l'ordinateur. Elles peuvent être télécopiées partout dans le monde, tout comme peut l'être la vidéo d'une échographie.

Hewlett-Packard (HP) concurrence directement, dans leurs sphères d'activité respectives, Xerox (photocopieur) et Kodak (photographie), tout en les intégrant. Elle attaque le marché des copieurs avec des imprimantes ultrarapides — et non des photocopieurs — reliées à l'ordinateur pour l'assemblage et la reliure des documents.

Pour répondre à cette incursion dans son marché traditionnel, Xerox a introduit deux nouvelles imprimantes plus rapides et moins chères que les produits comparables de HP, coupant au surplus les prix des cartouches d'encre de 25 %. Xerox doit cependant ajuster son processus d'affaires à celui de HP parce qu'elle ne peut pas compter sur les canaux de vente d'ordinateurs et d'imprimantes sur lesquels peut compter cette dernière.

La société HP veut aussi envahir le marché des photographies digitales. Cette entreprise vend des appareils photo numériques, des lecteurs optiques (*scanners*) et des imprimantes de qualité photographique. Kodak, qui injecte actuellement la moitié de ses investissements en recherche et développement sur la photographie digitale et qui attend encore un revenu de son investissement, doit tout à la fois réduire les prix de ses principaux produits dans le domaine des films photographiques classiques parce qu'elle est engagée dans une guerre de prix avec Fuji, son principal concurrent.

Votre téléphone cellulaire ou votre assistant digital personnel saura à tout moment où les choses se trouvent et sera capable de chercher dans Internet pour obtenir la température locale et les guides des restaurants.

Vinton G. Cerf
Vice-président principal aux communications, MCI

British Telecom pense que les téléphones portatifs futurs se porteront directement dans l'oreille. Pendant que vous parlerez, l'utilisateur pourrait aussi voir des images ou des données qui seraient transmises par Internet et projetées sur un miroir grossissant placé près de l'œil.

Pour 1500 $US, on peut déjà installer un système de positionnement global par satellite dans son auto. L'appareil mesure avec précision le signal reçu de trois satellites, et son microprocesseur calcule sa position et la pointe sur une carte numérique fournie sur cédérom.

Les ordinateurs futurs répondront à notre voix et seront une extension de nos sens, comme ceux du vaisseau spatial USS Enterprise, dans lequel se déroule l'action de *Star Trek*. Les ordinateurs vont parler et reconnaître l'écriture (c'est déjà fait) : la reconnaissance de la voix et de l'écriture permettront une interaction plus naturelle et accroîtront le volume des échanges par ordinateur. Ces systèmes vont faciliter l'utilisation de l'ordinateur à ceux qui y sont encore rébarbatifs. Le marché pour les systèmes intégrés de reconnaissance vocale va exploser.

Obtenir une réponse de son ordinateur ou dactylographier une lettre sera un jeu d'enfant. Demandez et vous recevrez !

Microsoft a déjà investi 45 millions de dollars dans une entreprise appelée Lernout & Hauspie Speech Products afin de développer de nouveaux traitements de texte avec reconnaissance vocale intégrée. Les médecins vont pouvoir eux-mêmes dicter leurs rapports sans intermédiaire. Un système parlant basé sur le logiciel de reconnaissance vocale Naturally Speaking de Dragon Systems comprend un vocabulaire de base de 30 000 mots. À l'usage, il peut mettre à jour et augmenter sa base de données sonores afin de refléter les caractéristiques personnelles de l'utilisateur[21].

Vers 2001, tous les ordinateurs vendus seront équipés d'un système de la reconnaissance de la voix.

John Oberteuffer
Président de Voice Information Associates

LA RÉALITÉ VIRTUELLE EN VOIE DE DEVENIR

On ne peut pas prédire si la réalité virtuelle deviendra une révolution ou non et il n'est pas clair si on peut la faire ou si cela vaut même la peine de la créer. Une chose est certaine : on essaie de faire en sorte que le rêve du 3-D (trois dimensions) devienne réalité.

La réalité virtuelle va devenir réalité par l'exercice de la simulation. Elle permettra d'abord l'entraînement en vue de missions critiques pour les professionnels dont le travail met la vie en danger, comme les militaires, les pilotes, les officiers de police, les pompiers, les médecins et les infirmières.

La réalité virtuelle permet de sortir des salles de classe pour expérimenter le travail sur le terrain en supportant le concept du juste-à-temps et l'apprentissage basé sur l'expérience. On imagine facilement des consultants dans tous les domaines d'expertise acquérir des habiletés nouvelles avec des clients critiques virtuels leur permettant d'accroître leurs compétences et leur efficacité. Ce sera le développement concret de ce qu'on nous annonce depuis longtemps comme étant des «systèmes experts».

La professeure d'informatique Anita K. Jones de l'Université de Virginie a travaillé de 1993 à 1997 comme directrice de la recherche et de l'ingénierie au Département de la défense et a passé en revue tous les projets de recherche en science et en technologie. Les militaires inventent des simulations à haute-fidélité pour les entraînements au combat. Des exercices de ce type requièrent une puissance de traitement nécessitant beaucoup de mémoire, mais avec la réduction des prix des microprocesseurs 64 bits amenée par les jeux (Nitendo, Sega, etc.), des simulations avec des degrés de difficulté élevés seront bientôt offertes sur une base commerciale. Ces jeux vont réduire l'écart entre l'entraînement et l'action.

L'EXPANSION DES RÉSEAUX

La «connectivité» déterminera la puissance de la technologie. En 1985, 1 % des ordinateurs en utilisation seulement étaient reliés à un réseau local d'entreprise. Vers l'an 2000, presque 33 % des postes de travail seront connectés à des réseaux locaux, et un nombre croissant auront aussi accès à des réseaux externes, à des bases de données et au courrier électronique. Les réseaux locaux permettent d'accéder aux données de l'entreprise à partir de n'importe quel endroit dans l'organisation.

Ces percées entraîneront la transformation des hiérarchies organisationnelles traditionnelles. Au début, elles toucheront surtout les bureaucraties professionnelles qui suivent des codes déontologiques établis. Nous parlerons désormais de mini-réseaux permettant de connecter plusieurs ordinateurs à la maison avec la télévision, le câble et Internet. De plus, tous les ordinateurs portatifs ont maintenant des capacités de communication, procurent la connectivité et apportent les outils traditionnels du bureau sur le terrain.

Les télécommunications sans fil procureront un accès à tous dans le monde à n'importe quel moment. Les entreprises créeront des réseaux élargis dans le but d'échanger des données électroniques, d'effectuer des transferts de fonds et de faire des recherches de marché en temps réel.

Les agents d'information joueront un rôle grandissant dans l'avenir. Ils filtreront les informations nécessaires de manière à faciliter les tâches et rendront les entreprises capables d'utiliser efficacement les quantités massives d'information pouvant être rapidement disponibles en fonction de leurs projets stratégiques.

Ian Morisson
The Second Curve

Complètement autonomes grâce à la télécommunication sans fil, les utilisateurs pourront s'envoyer et recevoir des télécopies et du courrier électronique, connaître les dernières fluctuations des valeurs mobilières, avoir accès aux bases de données de l'entreprise et retracer puis utiliser l'information disponible dans les revues et journaux, où qu'ils soient.

Il y aura toute une gamme d'appareils et de logiciels dont le seul but sera de procurer les accès à distance : systèmes de courrier électronique incorporant des extraits vidéo, des annotations de voix et des jeux graphiques complexes, téléphones cellulaires, téléavertisseurs, télécopieurs, communicateurs personnels, vidéoconférences et autres courrier électronique pour la voix. Ces appareils changent déjà la manière de travailler en étendant l'envergure des pratiques d'affaires n'importe où et n'importe quand. Un jour, les gens d'affaires pourront faire des présentations en temps réel n'importe où dans le monde par l'entremise d'Internet ou des satellites de communication.

En fait, les logiciels de groupe, des outils informatiques qui aident les membres d'une équipe à travailler ensemble, seront peut-être le segment de marché qui connaîtra la croissance la plus rapide au sein de l'industrie des technologies de l'information.

Les anciens moyens de transport ou de communication pourront trouver une seconde vie et une grande valeur stratégique et commerciale grâce aux nouvelles technologies. Les bordures d'autoroutes et de chemins de fer offriront de nouvelles occasions d'affaires en contribuant à développer de nouveaux réseaux de connexions.

David Kirkpatrick
Fortune

On verra très bientôt apparaître des inforoutes utilisant des fibres optiques avec des capacités gigantesques dans la transmission de données, incluant les données vidéo. Les conséquences de ces développements pour l'utilisation massive d'Internet sont à peine imaginables. Des bibliothèques entières, privées ou publiques, pourront être accessibles chez soi dans le but de communiquer ou d'utiliser les outils multimédias dans la recherche, le traitement et la présentation d'informations récréatives, culturelles ou stratégiques.

Des entreprises comme Williams Communications veulent déjà utiliser les anciens pipelines de gaz désaffectés pour y établir, d'un océan à l'autre, des réseaux de fibres optiques.

Dans le laboratoire Howard de Bell Labs, on parle de la troisième étape de développements innovateurs conduisant à des «miracles mineurs». Le terme fait ici référence aux technologies complexes permettant d'obtenir rapidement l'information contenue sur des cartes à puce. La confirmation d'un achat, par exemple, pourra se faire dans les secondes qui suivent. IBM a fait la présentation d'un réseau personnel (*personal area network*) qui permet l'échange entre deux individus de l'information contenue dans une carte d'appel, simplement en se serrant la main.

La compétition sera féroce entre les fournisseurs de services Internet. Microsoft a menacé directement America Online et CompuServe en voulant intégrer son service en ligne à Windows. La stratégie de Microsoft se dessine. Avec l'annonce d'une association avec Apple, Microsoft se positionne vers l'avenir dans les domaines du multimédia et d'Internet. Cette alliance renforce une tendance que tous les grands producteurs de logiciels adoptent ces dernières années.

LES INVENTEURS DÉCOUVRENT L'AVENIR MAINTENANT

Les économistes traditionnels soutiennent que les gens déterminent leur comportement en fonction des coûts et des bénéfices de leurs décisions. Il se peut que nous ne puissions jamais en finir avec ce modèle du monde, mais dans le processus de construction nous pouvons penser le monde différemment.

Dans un monde où presque n'importe quel gadget est possible à concevoir, l'avantage technique provient de l'habileté à imaginer.

Stefano Marzano
Directeur principal de Philips Design

Les «Systems Laboratory» de la Swiss Federal Institute of Technology à Lausanne mettent au point une montre électronique qui se répare elle-même. Le prototype rudimentaire appelé Biowatch effectue cette tâche en transférant des fonctions entre six cellules de silicone dont chacune contient le programme complet de la montre, exactement comme les cellules d'un animal qui contient le génome complet de l'animal. Dans les dix prochaines années, on espère perfectionner des circuits intégraux qui pourront se réparer et se reproduire eux-mêmes.

 Nous essayons de comprendre comment l'ordre émerge du hasard. Les scientifiques de Santa Fe s'inspireront des suites ordonnées d'éléments observables dans la nature pour produire de nouvelles théories et trouver des solutions aux problèmes les plus difficiles auxquels le monde fait face.

Ellen Goldberg
Présidente du Santa Fe Institute

John H. Holland, chercheur à l'Université du Michigan, évalue comment les fourmis gèrent leurs colonies quand il n'y a pas d'autorité centrale dans leur organisation. David Gelernter (Université Yale) pense en fonction des *lifestreams*, ces rivières de données que l'individu emmagasine dans son élan créateur.

À l'Université de Washington, au «Human Interface Technology Laboratory (HITLab)», Thomas A. Furness réfléchit sur les outils pouvant aider les gens à illustrer les éléments d'une conversation en matérialisant des images 3-D dans l'espace.

On se plaît à penser que l'ordinateur vivra un jour comme une créature vivante. Mais un élément électronique typique entre en contact avec 10 de ses semblables. En contrepartie, dans le cerveau humain, chaque neurone interagit avec 10 000 autres cellules nerveuses.

Voilà pourquoi British Telecom étudie les colonies de fourmis et les méduses à son laboratoire de recherche situé dans le sud-est de l'Angleterre. Cette entreprise croit qu'en étudiant la nature, elle trouvera une solution à l'un des problèmes de gestion les plus critiques qu'elle ait eu à résoudre.

Une colonie de fourmis est un bon exemple d'un système complexe d'adaptation. Les fourmis travailleuses vivent trois ou quatre jours, et vous pouvez expliquer près de 95 % de leurs comportements en utilisant une douzaine de règles. Mais la colonie explore son environnement avec des méthodes complexes et survit des années grâce à l'entretien de ses fonctions et à la réparation du nid. Par l'examen de la douzaine de règles en question, vous ne pouvez pas inférer tous les comportements particuliers de la colonie.

John H. Holland
Université du Michigan

British Telecom estime que les coûts d'amélioration de son réseau pourraient s'élever à plus de 46 milliards de dollars dans l'hypothèse de la réécriture des logiciels, du remplacement des interrupteurs, de la substitution de fibre optique de plus grande capacité aux fils de cuivre actuels. À raison de 4 milliards par année, cela prendrait plus de 10 ans pour faire le travail. Après cet exercice, le travail d'amélioration serait à refaire. En quête d'une solution de rechange, British Telecom a engagé des biologistes et des entomologistes pour étudier le monde naturel.

Déjà, pour faire face aux problèmes qu'entraînent une surcharge ou une ligne de communication endommagée, une de ses équipes a inventé un programme informatique modelé sur les colonies de fourmis. L'idée est d'envoyer des «fourmis» ou des agents intelligents explorer les divers parcours possibles partout dans le réseau. Chacune des fourmis revient presque instantanément et l'on connaît ainsi le temps nécessaire pour effectuer chacun des parcours. Avec l'information obtenue de ces centaines de fourmis électroniques, le réseau peut se reconfigurer lui-même et surmonter le problème en moins d'une seconde, alors que les employés de British Telecom prenaient normalement quelques minutes pour exécuter la même tâche.

Les chercheurs qui mettent au point ces machines disent que, dans le futur, les ordinateurs pourront faire des diagnostics, se réparer et éventuellement se «reproduire». Ils simuleront des phénomènes complexes comme le pattern de la température, les krachs boursiers et les risques environnementaux; ils résoudront des problèmes et prédiront des résultats. Ils se vendront à un prix que tous pourront payer. Les systèmes informatiques et les réseaux qui les lient seront trop complexes pour permettre aux humains de les surveiller constamment et de les gérer avec précision. Verrons-nous des ordinateurs invisibles?

David Kirkpatrick
Fortune

Ce processus permet au réseau de devenir autogéré. À l'été de 1996, British Telecom a envoyé les premiers produits basés sur ce programme à MCI Communication Corp. Dans un contexte d'évolution technologique constante, le succès reviendra aux organisations qui contrôleront ces nouveaux outils de manière à être proactives dans un environnement en mutation perpétuelle, et ce, afin de créer de nouvelles possibilités.

Les technologies de l'information envahiront la maison, dont l'environnement évoluera dans les 10 prochaines années. La télévision deviendra numérique et interactive et offrira une panoplie de services d'information pour les consommateurs (programmes sur mesure, vidéo sur demande, services bancaires à la maison, services d'information et jeux interactifs).

Le téléphone, le câble et les ordinateurs convergeront pour créer des capacités nouvelles en matière de loisirs et de transfert de données multimédias. Les systèmes futurs, multifonctionnels, permettront d'exécuter de nouvelles tâches et de nouveaux types de communication. Une des conséquences de ce développement sera une accélération de la croissance du télétravail.

L'HABITATION DE DEMAIN DÈS AUJOURD'HUI

Dans le domaine immobilier, la planification déficiente de la US Savings & Loan a conduit à des pertes de quelque 500 milliards de dollars. On a érigé des milliers d'édifices à bureaux par tout le pays juste à temps pour le «tsunami» de la nouvelle technologie. Mais l'âge de la communication a démontré que nous pouvons faire plus avec moins… en l'occurrence moins d'espace à bureaux. Le vieux réflexe de la planification d'espace est maintenant désuet s'il ne tient pas compte des nouvelles technologies.

La planification a conduit Olympia & York, l'une des plus grandes entreprises dans le secteur de la construction mondiale, à perdre 32 milliards de dollars dans sa faillite. Des firmes de développement comme Trizec, Cadillac-Fairview et Bramalea sont financièrement précaires, tout comme l'empire des Bronfman/Hees/Edper. Par le passé, la planification a été la grande responsable du développement immobilier ; elle est maintenant, pour une grande part, responsable de la chute.

La planification a toujours sa place, à condition que l'on utilise les bons outils et que l'on investisse dans les bons projets. Elle sera préférablement informatisée et restreinte à des projets particuliers. Les nouvelles technologies peuvent avoir des répercusssions sur la construction et la gestion des immeubles à différentes étapes de leur cycle de vie. Au moment de la conceptualisation, les systèmes CAD et les modèles financiers procurent des outils et permettent d'évaluer la faisabilité des projets. Malgré la dispersion, les modèles de simulation et de ressources rendent possible le suivi de tous les effets produits par la décision d'une équipe.

Dans la phase d'implantation des projets, la technologie utilisée permet d'améliorer le contrôle de la qualité dans les coûts et les horaires de travail. L'information de gestion accessible au site d'exploitation peut être facilement communiquée entre les équipes de travail. Enfin, les systèmes de gestion des bases de données peuvent inclure la production de vidéos d'échéancier pouvant facilement être transmis aux propriétaires.

Dans la phase de construction, une nouvelle technologie utile est le « surveillant *in situ* ». Celle-ci s'inspire des populaires détecteurs de mouvement qui se déclenchent lorsque quelqu'un se déplace dans un endroit particulier. Il est possible d'installer différents genres de surveillants *in situ* pour examiner, par exemple, la corrosion des panneaux de support. Avec une meilleure information, on peut obtenir d'une construction une performance sensiblement meilleure, un environnement de travail plus confortable, une efficacité énergétique plus grande et une utilisation des ressources à long terme plus efficiente. Si nous parvenons à améliorer l'efficacité du processus, nous serons capables de construire des édifices impossibles à réaliser présentement.

Les systèmes micro-électro-mécaniques, quant à eux, pourraient déceler des stress produits sur une poutre d'acier et permettre de rééquilibrer les tensions afin que la poutre puisse supporter des poids 10 fois plus élevés.

Michael Hawley[22] souligne que nous vivons à une époque de transition dans la mise au point de l'interface efficace entre les gens et les ordinateurs. Phoenix, au Colorado, est déjà l'expression de l'atteinte de technologies avancées, car cette ville ne pourrait pas exister sans l'invention de l'air climatisé.

Mais cette révolution ne semble pas se présenter avec autant d'acuité aux entreprises nord-américaines et européennes. Les ressources naturelles comme nous les connaissons aujourd'hui ne seront pas requises partout dans les quantités que nous avons connues par le passé.

Par exemple, grâce aux polymères, on peut réduire à une dizaine le nombre de pièces du châssis d'une automobile, alors qu'il y en avait de 250 à 350. C'est d'ailleurs l'une des stratégies employées par les fabricants japonais : la production se fait avec une économie de travail, elle est plus rapide et plus sûre, et la construction est plus fiable.

Un scientifique japonais expérimente la fabrication de bois carré par « cuisson » : il s'agit d'utiliser un four à micro-ondes pour chauffer le bois à une température de 250 °F et le presser ensuite dans la forme désirée. Le processus n'endommage pas les fibres du bois, mais les renforce, les rend plus denses et moins sujettes à se tordre ou à plier. Le bois résiste mieux à l'abrasion et la pièce de bois est plus dure que les autres de même taille.

Dans un futur proche, de nouveaux matériaux structuraux seront utilisés : les céramiques (CMC), les polymères (PMC) et les métaux (MMC). Maintenant, deux de ces matériaux ou plus sont combinés pour former des matériaux dits « composites » qui ont des propriétés supérieures à celles de leurs constituants isolés. Ils peuvent entre autres endurer des températures jusqu'à 30 000 °F.

Frank Ogden
The Last Book You'll Ever Read

Une entreprise japonaise a probablement dépensé plus d'argent en recherche et développement dans la construction résidentielle durant la dernière décennie que toute l'industrie canadienne de la construction résidentielle. Misawa Corporation, la plus grande entreprise de construction au monde, ayant à son actif 350 000 maisons, produit maintenant des propriétés en céramique à son usine de Nagoya.

Ces maisons garanties pendant 20 ans ne requièrent pas d'assurances incendie. Elles incorporent des technologies et des résultats de recherches inconnues en Occident. Fabriquées en sable (silicone et calcaire), elles sont bâties dans un temps record : il suffit de 2,5 heures pour obtenir le produit fini !

Ces bâtiments ont de 1200 à 1800 pieds carrés. Les économies réalisées grâce à l'informatisation permettent la construction de 10 000 maisons différentes pour le même prix. Tout cela est rendu possible grâce à un logiciel ultraperformant et à cinq usines de fabrication. Les réfrigérateurs sont déjà installés dans la maison, mais le moteur a été placé dans le garage afin de le chauffer et de garder l'automobile à la chaleur. D'autres caractéristiques dignes de mention : l'utilisation de la fibre optique pour le système informatique de la maison et de senseurs pour le contrôle de l'humidité. Ce dernier système récupère l'humidité produite lorsqu'on prend une douche afin de la répandre dans l'habitation ou il puise l'air à l'extérieur.

Une autre entreprise, la Foret Engineering and Information Service Company de Tokyo, a déjà produit 75 installations de son «himawari» (le mot japonais pour tournesol), partout dans le monde. Ce système d'éclairage intérieur à voltage nul produit une lumière calibrée en fonction de la luminosité du jour. Des câbles de fibre optique procurent aux occupants une lumière comparable au soleil et convertissent, au besoin, les rayons infrarouges en chaleur. Les avantages de cette invention sont les économies sur la quantité de câbles requis et les assurances, la propreté accrue ainsi que l'absence d'entretien, de voltage électrique et de risques de court-circuit.

L'arrivée des robots et de l'automatisation dans la construction marque la fin du pouvoir des syndicats. Ohbayashi Corporation a introduit, au début des années 1990, la première machine à construction virtuelle automatique sans travailleur. Ohbayashi robotise complètement le processus de construction. Le Fully Automatic Building Construction System (FABCS) est protégé par six brevets d'invention. Toutes les composantes de la nouvelle construction (piliers, poutres, murs externes, partitions intérieures, plafonds, planchers) sont produites selon des spécifications précises. Les composantes sont entreposées près du lieu d'assemblage ou sous la machine-robot. Le cœur du système est le Super Construction Floor (SCF), sorte d'atelier automatisé avec des murs et un toit. Ce système sans travailleur n'arrête jamais. Et les composantes préfabriquées sont de qualité et de précision accrues. Les plans, les devis et la construction sont réalisés au moyen de systèmes de conception et de fabrication assistées par ordinateur (CAD/CAM). La fabrication de telles composantes permettra la création de nouvelles industries.

L'entreprise Ohbayashi souligne qu'il faut réaliser les plans des bâtiments avec ce type de construction en tête. Chaque plancher doit être de même taille, mais les intérieurs peuvent varier. Des constructions répétitives sont plus économiques. Les résidences, les bureaux et les hôtels se prêtent le mieux à cette approche.

La Taisei Corporation de Tokyo a fabriqué un édifice énorme qui est en fait une île artificielle de la forme d'un goéland, ce qui lui permet de résister aux courants marins. Cette structure de 450 millions de dollars possède la taille de 10 jets et elle offre 560 000 pieds carrés d'espace sur 8 étages, dont 3 se trouvent sous le niveau de la mer. L'île contient une centaine de chambres d'hôtel et une arcade de magasins, une marina, un centre des congrès, un observatoire sous-marin, un institut de recherche océanographique, un héliport, un quai d'embarquement de 360 pieds pouvant accommoder 80 bateaux de pêche et 200 chambres pour héberger leurs équipages. On estime le mouvement de l'architecture à moins de un demi-pouce, même lorsque les vagues atteignent 10 pieds de hauteur. Des unités de propulsion permettent de résister aux vagues, aux courants marins et aux vents.

Taisei Corporation ne se limite pas à cela. Cette entreprise est une pionnière dans la construction souterraine. Des édifices sont dessinés pour un séjour souterrain de 24 heures. En plus des locaux pour bureaux, des magasins, des hôtels, des théâtres et des arénas sportifs, ces infrastructures permettent à toute une ville de respirer et de vivre dans le sous-sol. On pense aménager des bureaux sur 12 étages à 260 pieds de profondeur au coût de 577 millions de dollars. Le coût total de cette ville planifiée de 100 000 habitants est de 4 milliards de dollars. Mais c'est moins de la moitié demandée pour d'autres surfaces à Tokyo !

Kajima Corporation a élaboré des plans pour construire une montagne qui permettra de faire du ski au centre-ville de Tokyo. Cette montagne de 200 pieds de hauteur et de 30 000 pieds carrés fait sa propre neige à l'intérieur. Elle contiendra un hôtel et permettra de faire du ski toute l'année.

Les supermarchés et les magasins robotisés ne sont pas pour demain… ils sont déjà là ! Le magasin ultrarobotisé de Seiyu en est à sa dixième année d'activité. Il est possible de payer entièrement par caisse automatique et d'obtenir des renseignements d'une banque de recettes informatisées. D'autre part, le supermarché prend les enfants en charge pendant que les parents magasinent. L'entreprise accueille 6000 personnes par jour, et plus de 150 senseurs assurent la sécurité.

LES NOUVELLES TECHNOLOGIES PROPULSENT LE MONDE DE L'ÉNERGIE

Ian Morrisson[23] considère que les bas prix et la haute technologie ont rendu les gens insouciants par rapport à l'énergie. Les prix ont créé l'impression d'une plénitude et la croyance qu'il y aura toujours une réponse aux problèmes qui surgissent. Mais on peut s'attendre à une plus grande préoccupation par rapport à l'énergie, car la planète se réchauffe. Les nations riches qui veulent la fin de la pollution et les nations pauvres qui veulent la fin de la pauvreté entreront en conflit.

Les nations développées utilisent 50 % de toute l'énergie utilisable. En Asie du Sud-Est, on utilise seulement 5 % de l'énergie en comparaison des États-Unis. Vers l'an 2020, quand la population mondiale atteindra 8 milliards d'êtres humains (aujourd'hui 5,5 milliards), 85 % du genre humain vivra dans les pays pauvres. Si l'économie croît rapidement, le tiers-monde consommera trois fois l'énergie des pays membres de l'Organisation de coopération et de développement économique.

Ian Morrisson
The Second Curve

Les investissements dans les capacités énergétiques ont atteint de 15 % à 20 % de l'investissement total ou de 3 % à 4 % du PIB. En gros, c'est 30 trillions de dollars en nouveaux investissements qui peuvent être faits durant les 30 prochaines années. La composition de l'offre et de la demande sera déterminée en partie par l'attitude du tiers-monde. En particulier, nous continuerons à consommer les combustibles fossiles, spécialement le charbon qui est abondant en Chine et en Inde.

L'ancienne Union soviétique possède 20 % des réserves découvertes connues et 21 % de la production mondiale de combustibles fossiles. Elle a un potentiel d'économie d'énergie pouvant compter pour le tiers de sa consommation courante. L'économie d'énergie et l'amélioration des programmes d'efficacité énergétique jusqu'à 2010 peuvent couvrir 55 % des besoins requis durant les années 1990 et 75 % dans la décennie suivante.

On considère que les ressources pétrolifères en Chine sont énormes. L'objectif ciblé dans la production de la Chine est de 4 millions de barils par jour. Les champs pétrolifères en Chine peuvent présenter une occasion d'affaires sensationnelle pour la vente d'équipement, mais on se demande quelle sera l'élasticité aux investissements étrangers considérant les résistances bureaucratiques.

Le bassin nord de la Chine pourrait devenir la plus grande région de production de pétrole durant les années 1995-2005, ainsi que le golfe du Tonkin. Toutefois, de nouvelles sources de gaz naturel au sud de la mer de Chine peuvent être très difficiles à développer dans un marché concurrentiel.

Chose certaine, le Japon est le joueur important à considérer et les éléments structurels devant être pris en compte dans une analyse de la situation énergétique du Japon est que 1) la consommation d'énergie au Japon est censée croître continuellement ; 2) les limites des ressources vont devenir manifestes ; 3) le Japon devra trouver une réponse aux problèmes environnementaux globaux qui deviennent inévitables.

De plus, les industries et la société japonaises ont réussi à réduire leur consommation énergétique de façon draconienne — elles ont atteint leur ratio cible par rapport au PIB. Leur consommation est relativement basse lorsqu'on la compare aux autres pays industriels les plus importants.

Vers la fin des années 2010, le Japon aura besoin de produire 720 milliards de kilowattheures pour satisfaire ses entreprises et pour atteindre ses objectifs, il lui faudra utiliser la puissance nucléaire. Mais les dépôts d'uranium existant dans le monde seront insuffisants pour répondre à la demande. En conséquence, le Japon devra mettre de l'avant une technologie basée sur le plutonium.

Quels effets la biotechnologie aura-t-elle sur l'agriculture de l'avenir? Quelle sera la valeur des fermes après l'arrivée des Boeing 747-400 cargo jet? Qu'arrivera-t-il lorsque les compagnies japonaises ouvriront des usines de transformation d'aliments dans le nord de la Chine? Comment réagirons-nous lorsque les aliments seront récoltés et livrés le jour même en Amérique du Nord?

Howard Minkin
Future in Sight

Vers 2010, les Européens auront une demande énergétique de 50 % plus élevée qu'en 1998, et il sera nécessaire d'importer les ressources pour répondre aux besoins. Dans ces pays, le gaz naturel est perçu comme un combustible propre et la demande augmentera plus vite que la capacité des producteurs. Elle devrait augmenter de 2,9 % par année. À peu près à la même période, la production américaine sera de 20 % plus basse qu'actuellement en raison de l'efficacité énergétique qui fera baisser les prix. Le coût énergétique résidentiel va baisser tout comme les coûts du secteur commercial. Les systèmes informatiques deviendront un moyen commun de gérer et de surveiller l'utilisation de l'énergie dans les secteurs privés et publics.

Selon Howard Minkin[24], la production globale d'énergie représente un quatrillon de dollars par année. Les Japonais ont produit des systèmes de cellules solaires et de micro-ondes qui, intégrés aux satellites, produisent sans frais et sans interruption l'énergie nécessaire pour les mouvoir. Ces satellites coûtent cher, mais pas leur source d'énergie. Les pays riches investiront massivement afin de trouver de nouvelles sources d'approvisionnement en énergie et exploiter leurs terres arides pour la construction de stations de réception et de transmission de micro-ondes provenant de l'espace. Les antennes seront placées dans des régions désertes des États-Unis ou sur des plates-formes flottantes le long des côtes des grandes villes. On est en droit de se demander ce que fera Hydro-Québec dans un tel contexte…

Des systèmes générateurs de puissance énergétique basés sur des turbines à gaz en céramique — hautement efficaces — deviendront une réalité économique à l'intérieur des 15 prochaines années. Les premières turbines en céramique fiables seront petites en raison du stress produit sur les matériaux. Elles seront propices aux besoins énergétiques d'une tour de bureaux ou d'une petite usine. Mais ces applications des nouvelles technologies influeront sur l'utilisation de l'électricité. Le «pouvoir électrique» se décentralisera de façon importante lorsque la production locale d'électricité pourra se faire sur une grande échelle. Les installations construites il y a 50 ans, devenues désuètes, s'assimileront alors à des technologies à consommation rapide.

La technologie des turbines à gaz à haute efficacité révolutionnera la consommation d'électricité et notre utilisation de l'électricité en général. Les turbines expérimentales en céramique sont efficaces à 60 % ou 70 %. Toutes les installations d'électricité qui sont considérées comme étant excellentes aujourd'hui deviendront soudainement technologiquement dépassées.

Howard Minkin
Future in Sight

La déréglementation et les changements technologiques réduiront les coûts de la production d'énergie de façon radicale. Une forte vague de déréglementation a débuté aux États-Unis, et, depuis 1996, les consommateurs industriels magasinent leur énergie plus qu'ils ne l'achètent localement. Vers l'an 2002, ils seront libres d'acheter leur énergie chez n'importe quel fournisseur.

Un indicateur permettant de vérifier cette hypothèse est que, dès maintenant, des entreprises commerciales et industrielles cherchent à s'en procurer. La cogénération et la technologie de la céramique seront recherchées par les consommateurs industriels et commerciaux. Qui paiera alors pour les installations énergétiques que la concurrence rendra non rentables et inutiles ? Les grands usagers industriels vont magasiner des tarifs inférieurs et seront prêts à payer les frais de la transition en vue de compenser les fournisseurs institutionnels pour les capacités non économiques.

Avec les forts coûts d'exploitation, les incertitudes, les bas prix et la volatilité, nous verrons les relations entre fournisseurs et clients évoluer dans le domaine pétrolier. Des associations se formeront entre co-entreprises des pays producteurs et des pays consommateurs. Au-delà du dialogue, cette entreprise commune résultera d'un intérêt commun. Ces nouvelles alliances pourront être considérées d'utilité publique, mais la conséquence sera une hausse des prix. Les gouvernements devront être vigilants pour éviter les collusions et protéger les consommateurs.

En conclusion, si nous ne savons pas encore dans quelle mesure les nouvelles technologies toucheront nos vies, une chose est certaine, la culture, elle, en a déjà subi l'influence.

La Nouvelle Économie en Amérique du Nord

- Sommes-nous dans une période d'inflation, de déflation ou d'équilibre ?

- Que pouvons-nous prévoir pour les quatre ou cinq prochaines années ?

- Quels sont les indicateurs, les tendances et les phénomènes importants nous permettant de faire des projections réalistes ?

- Où pouvons-nous chercher les réponses à ces questions ?

LE RÊVE D'UNE CROISSANCE INFINIE

Nous pourrions croire que nous sommes entrés dans une nouvelle période économique dans laquelle les récessions ne pourront plus être évitées avec les outils que nous avons utilisés et de la manière que nous avons réussi à le faire jusqu'à maintenant.

À l'inverse, nous serions tentés de croire que nous sommes entrés dans une nouvelle période économique où les anciennes lois économiques n'ont plus cours et où la croissance des valeurs mobilières se maintiendra indéfiniment à son rythme actuel. Mais, est-il possible de vivre dans un environnement sans inflation, sans récession et sans correction boursière ?

David Hackert Fisher pense que les fluctuations économiques se produisent régulièrement, sous forme non seulement de cycles économiques mais aussi de mouvements historiques. Une étude des données observées sur une longue période révèle que les cycles eux-mêmes évoluent selon une alternance de périodes d'inflation des prix et d'équilibre dans les salaires.

Ainsi, l'analyse de l'évolution économique de l'Angleterre du XIIe siècle jusqu'à maintenant permet de distinguer quatre périodes distinctes de fluctuation dans les prix et les salaires. Ces mouvements se manifestent telles des vagues irrégulières peu prévisibles. Ils ne peuvent donc servir aux prévisions économiques.

La première vague correspond à la révolution médiévale des prix, qui s'étend du début du XIIe siècle jusque vers le milieu du XIVe siècle. La vague suivante a été provoquée par la révolution des prix du XVIe siècle, qui a débuté aux alentours de 1475 et s'est poursuivie jusqu'au milieu du XVIIe siècle. Une troisième vague a été la révolution des prix du XVIIIe siècle, qui a débuté vers 1729 pour atteindre son apogée vers les années 1812-1815, au moment des guerres napoléoniennes. Enfin, la quatrième vague a commencé en 1896 et se poursuit actuellement. Certains cycles ont duré 175 ans et d'autres, aussi peu que 85 ans.

Chaque vague est un événement historique en soi, mais toutes partagent une même structure. Elles commencent imperceptiblement, lentement, durant des périodes de grande prospérité : **ce sont des tendances à long terme**. Après plusieurs décennies, les prix dépassent les fluctuations prévisibles, et débute alors une nouvelle étape. C'est à ce moment-là seulement que les gens commencent à s'éveiller à la nouvelle conjoncture : ils augmentent les prix du logement et le loyer de l'argent (les taux d'intérêt). Ces décisions conduisent, par ricochet, à une hausse générale des prix, qui atteignent des niveaux jusque-là inégalés. C'est l'effet du cycle économique.

L'étape suivante se caractérise par une instabilité croissante. Les prix, très volatiles, oscillent tout en poursuivant leur croissance. Dans tous les cycles économiques passés, les prix des aliments et des matières énergétiques ont marqué la tendance du cycle, alors que les biens manufacturés suivaient la tendance. Le marché de l'habitation souffre alors des prix élevés.

Les marchés financiers deviennent facilement volatiles ; ils fluctuent rapidement à la hausse et à la baisse. La disponibilité de l'argent diminue, puis prend soudain de l'expansion. Les gouvernements dépensent plus que leurs revenus, et les dettes publiques et privées atteignent des sommets inégalés, qui entraînent parfois la faillite des États.

Les nations doivent éventuellement appliquer des mesures fiscales afin de redresser les finances publiques, mais elles souffrent des tensions qui en découlent. Dans certains cas, les salaires réels chutent, tandis que le rendement du capital augmente. Cette situation permet aux riches de devenir plus riches, dans un contexte de paupérisation. Des inégalités sociales surgissent, car la richesse augmente en même temps que la faim ; l'augmentation du nombre de sans-abri, de crimes et d'actes illégitimes est constatée. Les penseurs produisent des analyses sociales sombres, et dans les arts on retrouve les traces de ces difficultés à vivre.

Après un certain temps apparaît un équilibre : **la vague prend fin**. Les crises entraînent la déflation des prix. Débute alors une longue période d'équilibre. Les prix fluctuent autour d'une moyenne fixe ou tombent un peu. Ils augmentent et le rendement des investissements décline. Les inégalités sociales et économiques se stabilisent et finissent par diminuer. On peut facilement distinguer les périodes d'équilibre par leur effervescence culturelle caractéristique. Ce sont la Renaissance, le Siècle des lumières, l'ère victorienne.

Après quelques années d'équilibre et de paix, une nouvelle tendance apparaît : la population commence à croître plus rapidement, la demande pour les biens et services augmente aussi et une autre grande vague débute.

POURQUOI CES MOUVEMENTS ?

Les causes des grandes vagues sont très complexes. Dans une large mesure, elles sont déterminées par l'augmentation de la demande globale pour les produits et services, elle-même provoquée par l'augmentation de la population et par plusieurs autres facteurs. Les facteurs financiers (disponibilité et loyer de l'argent) ont aussi de grands effets, particulièrement au cours des périodes moyennes et tardives de la vague. Chacune des vagues est la conséquence du jeu de l'ensemble des décisions économiques et financières individuelles.

L'analyse historique permet d'observer de telles vagues, mais pas de prédire l'avenir. Nous pouvons cependant donner un sens à notre contexte historique. Aujourd'hui, nous pensons être situés quelque part à la fin d'une révolution des prix qui a débuté il y a 100 ans. Cette révolution résulte d'une croissance de la population disproportionnée par rapport à la disponibilité des ressources.

Après la longue période de volatilité couvrant les deux guerres mondiales et la Grande Dépression, une inflation croissante s'installa durant les années 1960. La hausse des prix résultait d'une croissance disproportionnée de la demande de consommation, à la suite d'une longue période d'austérité, phénomène à l'origine de l'instabilité générale du système économique occidental. Un tel déséquilibre entre l'offre et la demande entraîne la **stagflation**[25], la diminution des salaires réels (pouvoir d'achat), l'augmentation des inégalités sociales et une pression à la hausse sur le prix des valeurs mobilières et immobilières. Ce fut la conjoncture des années 1970 et 1980.

Il n'est pas facile de déterminer si nous nous trouvons toujours, à la fin des années 1990, en période d'inflation ou si la déflation prend la relève. Peut-être avons-nous atteint l'équilibre? Que pouvons-nous prévoir pour les quatre ou cinq prochaines années? Quels sont les indicateurs, les tendances et les phénomènes importants nous permettant de faire des prévisions réalistes? Où pouvons-nous chercher les réponses à ces questions? Plusieurs points de vue s'opposent. Certains croient que, bien avant que la société américaine ne soit devenue une société à haut risque, elle vivait dans un âge industriel où les travailleurs avaient des emplois à vie et jouissaient d'une grande sécurité. Ils font valoir que l'abondance des emplois et le travail garanti à vie n'incitent pas les gens à prendre des risques pour s'enrichir. D'autres considèrent que les Américains n'ont jamais eu d'âge d'or de la sécurité d'emploi: dans chaque cycle économique, des entreprises démarrent et d'autres ferment, des fortunes se créent et d'autres se perdent.

En fait, le risque propre à chaque domaine n'a pas changé. Une euphorie cyclique, un engouement se manifeste pour un certain type d'investissement, et les gens sont prêts à payer pour obtenir les titres de propriété: les valeurs mobilières à Wall Street et l'immobilier dans les années 1920, les bons du Trésor dans les années 1950, l'or au début des années 1980 et l'immobilier commercial à la fin des années 1980, ou encore, en ce moment, les fonds d'investissement asiatiques. Là aussi des fortunes sont englouties.

Durant les années 1950, à l'âge d'or de la sécurité d'emploi, les gens investissaient dans les bons du Trésor à une époque où tous avaient fait l'expérience du risque et en connaissaient les conséquences. En raison de leur grande popularité, les bons se vendaient à des prix fous et donnaient un rendement très médiocre (3 %), alors que l'inflation augmentait sans cesse.

Des bons à faible rendement et une inflation galopante contribuent à réduire l'aversion pour le risque. Les détenteurs de bons du Trésor, frustrés du médiocre rendement de leurs investissements, se tournent alors vers les actions d'entreprises. C'est ainsi que les bons du Trésor perdirent rapidement leur attrait au cours de cette période, jusqu'à 1981. Dans un contexte à haut risque économique, comme c'est le cas présentement, les gouvernements ont tendance à se retirer et à laisser le champ libre à l'entreprise privée. La déréglementation devient la règle ; la protection des consommateurs et le filet de sécurité sociale se relâchent alors.

Malgré les apparences, dans les cycles économiques à risque élevé, les gens qui prennent des risques, en particulier ceux qui évoluent dans le domaine de la haute finance, n'en prennent pas réellement de très élevés. Par la diminution des taux d'intérêt au début des années 1990, laquelle facilite l'accès au crédit mais réduit le rendement des placements à revenu fixe, la Réserve fédérale américaine a créé une disponibilité financière qui a contribué à propulser les actions à des niveaux de prix élevés et précaires. C'est pourquoi Alan Greenspan a sérieusement hésité à maintenir sur une longue période la faiblesse des taux d'intérêt aux États-Unis. Le risque de créer une inflation incontrôlable continue de flotter comme un spectre sur les marchés financiers.

À la fin de 1997, certains analystes soutenaient que le Dow Jones aurait dû subir une correction décisive, au moins 20 %, semblable à celle du krach de 1987. Cette correction, survenue de juin à septembre 1998, est la conséquence de la crise asiatique et des problèmes en Russie. Il y a une contradiction évidente entre ce que les analystes prédisent et ce que les vendeurs d'actions suggèrent à leurs clients, quoiqu'ils soient souvent les mêmes personnes. Aux États-Unis, on réussit intelligemment à retarder une récession[26] annoncée depuis au moins deux ans. Mais cela ne saurait durer, car il s'agit d'un phénomène cyclique auquel on ne peut échapper. Il est possible qu'au moment où vous lirez ces lignes, une seconde correction boursière soit survenue.

POUR EN FINIR AVEC LES RÉCESSIONS

Les cycles économiques sont intrinsèques au capitalisme. Lester C. Thurow[27] souligne que, entre 1945 et 1995, les États-Unis ont connu 10 années de récession (1946, 1949, 1954, 1958, 1970, 1974, 1975, 1980, 1982 et 1991) et les années 1960 et 1961 ont été ponctuées de 20 mois de croissance négative ; celle-ci n'était toutefois pas assez forte pour tomber dans la catégorie récessionniste.

Les récessions surviennent pour plusieurs raisons. Selon Thurow, les croissances négatives de 1946 et de 1954 ont été causées par le retour des troupes après la Deuxième Guerre mondiale et la Guerre de Corée.

La récession de 1973 découle de l'inflation liée à la hausse des coûts de l'argent, de l'énergie (choc pétrolier) et des aliments. En 1973, l'Organisation des pays exportateurs de pétrole (OPEP) a répondu à la crainte occidentale d'une pénurie de pétrole par l'augmentation des prix du pétrole brut. Il faut se rappeler que les pénuries résultaient d'une demande excessive aux États-Unis et non pas d'une politique de l'OPEP elle-même. Cette dernière n'a fait que répondre aux désirs exprimés.

La récession de 1982 a été délibérément provoquée dans le but de mater l'inflation, par une simple hausse des taux d'intérêt. Lorsque nous tentons d'isoler les causes de la récession de 1990-1991, nos analyses nous ramènent au dernier krach immobilier et à la contraction de la richesse qu'il a provoquée.

Les récessions sont difficiles à vivre pour les travailleurs. Le marché de l'emploi résiste aux pressions exercées pour une diminution des salaires. Les ajustements de prix sont plus faciles à réaliser dans le secteur des biens et services. Pour Thurow, c'est exactement le contraire de ce qui devrait arriver. C'est la raison pour laquelle le capitalisme entraîne des récessions. Composantes intrinsèques du système capitaliste, ces dernières ne peuvent être éliminées. Mais, affirmer que les récessions vont toujours survenir est une chose, en prédire la fréquence ou la gravité en est une autre.

Après la Deuxième Guerre mondiale et jusque dans les années 1990, les récessions ont été courtes, superficielles et peu fréquentes. On peut en féliciter les gouvernements, qui sont toujours intervenus pour soutenir la vigueur des économies à l'aide des politiques monétaires et fiscales. D'autre part, souligne Thurow, pour bien fonctionner, le système capitaliste a besoin d'une économie dominante pouvant servir de locomotive. Il paraît évident que, sans l'économie forte, globale et entraînante des États-Unis, le redressement économique d'après-guerre aurait été très lent en Europe et au Japon.

La récession de 1980-1981 offre un bon exemple d'intervention monétaire. En 1982-1983, le gouvernement américain a fortement augmenté les taux d'intérêt de base. Le Canada a dû emboîter le pas pour soutenir son dollar, victime d'une baisse générale de la demande en raison des taux supérieurs offerts aux États-Unis.

Pour appliquer des politiques fiscales cycliques du type keynésien, les gouvernements doivent être en mesure, en période de prospérité, d'augmenter les taxes et de réduire leurs dépenses, et ils doivent faire preuve de volonté dans ce sens. C'est à ce prix qu'ils pourront compter sur la marge de manœuvre nécessaire pour réduire les taxes et augmenter leurs dépenses, en temps de récession, afin de stimuler l'économie.

Lester C. Thurow
The Future of Capitalism

Par exemple, au cours de la récession de 1990-1991, le Japon et les États-Unis ont pu se permettre de réduire leurs taux d'intérêt en vue de stimuler la demande. Aucun pays n'a tenté d'introduire des politiques fiscales contre le cycle économique récessionniste, comme une réduction des taxes ou une hausse de leurs dépenses. L'inaction commune s'explique par la crainte de l'inflation, conjuguée à l'incapacité de contrôler les déficits structurels des budgets gouvernementaux. La croissance économique est devenue impossible là où des politiques keynésiennes étaient appliquées.

De telles mesures ne peuvent servir indéfiniment, car un déficit public énorme s'ensuit. S'il est impossible d'augmenter les taxes ou de sabrer dans les dépenses durant une croissance, en raison de considérations politiques, on ne peut pas davantage diminuer les taxes et augmenter les dépenses durant les récessions. Un budget déficitaire structurel ne peut que croître avec le temps, privant le gouvernement de la marge de manœuvre ou des moyens nécessaires pour diminuer les taxes ou augmenter les dépenses durant les récessions.

Un pays ne peut plus appliquer simplement les politiques keynésiennes pour s'en sortir, car les marchés financiers mondiaux et le Fonds monétaire international (FMI) forcent les gouvernements à se discipliner et à s'ajuster à leurs diktats et non plus à leurs seuls besoins économiques intérieurs.

Lester C. Thurow
The Future of Capitalism

De plus, la mondialisation de l'économie freine le recours aux politiques keynésiennes afin d'assurer le bien-être économique national. Un pays ne peut plus se préoccuper de ses seuls besoins économiques intérieurs. Il doit répondre aux diktats des marchés financiers mondiaux, qui bougent partout rapidement, et du Fonds monétaire international (FMI).

Dans ce contexte, les récessions deviennent ingouvernables, et l'on doit s'y plier. Les gouvernements récemment élus qui font face au chômage élevé parlent souvent de stimuler l'économie. Dans les faits, ils adoptent surtout des mesures d'austérité (en augmentant les taxes et en réduisant les dépenses). Ces mesures, on s'en doute bien, sont l'opposé de ce que Keynes aurait prescrit et de ce que les élus eux-mêmes promettent à leurs commettants.

Durant la récession de 1990, les États-Unis ont diminué leurs taux d'intérêt pour aider le pays à se remettre de la contraction de l'activité économique. Ils ont connu un certain succès. Mais les États-Unis peuvent se permettre une telle politique monétaire, même à long terme, car le dollar américain est la devise clé du système monétaire mondial.

Les importations représentent une faible proportion du produit intérieur brut (PIB) des États-Unis, et les Américains n'empruntent pas en devises étrangères. Le marché américain est lui-même si vaste et concurrentiel que les exportateurs des autres pays tentent d'adopter le dollar américain comme monnaie d'échange.

Sans une économie mondiale locomotive, sans une coordination macroéconomique entre les trois Grands actuels (États-Unis, Japon, Allemagne), sans la volonté de ces pays d'être des locomotives économiques régionales, le monde vivra de fréquentes, longues et profondes récessions avec des recouvrements plus lents.

Lester C. Thurow
The Future of Capitalism

Selon Lester C. Thurow, la situation particulière des États-Unis au sein du système monétaire international a pour conséquence que la valeur du dollar n'a que de faibles répercussions sur le coût de la vie ou le taux d'inflation dans ce pays. Lorsque le Japon et les États-Unis ont diminué leurs taux d'intérêt afin de combattre les effets pervers de leurs récessions respectives, l'économie japonaise n'a pas eu le même succès qu'aux États-Unis.

Aux États-Unis, le marché des valeurs mobilières s'est considérablement développé, créant des richesses personnelles et une plus grande demande de consommation. En contrepartie, au Japon, le marché des valeurs mobilières s'est effondré en 1996 avec une chute de 36 % de la valeur nette des actifs. Un grand nombre de fortunes personnelles se sont volatilisées, avec un effet négatif énorme sur la consommation et les dépenses d'investissement. Le Japon pourrait remonter la pente et retrouver ses plus hauts sommets, à la condition de restructurer son économie intérieure. La faiblesse du Japon n'a toujours été, malheureusement, que celle de ses clients. Une économie basée essentiellement sur l'exportation est trop dépendante de la conjoncture économique des pays importateurs pour remettre en marche sa propre machine économique. Le Japon aura de la difficulté à s'en sortir.

L'EUPHORIE TIRE À SA FIN

Les économies réunies du Japon, de l'Allemagne et des États-Unis représentent 50 % de l'économie mondiale. Ces pays n'ont pas les mêmes besoins économiques au même moment et ils ne se sont pratiquement jamais trouvés ensemble à la même étape d'un cycle économique. De plus, pour Thurow, l'ère des récessions non fréquentes, courtes et superficielles de l'après-guerre est terminée, et l'approche keynésienne a probablement fait son temps.

Comment pourrait-on ne pas voir que les valeurs mobilières sont surévaluées, tant aux États-Unis qu'au Japon ou à Hongkong ? Au cours d'une journée ordinaire, le marché mondial du capital fluctue de 1,3 trillion de dollars, mais, dans toute une année, le volume mondial d'exportation varie seulement de 3 trillions. En deux jours, dans le marché du capital, presque autant d'argent se déplace que dans toute l'année de l'économie mondiale.

La crise financière mexicaine de 1994-1995 illustre tout le problème de l'instabilité financière d'un pays qui possède pourtant les ressources pour payer ses dettes. La dette internationale du Mexique n'était pas plus élevée que celle de plusieurs pays en voie de développement, et se trouvait même bien loin derrière celle de certains pays développés. Mais la chute du peso a nui à la dette publique.

Le pays a reçu un soutien financier massif de la communauté internationale, à hauteur de 48 milliards de dollars prêtés par les États-Unis, le Fonds monétaire international (FMI) et la Banque interaméricaine de développement[28]. Mais, la communauté financière internationale commandait des mesures fiscales d'austérité qui exigeaient un budget gouvernemental équilibré. Les revenus provenant du pétrole mexicain devaient être transférés directement dans un compte à la Réserve fédérale américaine et pouvaient être contrôlés par les États-Unis pour garantir les bons du Trésor mexicain payables sur demande. La punition assénée par le FMI fut draconienne pour un pays qui se conformait parfaitement à ses critères seulement six mois plus tôt.

Ce que le Fonds monétaire international a fait subir au peso mexicain — et, par voie de conséquence, aux Mexicains eux-mêmes —, il peut très bien le faire pour n'importe quelle autre devise. Le magazine *Fortune* a publié une liste de sept autres pays (les Philippines, l'Indonésie, le Brésil, la Malaisie, la Thaïlande, l'Argentine et le Chili) qui sont susceptibles d'être exposés au même type de représailles, et auxquels il pourrait arriver la même chose qu'au Mexique. D'ailleurs, au moment d'écrire ces lignes, la crise asiatique se faisait menaçante, et plusieurs exhortaient le FMI d'intervenir.

Mandel *et al.*
Business Week

En raison de la chute de la valeur du peso, l'inflation s'est accélérée à un taux annuel de près de 60 %. Heureusement, la croissance du niveau des prix s'est ralentie depuis lors. Mais la conséquence à long terme de la dévaluation du peso en 1995 est qu'elle a rendu les biens produits au Mexique si compétitifs que les exportations ont fait un bond de 30 % dans plusieurs secteurs industriels. La balance commerciale alors déficitaire a affiché un surplus qui s'est reflété dans la balance des paiements[29]. La crise mexicaine s'est résolue rapidement parce que les dirigeants politiques ont eu la volonté de faire des choix difficiles et de prendre les bonnes décisions dans une économie ouverte et transparente. Cet heureux dénouement pourrait ne pas se produire en Asie[30].

Les crises financières et les conséquences des pertes d'indépendance économique aux mains du FMI ne se limitent pas au tiers-monde. À l'été 1992, les spéculateurs financiers ciblaient l'Italie, la France et le Royaume-Uni. Tous ces pays tentaient de maintenir la valeur de leur devise et la soutenaient vis-à-vis du mark allemand. L'Italie et la Grande-Bretagne n'avaient pas alors de privilèges particuliers. La différence entre leur taux d'inflation et leur taux de productivité était plus élevée que pour l'Allemagne, et leur devise pouvait donc compter sur la force de leurs économies respectives.

Aucun autre pays que les États-Unis, l'Allemagne et le Japon ne sont à l'abri d'une attaque spéculative sur leur monnaie, quelle que soit la nature réelle de l'acte, parfois imaginaire, vu par la communauté financière internationale comme un péché économique. Aujourd'hui, l'Hérésie est de nature financière et l'Inquisition est l'œuvre du FMI ; la punition est une descente aux enfers et plusieurs tentent d'acheter des Indulgences.

LE SPECTRE DE L'INFLATION NE FAIT PLUS PEUR

Si l'inflation est surévaluée, quel est l'effet de cette découverte sur nos prévisions de déflation ? Imaginez que, dans votre vie professionnelle, vous ayez essayé de faire comprendre une réalité importante à vos collègues, pour finalement apprendre que vous commettiez une erreur[31].

Les événements anticipés n'étaient qu'une illusion fondée sur des statistiques fautives. Le rapport de la Commission Boskin n'a pas été divulgué avant les dernières élections présidentielles américaines, mais ses conséquences sont énormes. La Commission a estimé un biais à la hausse de 1,0 % à 2,4 % dans l'indice des prix à la consommation.

Une inflation surévaluée ternit les autres données économiques, car les valeurs réelles s'obtiennent en soustrayant, des valeurs nominales, la croissance de l'IPC.

Si l'inflation est surestimée, la croissance réelle est nécessairement sous-estimée. Et si cela arrive pour une période suffisamment longue, l'écart devient substantiel. Dans le cas des gains de productivité, par exemple, si on produit une moyenne basée sur une longue période, on peut même observer un déclin dans la productivité du pays. C'est pourtant un fait que les entreprises américaines ont accompli beaucoup de progrès en matière de productivité et de compétitivité. Ce n'était un secret pour personne que l'inflation « pouvait » être surestimée, mais la plupart des analystes en ignoraient les répercussions réelles sur l'ensemble des analyses et des prévisions.

Que l'inflation ait été surévaluée signifie que toutes les discussions et les décisions des dernières décennies furent fondées sur de fausses prémisses. Si vous avez suivi et étudié le sujet, et si vous avez foi dans les statistiques économiques présentées par le gouvernement américain ces dernières années, vous savez que la croissance économique dans le présent rétablissement est le plus lent que nous ayons jamais connu. Les salaires réels ont chuté et vont demeurer bas pour de nombreuses années encore, alors que le niveau de vie stagne.

Floyd Morris
New York Times

L'expérience montre, du moins jusqu'à maintenant, qu'il est impossible de réduire l'inflation sans délibérément ralentir la croissance économique et produire un taux de chômage élevé. Les croyances changent plus lentement que la réalité. Alan Greenspan a lui-même admis que la Banque fédérale ne pourrait pas augmenter les taux d'intérêt pour réduire le taux d'inflation, car il n'y a pas d'inflation.

Officiellement, le taux d'inflation aux États-Unis est passé de 3,0 % en 1993 à 2,6 % en 1994. Greenspan croit que le Congrès a exagéré l'inflation de 1,5 % seulement. Il resterait donc un taux réel de 1,1 %. Outre le secteur des soins de santé, tous facteurs considérés, le vrai taux d'inflation a été sans aucun doute très bas et peut-être même négatif durant la période pendant laquelle Greenspan s'inquiétait à propos de l'inflation.

Nous savons que le capitalisme évolue mieux avec un taux d'inflation se situant dans les 2 % par année. N'importe quel taux se situant à un niveau plus bas pose des problèmes, car si les prix des biens de consommation tombent considérablement, qui voudra prendre le risque de les produire ? Il nous faut donc un taux d'au moins 2 % à 3 % d'inflation annuelle. Lorsque l'inflation est négative, les taux d'intérêt réels (taux d'intérêt du marché moins l'inflation) sont élevés ; ils ne peuvent être maintenus très bas à moins qu'il n'y ait un modeste taux d'inflation. Mais, sans un taux d'intérêt bas, les nouveaux investissements ne peuvent pas être élevés.

Pourquoi cette surévaluation de l'inflation ? Une des raisons invoquées pour expliquer cette surévaluation de l'inflation est que l'économie du secteur des services est devenue énorme et qu'une plus grande part des gains en productivité y est difficile à mesurer. Dans ce contexte, le secteur des services ne produit plus de poussée inflationniste comme c'était auparavant le cas. En somme, les salaires ont diminué et la productivité a augmenté.

La tendance des entreprises à avoir recours à l'impartition signifie que les firmes ont effectivement augmenté leur production sans avoir elles-mêmes investi.

Floyd Norris
New York Times

Les indices de la capacité de production et de la capacité d'utilisation sont aussi des outils dépassés. Ils ne reflètent pas, notamment, le phénomène de l'impartition qui est apparu au même moment que les mises à pied massives.

La capacité des fournisseurs augmente, mais l'on n'en tient pas compte : dans le calcul de l'indice des prix, rien n'a changé dans les proportions de valeurs ajoutées contribuées par les fournisseurs et les équipements originaux des manufacturiers. Il faut bien admettre aussi que les investissements dans les nouvelles technologies de l'information ont permis de produire plus de biens et de services avec moins d'employés.

Puisque la productivité est plus grande et que le nombre de fournisseurs a chuté considérablement, seuls survivent ceux qui profitent de garanties pour obtenir de plus grandes ventes. Les grands manufacturiers partagent l'information et l'expertise technique avec des fournisseurs de qui ils exigent, en retour, des réductions annuelles dans les prix. Pour ceux qui refusent, les risques de faillite sont grands.

Pour Floyd Norris, la surestimation de l'inflation peut provenir d'une erreur dans l'évaluation des salaires, qui auraient augmenté plus lentement que l'inflation. En fait, la moyenne des salaires horaires après l'ajustement pour l'inflation est maintenant de 35 % plus élevée qu'elle n'était en 1975, tandis que, dans le secteur public, on observe 9 % de diminution. Norris pense que l'économie a crû deux fois plus que ne le laissent paraître les chiffres du gouvernement et que la productivité est trois fois plus grande.

Le gouvernement a eu de la difficulté à estimer la valeur de certains secteurs d'activité, en raison, par exemple, de l'augmentation de la qualité. Le secteur automobile illustre ce problème. L'augmentation du prix des automobiles ne tient pas compte des améliorations dans la vie du véhicule et dans la quantité de carburant nécessaire pour parcourir 100 kilomètres. Il y a eu ce qu'on appelle une **discrimination par les prix**.

Le prix des cigarettes a augmenté, mais pas aussi rapidement que ne l'indiquent les chiffres du gouvernement. Il y a quelques années, les compagnies de tabac ont introduit des marques dont le prix était 33 % moins cher que celui des marques populaires. Le gouvernement a classé ces marques comme de nouvelles marques, et la réduction de prix ne s'est pas répercutée sur le taux d'inflation.

Une meilleure estimation de l'inflation ne fera pas que des heureux. Morton[32] soutient que les conséquences d'une correction à la baisse de l'indice des prix à la consommation sur l'Amérique vieillissante et pauvre seraient tragiques. Le gouvernement compense actuellement les prestataires de la sécurité du revenu pour une augmentation du coût de la vie qui n'existe pas. L'ajustement pourrait épargner des milliards de dollars et diminuer d'autant le déficit fédéral.

Si un changement dans la manière de calculer l'indice des prix à la consommation est nécessaire aux yeux des politiciens, il suscite de fortes résistances au sein des groupes de défense des droits, qui n'acceptent pas de voir couper ou diminuer l'augmentation des prestations de la sécurité du revenu.

Carte surprise

Au Japon, un tremblement de terre significatif ou une crise financière pourraient conduire à une hausse des taux d'intérêt d'au moins un point dans le monde.

LE HUARD A DU PLOMB DANS L'AILE

Il faut remonter aux années 1950 pour observer des taux d'intérêt aussi bas au Canada. Ce retournement, dont personne n'aurait osé prévoir l'ampleur il y a quelques mois à peine, est attribuable au virage structurel qu'a pris l'économie canadienne depuis quelques années : redressement des finances publiques, bilan inflationniste exemplaire, explosion du surplus commercial. De plus, un contexte économique difficile nécessite une politique monétaire expansionniste. En effet, le Canada affiche un long retard par rapport aux États-Unis, avec un taux de chômage deux fois plus élevé. La demande intérieure évolue au ralenti, une lenteur qui est causée par les restrictions dans le secteur public. Dans ce contexte, la Banque du Canada se doit de maintenir les conditions monétaires les plus expansionnistes possible. À l'automne 1996, elle n'a donc pas hésité à neutraliser les effets restrictifs de l'appréciation de notre dollar sur nos exportations par des baisses supplémentaires des taux d'intérêt.

Un peu partout dans les pays industrialisés, les banques centrales tentent de ranimer l'économie moribonde de leur pays au moyen d'une baisse des taux. Les taux des bons du Trésor des pays du G7 sont passés de près de 11 % en 1989 à 4 %. Les spécialistes s'entendent pour dire que des forces déflationnistes jouent silencieusement.

En fait, nous sommes influencés par des forces déflationnistes à l'échelle mondiale, lance Avery Shenfeld, économiste pour Wood Gundy à Toronto. Cela produit entre autres un cycle économique beaucoup plus long. Pour comprendre ce qui se passe, il faut s'arrêter aux grands événements mondiaux qui, depuis 1989, ont déclenché de puissantes forces désinflationnistes et même déflationnistes.

Le grand événement déclencheur est la fin de la guerre froide. L'histoire nous enseigne que la fin d'une guerre a toujours des répercussions déflationnistes. Pendant la guerre de 1812 en Europe, l'inflation a augmenté de 47 %, pour chuter de 48 % par la suite. Lors de la Première Guerre mondiale, l'inflation a crû de 140 % et a baissé de 35 % après. Les politiques monétaires accommodantes des banques centrales du G7 ne font aujourd'hui que contrer la déflation et ne risquent guère de raviver l'inflation.

La fin de la guerre froide a eu d'autres effets importants, comme la création d'une économie planétaire, plus mondiale que jamais, où l'ouverture des marchés a accru la concurrence. La révolution technologique est elle-même désinflationniste. Par exemple, au deuxième trimestre de 1997, aux États-Unis, les prix des ordinateurs ont contribué à la fois à diminuer le taux d'inflation et à augmenter la croissance. Sans l'apport des ordinateurs, la croissance aurait été seulement de 1,8 % et l'inflation aurait atteint 2,8 %. Les investissements à la hausse en informatique ont un effet croissant dans l'économie.

Les problèmes liés à l'unification de l'Europe, dans le contexte du Traité de Maastricht, ajoutent aux pressions. Les pays européens doivent maintenir des politiques fiscales très restrictives, malgré des taux de chômage élevés. Enfin, le vieillissement de la population des pays industrialisés diminue la consommation tout en favorisant l'épargne. En effet, les personnes qui approchent de la retraite épargnent davantage (surtout si elles craignent que le gouvernement soit incapable de leur procurer une rente décente) et remettent à plus tard la consommation. Cela a une influence négative sur la croissance et contribue au maintien ou à la diminution des prix.

D'autre part, des forces désinflationnistes proviennent aussi d'Asie. Les problèmes financiers de ces pays et les surcapacités de production vont certainement entraîner des pressions à la baisse sur les prix des biens et des services. La performance américaine à l'intérieur du cycle actuel est impressionnante, surtout du côté de l'inflation. L'économie américaine a dépassé le plein emploi. Elle fonctionne à pleine capacité.

Théoriquement, l'inflation devrait augmenter. Ce n'est pas encore le cas et cette performance a permis aux taux d'intérêt américains de ne pas grimper. Ils ont même amorcé un mouvement baissier, aidant la Banque du Canada à réduire les taux canadiens et à stimuler l'économie. On peut s'attendre à d'autres baisses des taux d'escompte privilégiés.

Il y a encore un potentiel de baisse de taux parce que les taux d'intérêt réels sont encore élevés. De plus, l'économie canadienne ne montre toujours pas de signes tangibles de reprise. Nous pouvons d'ores et déjà prévoir que le règne du bas taux durera. Même si les taux augmentaient de 1 %, ils demeureraient très bas historiquement. Le seul facteur qui pourrait provoquer une hausse magistrale des taux, c'est l'orientation des États-Unis quant à leur propre taux d'intérêt.

Le maintien d'un taux d'intérêt bas est salutaire pour l'économie. Le financement des dettes publiques accaparent alors une moins forte proportion du budget des gouvernements, qui parviennent plus aisément à équilibrer leurs revenus et leurs dépenses. Mais, les principaux bénéficiaires sont les consommateurs, qui font rouler les deux tiers de l'économie. Ils consacrent une moindre proportion de leurs revenus au paiement des intérêts sur leurs dettes de consommation et leurs emprunts hypothécaires. Cette proportion était de 7,7 % en 1996 et de 8,5 % en 1995. Par le passé, chaque fois qu'on a observé une baisse du service de la dette des consommateurs, on a constaté une légère reprise.

Les consommateurs sont plus endettés que jamais. Néanmoins, le recul des taux peut inciter les ménages qui ne sont pas très endettés à investir, à acquérir une maison ou à se procurer une voiture.

EMPLOI : 0, TRAVAIL : 1

Le marché de l'emploi suit une tendance irréfragable. Selon Robert Reich[33], on peut diviser les emplois en quatre catégories. Les bons emplois devraient aller aux analystes symboliques (technocrates, analystes, penseurs), aux travailleurs du savoir, aux professionnels et aux gestionnaires, qui seront les vrais bénéficiaires de la révolution de l'information parce que ce sont eux qui possèdent la nouvelle « propriété ». Dans l'ère de l'information, ce sont bien plus les connaissances que les ressources traditionnelles comme le pétrole ou les territoires qui seront la source primaire du pouvoir et de la richesse.

Chacun rêve de vivre une situation économique lui permettant de s'émanciper. Le moteur des changements économiques devait être la poursuite des progrès dans les technologies de l'information, mais il est devenu évident que cette perspective deviendra illusoire.

Les types d'emploi selon Robert Reich

• *Les opérateurs routiniers*

Ce sont ceux dont on a besoin pour transporter les repas dans les avions ou pour entrer les données informatiques dans les bases de données. Cette catégorie d'employés forme probablement 25 % de la force de travail qui décline au fur et à mesure que ces emplois deviennent automatisés.

• *Le personnel procurant les services personnels*

Dans les restaurants, les hôpitaux et les firmes de sécurité, cette catégorie d'employés forme 30 % de la main-d'œuvre et est en pleine croissance.

• *Les « analystes symboliques »*

Ce sont ceux qui jonglent avec les nombres, les idées, les problèmes et les mots. Ce sont les journalistes, les analystes financiers, les consultants, les architectes, les avocats, les médecins et les gestionnaires, ceux dont l'intelligence est à l'origine du pouvoir et de l'influence. Ils forment probablement 20 % de la main-d'œuvre.

• *Les agriculteurs, les mineurs et les employés gouvernementaux*

Ils forment 25 % de la main-d'œuvre.

Premièrement, il faut se rappeler qu'une économie doit servir les consommateurs, qui veulent des biens tangibles. Occidentaux et Orientaux veulent un pouvoir d'achat en cette fin de XXᵉ siècle. Ils n'ont pas besoin des beaux graphiques qu'on trouve à profusion dans Internet ; ils veulent vivre dans de belles maisons, conduire de belles automobiles et manger de la viande.

Deuxièmement, la révolution informatique est une spectaculaire avancée, certes, mais un succès partiel. Le traitement de l'information devient plus rapide et moins coûteux, mais l'évolution de l'intelligence artificielle court d'un échec à l'autre. Les prophètes de l'ère de l'information semblent avoir oublié les notions de base de l'économie.

De moins en moins de personnes recevront des prestations d'assurance-emploi; elles se tourneront vers des emplois autonomes étant donné qu'il y a de moins en moins d'emplois rémunérés dans les grandes organisations. Les faibles rémunérations se maintiendront, car de plus en plus de personnes entreront en concurrence pour obtenir un emploi, dans un contexte où les critères d'admissibilité aux prestations deviennent plus exigeants.

Raymond Théorêt
Journal *Les Affaires*

Voici la nouvelle pensée: le changement technologique a procuré une productivité accrue et l'habileté pour chacun — les entreprises, les gouvernements et les consommateurs — de traiter l'information assez rapidement pour éviter les excès dans les stocks, dans la construction ou dans les salaires et éviter ainsi la récession. Les coûts du travail sont maintenus bas grâce à l'accroissement de la productivité et à la concurrence internationale, de telle manière que les profits peuvent croître, encore une fois, indéfiniment.

La première moitié des années 1990 a été une période critique quant aux effets de la concurrence sur les prix des matériaux de base, qui ont chuté. Quand deux milliards d'Asiatiques aspirent au niveau de vie occidental, il est inévitable qu'ils fassent le nécessaire pour obtenir les minéraux, les matières fossiles et la nourriture dont ils ont besoin. Mais dans un monde potentiel de milliards de consommateurs actuellement privés de voitures, de vacances et d'aliments emballés sous vide, la capacité du marché d'offrir tous les biens de consommation est certainement devenue la plus importante contrainte dans l'accession à un niveau de vie meilleur.

Lester C. Thurow[34] souligne que, dans les années 1980 et 1990, deux vagues de mises à pied massives ont marqué l'économie américaine; 2,5 millions d'emplois bien rémunérés furent éliminés. À la fin des années 1980, durant une période de croissance économique, 35 % des mises à pied ont visé des cadres, 31 % des employés de bureau et 8 % du personnel des ventes, alors que seulement 19 % des licenciements touchaient des cols bleus.

Lorsque la seconde vague de restructuration est survenue, les entreprises réalisaient les plus hauts profits de leur histoire. La rationalisation n'a été, en grande partie, qu'un transfert d'emploi vers la sous-traitance. Au même moment, le développement de l'impartition a créé des emplois chez les sous-traitants, rendant les restructurations moins dramatiques pour la main-d'œuvre.

Les coûts cachés des licenciements massifs ne sont apparus que quelques années plus tard. Au début, les gestionnaires ont passé pour des génies. Comment n'y avait-on pas pensé plus tôt ? Sur papier, l'entreprise semblait donner un meilleur rendement avec une réduction des charges. Mais à long terme, à moins que l'entreprise n'ait déjà été improductive, des problèmes de productivité surgissaient. Les seules exceptions sont les entreprises dont les résultats reflétaient l'incapacité à s'adapter à leurs marchés potentiels et qui devaient donc faire des changements importants à leur gestion. De façon générale, il se pourrait bien que les contre-performances des entreprises soient dues, du moins en partie, aux conséquences des licenciements massifs, ce qui expliquerait les échecs massifs des restructurations.

D'autre part, les changements technologiques furent invoqués pour expliquer les réductions de main-d'œuvre. Selon Thurow, cette explication est simpliste et ne résiste pas aux faits. En réalité, les nouvelles technologies furent graduellement implantées. Sur le plan des ressources humaines, c'est en modifiant progressivement la hiérarchie traditionnelle, en descendant le centre de décision vers le niveau hiérarchique le plus bas possible et en faisant travailler les gens en équipe que les firmes ont découvert que les anciens niveaux de production pouvaient être atteints avec beaucoup moins de travailleurs. C'est ainsi que plusieurs facteurs conjugués ont contribué à l'amélioration de la productivité.

 Les licenciements massifs sont un aveu des équipes de gestion qu'ils n'ont pas bien fait leur travail, soit de s'assurer que tous les employés soient suffisamment productifs. S'ils étaient productifs, ils n'auraient pas dû être licenciés. S'il était nécessaire de licencier, ç'aurait dû être de façon individuelle, en raison d'un manque de productivité évident, et non massivement.

Richard Worzel
The Next 20 Years of your Life

Aux États-Unis, les réductions de personnel ont eu un impact important sur l'économie. Dès la première vague, 12 % de la main-d'œuvre s'est retrouvée sans emploi. Deux ans plus tard, 17 % de ces nouveaux chômeurs étaient toujours en quête de travail. Parmi ceux qui ont pu être réembauchés, la majorité ont subi une réduction salariale (25 % ou plus pour 31 % des nouveaux embauchés).

Au Japon, en raison de la culture sociétale et organisationnelle, les réductions draconniennes d'emplois sont inconcevables[35]. Le taux de chômage, qui était de 1 % dans les années 1960, a grimpé à 2 % dans les années 1980 et à 3 % dans les années 1990 : l'illusion du succès économique du Japon s'effondrait. Dans le système japonais, les employeurs hésitent à recourir aux licenciements massifs et préfèrent diminuer les embauches et inciter les salariés à anticiper leur départ à la retraite. Dans ces organisations, le personnel excédentaire n'est pas systématiquement mis à pied, mais est plutôt muté vers des postes qui présentent un recul quant aux tâches, aux responsabilités et au salaire.

La progression de la rémunération des salariés a aussi ralenti. En raison du yen fort, les salariés moyens étaient devenus les mieux payés au monde. Mais de 1990 à 1993, la croissance des salaires est passée de 4,7 % à 0,7 %. Les entreprises utilisent plusieurs stratégies pour y parvenir : progression des salaires accordés limitée aux promotions, réduction du nombre de cadres ou progression salariale conditionnelle aux performances des unités de production — cette dernière stratégie gagne d'ailleurs en popularité.

Enfin, alors que l'unique critère d'embauche était la provenance des candidats des meilleures universités, dorénavant le recrutement se fait sur la base des qualités personnelles. Les entreprises nipponnes ont maintenant besoin d'individus originaux et créatifs, et les études seules ne suffisent plus pour rendre compte du potentiel de telle ou telle personne.

Au Japon, finis les emplois à vie! Ce revirement, à mesure que le nombre de chômeurs s'accroît, entraîne un risque de déstabilisation sociale et la possibilité de conflits entre les générations. Curieux parallèle avec l'Occident...

Plus près de nous, Raymond Théorêt[36] relève le fait que le nombre de personnes tirant un revenu d'emploi autonome n'a cessé d'augmenter de 1990 à 1995. Cette évolution tendancielle du profil de la main-d'œuvre canadienne suit la mode américaine. Durant cette période, confrontés à la diminution des emplois à temps plein, les Canadiens ont fait de plus en plus appel au travail à la pige ou à d'autres formes de revenus pour subsister. C'est ainsi que le nombre de travailleurs indépendants est à la hausse tant au Canada qu'aux États-Unis. Au Québec, il a augmenté de 27 % de 1990 à 1995, ce qui représente un peu plus d'un million de personnes, majoritairement des femmes.

Le nombre de femmes ayant déclaré un revenu autonome s'est accru de 47 % de 1990 à 1995, contre 18 % pour les hommes. Les revenus moyens sont faibles : 13 600 $ pour les hommes et 7 300 $ pour les femmes.

L'ALENA POUR TOUJOURS

Lorsqu'on se demande quels sont les gains provenant de l'ALENA (Accord de libre-échange nord-américain), on ne peut s'empêcher de constater que ce traité ne va pas créer ni détruire des emplois, mais rendre la main-d'œuvre légèrement plus productive. Chaque pays va avoir tendance à augmenter sa production dans les industries où sa productivité est relativement élevée, ce qui augmentera de façon générale l'efficacité économique en Amérique du Nord. Les marchés plus grands vont permettre des économies d'échelle. Enfin, ils conduiront à une plus grande concurrence, entraînant une réduction des inefficacités associées aux monopoles.

Mais, si l'on se demande quel accroissement de la richesse peut apporter l'ALENA, quelques études démontrent qu'il est minime, de l'ordre de 0,1 % du revenu réel américain. Pourquoi les gains sont-ils si minimes ? Premièrement, les États-Unis et le Mexique ont déjà développé un libre-échange en avance du traité ; le traité n'ajoute pas grand-chose à l'intégration des marchés. Deuxièmement, l'économie du Mexique est si petite qu'il est prévisible qu'il ne soit pas un fournisseur important. Le PIB du Mexique représente moins de 4 % de celui des États-Unis.

Les conséquences de l'ALENA selon Paul Krugman

• L'ALENA n'aura aucun effet sur le nombre d'emplois aux États-Unis.

• L'ALENA n'aura pas d'effet néfaste sur l'environnement, au contraire.

• L'ALENA entraînera un léger gain dans les revenus réels aux États-Unis.

• L'ALENA conduira probablement à une légère diminution des salaires réels des travailleurs non qualifiés.

• L'ALENA aura pour les États-Unis un effet sur la politique étrangère plus que sur l'économie.

Paul Krugman[37] souligne le fait que la plupart des articles qu'il a écrits sur le commerce international ont porté sur l'idée que l'économie américaine est en difficulté en raison d'une certaine **lutte pour la compétitivité**. Selon l'auteur, les changements technologiques, et non la concurrence globale, sont la vraie question dans cette histoire.

Essayer de définir la compétitivité d'une nation est beaucoup plus problématique que définir celle d'une entreprise. Lorsque nous disons qu'une entreprise n'est pas compétitive, nous disons que sa position sur le marché est insoutenable. À moins qu'elle n'améliore sa performance, elle va cesser d'exister. Les pays ne fonctionnent pas comme des entreprises. Ils peuvent être satisfaits ou non de la performance de leur économie, mais ils n'ont pas à définir leur seuil d'équilibre avec précision. De ce point de vue, le concept de compétitivité nationale est illusoire.

Par exemple, les exportations américaines représentent seulement 10 % de la valeur ajoutée dans l'économie (laquelle égale le PNB). Cela signifie que les États-Unis ont encore une économie dont 90 % de la production en biens et services est destinée à la consommation intérieure. Nous trouvons difficilement justifiable la thèse selon laquelle les différentes économies sont en compétition de «gagnant-perdant».

D'où peut donc venir cette croyance? La meilleure hypothèse semble être celle-ci : les gens veulent croire à cette thèse de la concurrence des nations, de telle manière qu'ils ne voient pas l'urgence de la remettre en question. On manipule souvent ainsi les données pour donner une crédibilité à une croyance établie.

Un ensemble de faits contredit pourtant le point de vue populaire selon lequel la compétition internationale est la cause des problèmes économiques des États-Unis. Les facteurs internationaux n'ont réellement joué qu'un très petit rôle dans ces difficultés. Le secteur manufacturier est devenu progressivement une plus petite partie de l'économie, mais le commerce international n'est pas la cause principale de cette diminution. La croissance du revenu réel a diminué presque entièrement pour des raisons relatives au commerce intérieur. Et, contrairement à ce que la plupart des économistes croient, des recherches récentes indiquent que la croissance du commerce international n'a pas de responsabilité significative même dans le cas de la réduction des salaires des travailleurs les moins scolarisés.

La fraction de travailleurs américains employés dans le secteur manufacturier a décliné régulièrement depuis 1950. La valeur ajoutée dans le secteur manufacturier comptait alors pour 29,6 % du produit national brut et 34,2 % de l'emploi ; en 1970, le partage était de 25 % et de 27,3 % respectivement ; en 1990, le secteur manufacturier est tombé à 18,4 % du PIB et à 17,4 % des emplois.

Le point de vue selon lequel les travailleurs industriels perdent leurs emplois en raison de l'automatisation a plus de vraisemblance que la thèse de la concurrence étrangère. On voit bien que les pertes d'emplois dans le secteur manufacturier ont été compensées par la création d'emplois non manufacturiers. Par ailleurs, le chômage ne tend pas à augmenter. Aux États-Unis, les salaires perdus par suite de la désindustrialisation au profit de la concurrence étrangère ont représenté moins de 0,07 % du revenu national.

Quand la productivité des entreprises augmente dans le monde entier, comme cela se produit quand les productivités respectives des entreprises du tiers-monde et de l'Occident convergent, la moyenne du niveau de vie doit augmenter partout : après tout, l'extrant doit bien trouver où s'écouler ! Une productivité plus élevée dans le tiers-monde doit se traduire par des salaires plus élevés dans le tiers-monde, et non par des revenus plus bas ailleurs.

Une autre façon de comprendre cela est de noter que, dans une économie nationale, les producteurs et les consommateurs sont les mêmes personnes. Les compétiteurs étrangers qui réduisent leurs prix peuvent bien causer une diminution des salaires, mais, les prix des biens de consommation étant plus bas, ils augmentent proportionnellement le pouvoir d'achat que l'argent procure. Rien n'a changé ! Il n'y a pas de raison de croire à la prédominance d'un effet pervers.

L'économie mondiale est un système, un réseau complexe de relations interactives, et non une simple chaîne de causes à effets. Dans ce système économique global, les salaires, les prix, le commerce et les flux d'investissement sont des résultats, non des données. Intuitivement plausibles, les scénarios basés sur l'expérience des affaires quotidiennes peuvent profondément tromper lorsqu'on les transpose dans le système économique mondial, dans une conjoncture où évoluent les paramètres sous-jacents.

Il faut se rappeler qu'en 1996, les PIB combinés de l'Amérique du Nord, de l'Europe et du Japon ont totalisé plus de 18 trillions de dollars américains. Leurs investissements combinés ont été de plus de 3,5 trillions de dollars ; leur capital d'actions se situait autour de 60 trillions de dollars. Le marché d'investissement des pays émergents a connu un boom depuis 1990, mais n'a réduit le capital du monde industrialisé que de 0,5 % de ce qu'il aurait autrement été.

LES SECTEURS ÉCONOMIQUES PROMETTEURS

Ian Morisson[38] souligne que, pour pleinement comprendre le rôle de la nouvelle poussée technologique (*second curve*), il est nécessaire d'observer quelques industries : le secteur de la vente au détail et de la distribution, les soins de santé et les services financiers.

Ces secteurs représentent une proportion importante de l'économie. Réunis, ils expliquent 50 % de l'économie en général et sont des clés de l'avenir, en matière d'emploi et de bien-être, pour la moyenne des foyers nord-américains. Ces trois secteurs sont déjà touchés par le développement technologique. Le secteur de la vente au détail et de la distribution présente peut-être le plus simple et le plus visible exemple de la Nouvelle Économie à l'œuvre.

Aux États-Unis, au Canada et au Québec, les soins de santé sont en plein changement structurel. Comment ces changements se conjugueront-ils à l'émergence de la «nouvelle technologie», incarnée dans les biotechnologies? L'industrie des soins de santé est énorme. Elle emploie de 8 % à 15 % de la main-d'œuvre et représente une large part de l'économie dans la plupart des pays développés.

L'industrie des services financiers est déjà au bord d'un changement radical. Une restructuration est sur le point de se produire aux États-Unis, au Canada, et partout ailleurs dans le monde on arrive à une étape de changement. Les structures traditionnelles d'information, d'organisation et de distribution qui ont jusqu'à maintenant été favorables aux services financiers — c'est-à-dire les vendeurs, les établissements et les installations matérielles — sont tous pris d'assaut. On les remet radicalement en question pour préparer la distribution future des produits financiers.

L'origine des pressions au changement dans l'industrie de la vente au détail et de la distribution provient essentiellement des avantages concurrentiels procurés par les nouvelles technologies, des nouveaux consommateurs et des nouveaux marchés géographiques. Les nouvelles technologies permettent le développement d'infrastructures électroniques qui contribuent à l'échange de données entre les manufacturiers et les détaillants. Elles contribuent également à accélérer et à faciliter toutes les étapes de la chaîne de distribution.

Les systèmes logistiques, c'est-à-dire la manière de procéder et les étapes à suivre, sont informatisés, amplement coordonnés et technologiquement complexes. Les systèmes de contrôle des stocks sont couplés aux systèmes de logistique pour suivre étroitement les mécanismes du marché et combiner les points de service et les points de vente ; ils assurent le suivi avec des systèmes de lecture optique pour déchiffrer les codes à barres.

Les modèles émergents sont l'intégration verticale virtuelle, les nouvelles logistiques utilisant les systèmes d'information géographiques, les satellites de positionnement, les communications sans fil et le graphique en temps réel des véhicules et des biens.

Ian Morisson
The Second Curve

Dès maintenant, les systèmes d'information permettent, même aux petites entreprises, une recherche globale et une rigoureuse exactitude dans la localisation des transports.

Enfin, le dernier élément, mais non le moindre, est la déréglementation à l'origine des privatisations des 15 dernières années. Plusieurs entreprises ont profité de cette tendance. En particulier, plusieurs entreprises associées à la distribution de produits ont été exposées aux soubresauts de la compétition ouverte touchant les téléphones, la communication sans fil, le câblage, le camionnage, les compagnies aériennes, les pipelines, les producteurs énergétiques, les banques et les assureurs, les services financiers, etc.

Le Dragon a-t-il un avenir ?

- Dans quelle mesure la Nouvelle Économie peut-elle nous toucher?

- Comment nous positionner par rapport à la mondialisation des marchés et aux nouvelles technologies?

- Comment pourrions-nous jouer sur la scène internationale?

LA « NOUVELLE ÉCONOMIE » EXISTE-T-ELLE VRAIMENT ?

La plupart des investisseurs sont constamment à l'affût des nouvelles tendances marquantes de l'économie et des signes de l'évolution de l'économie mondiale. Ils sont friands d'information, mais, malheureusement, ils ne connaissent pas vraiment la réalité qui se cache sous certains vocables ou ils n'en sont pas sûrs. Nombre d'entre eux craignent donc l'incertitude lorsqu'ils prennent leurs décisions d'affaires. Lorsqu'on n'est pas en mesure de comprendre et d'expliquer ce qui est en train de se produire, on peut encore moins prévoir ce qui s'en vient! Une situation très inconfortable.

Certains commentateurs[39] de l'économie mondiale — ce qu'il est convenu d'appeler maintenant la «Nouvelle Économie» — prédisent, dans un élan de frayeur, de grands bouleversements. Malgré des reportages impressionnants, des synthèses imaginatives présentées avec conviction, il faut se méfier de ces commentateurs. En effet, leurs propos ne correspondent pas vraiment à la réalité des marchés de l'économie mondiale.

La «Nouvelle Économie» se manifeste depuis plusieurs années par la présence de deux tendances sous-jacentes aux processus économiques mondiaux: la «mondialisation des affaires» et la «révolution dans les technologies de l'information».

Stephen Shepard
Business Week

Que penser des lubies des gens de Wall Street, qui prétendent que les lois de l'ancienne économie sont abrogées? Ils croient que le marché des actions peut s'accroître indéfiniment à son taux actuel ou encore que nous sommes enfin parvenus à créer une économie en croissance permanente.

Remettons les pendules à l'heure. La Nouvelle Économie ne signifie pas que l'inflation est définitivement enrayée, que nous ne connaîtrons plus de récession, que les cycles économiques se sont aplatis pour toujours ou encore que les marchés financiers et les valeurs mobilières sont destinés à éviter indéfiniment les corrections auxquelles, après tout, on doit logiquement s'attendre. Enfin, cela ne signifie pas que les tourmentes financières en Asie ne peuvent pas atteindre l'Amérique du Nord.

La Nouvelle Économie comporte plusieurs aspects. Premièrement, la «mondialisation des affaires» qui s'étendent partout dans le monde grâce aux forces du marché, à la libéralisation du commerce et aux déréglementations. Ces phénomènes se produisent dans les anciens pays communistes, en Amérique latine, en Asie, en Europe et en Amérique du Nord avec l'application de ses traités de libre-échange.

Deuxièmement, la «révolution dans les technologies de l'information» a créé une nouvelle industrie, moteur de l'économie. À titre d'exemple, dans la seule région de Silicon Valley, il se crée 11 nouvelles entreprises chaque semaine, et au moins l'une d'entre elles devient une entreprise publique (cotée en Bourse). Il se produit des douzaines de nouveaux millionnaires dans le processus. C'est cela, la Nouvelle Économie.

Si, traditionnellement, l'automobile et la construction résidentielle ont été les secteurs moteurs de l'économie des pays développés, aujourd'hui, les technologies de l'information ont pris leur place. C'est une industrie qui paie des salaires élevés et dont les prix diminuent chaque année. Cette industrie en croissance continue exerce une influence sur tous les secteurs de l'économie et amène des pressions non inflationnistes en même temps que l'augmentation de la productivité. Elle contribue directement à réduire les coûts et les stocks et permet le commerce électronique.

LA CROISSANCE DE LA CIRCULATION DES CAPITAUX

Pendant que l'intégration mondiale apporte des progrès indéniables, les nouvelles caractéristiques du capitalisme vont tout autant contribuer à produire des inégalités sociales et de l'exploitation. Si les nouvelles technologies créent de l'emploi, elles en font perdre aussi. Certains croient que la concurrence mondiale entraîne une diminution des salaires réels vers les niveaux de ceux des pays en voie de développement. Les entreprises, à l'affût de bonnes occasions d'affaires, recherchent uniquement les meilleurs moyens d'obtenir un maximum de rendement avec leurs investissements. Les entreprises évoluent sans réellement faire attention aux répercussions externes de leurs activités (les effets environnementaux et humains, par exemple).

Quand une entreprise comme Boeing transfère sa production en Chine en échange de l'accès privilégié au marché intérieur chinois, nous perdons certes de bons emplois au profit des collectivités en voie de développement et nous leur offrons une solution pour sortir de la pauvreté. Mais ceux qui disent que les niveaux des salaires vont inexorablement tomber aux niveaux de ceux du tiers-monde oublient que la productivité américaine est beaucoup plus élevée qu'ailleurs dans le monde.

Il est possible que, si vous êtes actuellement dans le domaine du textile en Caroline du Sud, vous puissiez effectivement vous retrouver en difficulté. Toutefois, globalement, les salaires des travailleurs américains sont surtout touchés par la hausse de la productivité américaine et l'implantation des nouvelles technologies qui nécessitent de plus grandes habiletés.

Dans un contexte planétaire, alors que les nations les plus pauvres luttent pour entrer dans le monde industriel et que les riches innovent sans cesse pour rester en tête, la planète se trouve submergée par des produits invendus. Une surproduction chronique conduit en bout de ligne à la fermeture des entreprises de production de masse et, par voie de conséquence, au chômage de leurs employés. Avec un travail désorganisé ou supprimé, le traitement inhumain devient routine.

Nous vivons dans une époque d'abus. Il n'existe pas d'autorité internationale, ne serait-elle que morale, qui puisse tempérer les excès du marché mondial. Et les gouvernements se replient partout, étant incapables d'apaiser la colère des citoyens contre la diminution des services, l'augmentation des taxes et l'érosion des filets de sécurité sociale. Ils n'ont de cesse de satisfaire aux exigences des multinationales en quête de nécessaires avantages concurrentiels et de rendre satisfaits (mais jamais heureux) les spéculateurs financiers et gestionnaires de fonds communs de placement. La question dépasse d'ailleurs largement le problème des salaires de travailleurs non qualifiés. La mondialisation implique que les gouvernements nationaux perdent plusieurs de leurs leviers économiques et fiscaux traditionnels.

Certains joueurs utilisent les marchés mondiaux afin de contourner des frontières et des réglementations nationales; c'est ainsi que se réalise la mondialisation des marchés. Par exemple, le gouvernement japonais a essayé de contrôler les transactions de produits dérivés basés sur l'indice Nikkei de la Bourse de Tokyo. Cet effort a provoqué un transfert des transactions, qui se sont simplement déplacées à la Bourse de Singapour où elles eurent exactement les mêmes effets sur le marché des titres japonais des valeurs mobilières que si elles avaient été exécutées à Tokyo.

La ruine de la banque britannique Baring illustre les effets parfois tragiques de cette mondialisation. Il a suffi qu'un simple négociant de la Baring gage 29 milliards de yens sur l'indice Nikkei pour que la chute subséquente de l'indice fasse perdre 1,4 milliard de dollars américains à la banque, l'acculant à la faillite. Les banques ont beau relocaliser leurs activités, rien ne change.

LES ENTREPRISES TRANSNATIONALES

En ce qui concerne les entreprises manufacturières, l'Europe a travaillé fort pour offrir à ses travailleurs les conditions nécessaires à leur protection contre les mises à pied massives et les restructurations. À cette fin, elle a implanté différents programmes de partage du temps de travail (tentative de diminution de la semaine de travail de 39 à 35 heures) et des barrières à la sortie aux employeurs qui voulaient se débarrasser de leurs employés. Ce qui s'est produit et se poursuit encore, c'est que les entreprises ont pu faire des mises à pied, mais à des coûts si élevés qu'une fois ces frais pris en charge, elles n'étaient plus intéressées à engager de nouveaux employés.

Les entreprises européennes ont réagi à ces réglementations locales en déplaçant les activités d'expansion industrielle vers des régions du monde où elles ne sont pas soumises à ces contraintes coûteuses. De tout temps, les entreprises ont cherché des endroits où les barrières à l'entrée et à la sortie sont minimes.

Pour n'en donner qu'un exemple, Mercedes-Benz et BMW se sont établies aux États-Unis dans les États de l'Alabama et de la Caroline du Sud, très certainement pour se rapprocher de leurs marchés, d'une part, mais aussi — et surtout — parce que les gouvernements locaux exercent peu de réglementations sur le travail et les charges sociales y sont très peu coûteuses.

La relocalisation des entreprises explique, du moins en partie, comment les entreprises d'envergure mondiale déclarent des profits énormes alors que le taux de chômage est élevé dans leur pays d'origine.

OÙ DEVRIONS-NOUS FAIRE DES AFFAIRES ?

Un pays en voie d'industrialisation soucieux d'attirer les investissements étrangers se doit de développer un climat d'affaires attrayant, ouvert et stable, de promulguer des lois et des réglementations facilitant les affaires, et d'implanter des mesures favorables à un sain environnement politique et économique.

Les investisseurs ont besoin d'informations détaillées, disponibles et fiables sur les conditions du pays. Les informations actuellement disponibles portant sur les investissements étrangers permettent d'établir la liste des pays les plus populaires auprès des entreprises transnationales depuis 1990.

TABLEAU 4.1

**Les pays ayant été les plus populaires
auprès des entreprises transnationales depuis 1990 (selon Volg et Sinclair)**

Australie	Suisse	Belgique
Allemagne	États-Unis	Danemark
Italie	Japon	Norvège
Malaisie	Autriche	Finlande
France	Canada	Irlande
Afrique du Sud	Mexique	Suède
Singapour	Hongkong	Royaume-Uni
Espagne	Pays-Bas	

Plusieurs de ces pays peuvent sembler des choix surprenants à première vue, en particulier les pays d'Afrique. Ces derniers sont inclus ici parce que, moyennant l'adoption de politiques favorables, ils sont susceptibles d'attirer un volume appréciable d'investissements. D'autres pays suscitent l'intérêt, mais pas suffisamment pour drainer un flux d'investissements significatif.

LE MIRACLE ASIATIQUE EST-IL FAIT D'INSPIRATION OU DE TRANSPIRATION ?

La révolution industrielle du XVIIIᵉ et du XIXᵉ siècle en Europe se présente aujourd'hui comme une lente évolution lorsqu'on la compare à l'accélération actuelle des taux de croissance dans l'économie occidentale.

D'autres humains, de un à deux milliards, connaîtront de meilleures conditions de vie et pourront exercer des pressions migratoires. Ils menaceront alors notre sécurité. De plus, pour la première fois de l'histoire, un grand nombre de personnes dans le tiers-monde pourront jouir d'un niveau de vie plus élevé qu'ils n'auraient pu l'imaginer possible.

Des milliards de personnes s'organisent actuellement pour que, dans les deux ou trois prochaines décennies, elles puissent s'extirper de la pauvreté et atteindre une modeste prospérité. Leurs sociétés verront sûrement l'émergence d'une nouvelle «classe moyenne» prête à acquérir de nouvelles habitudes de consommation. Elles connaîtront l'espérance d'obtenir un niveau de revenu, un niveau de vie et un style de vie semblables aux nôtres : l'*American Way of Life*. Ces nouveaux consommateurs représentent à la fois la plus belle occasion d'affaires et le plus grand défi à relever depuis l'après-guerre.

Vers 2025, la population de la Terre dépassera 9 milliards d'êtres humains, et plus des deux tiers de ceux-ci vivront dans le tiers-monde. Peut-être qu'un milliard d'entre eux seront sans logis et souffriront de malnutrition ; désespérés, ils chercheront dans la mesure de leurs moyens à nous rejoindre.

Volg et Sinclair
Boom

LE MODÈLE DE SINGAPOUR

Au moment où Singapour fut reconnu par la «World Economic Forum»[40] comme ayant le marché économique le plus compétitif au monde, pour la seconde année consécutive, la ville dépassait aussi les États-Unis sur le plan de la richesse par habitant : chaque citoyen bénéficiait d'une richesse de plus de 30 000 dollars.

L'atteinte d'une telle performance a toutefois été accompagnée de tensions. Bien entendu, les gens de Singapour cherchent toujours à s'améliorer et ils connaissent leur vulnérabilité dans leur contexte géographique, économique et politique. Mais, ce stress est aussi une force galvanisante et, d'une certaine façon, obsédante.

À la suite de cette reconnaissance internationale, pour montrer à quel point Singapour est déterminé, au lieu de célébrer le nouveau statut obtenu à la force des bras, le pays a immédiatement formé un comité chargé d'étudier les manières de profiter de cet avantage et de l'accroître pour la prochaine décennie.

Pour atteindre le succès, Singapour a dû composer avec l'adversité. Le pays doit tenir compte des différentes ethnies qui composent sa population, même si les Chinois en constituent la plus grande partie. Les Singapouriens comptent aussi des Malais et des Indonésiens. On retrouve sur l'île quatre langues officielles : le malais, le chinois, le tamoul et l'anglais. L'anglais est la langue principale et chacun l'apprend parce que la main-d'œuvre est prête pour la communauté internationale. Les autres langues sont secondes.

L'histoire de Singapour illustre bien le type d'adversité auquel les pays asiatiques sont confrontés depuis plusieurs décennies et comment certains d'entre eux ont réussi ou peuvent réussir à surmonter leurs difficultés.

L'économie de Singapour reposait sur le fait que cette île était l'entrepôt de la Malaisie et de l'Indonésie. Il existait une rivalité latente entre les citoyens des trois nations. Les Malais ont établi leur propre route de négoce et Singapour s'est retrouvé seul. Mais il détenait un avantage concurrentiel en étant la porte d'entrée de la Grande-Bretagne en Asie du Sud-Est.

On peut dire que le point de départ de Singapour est quand le pays a été forcé de s'en sortir seul. Quand Singapour a été jeté hors de la

Malaisie en 1965, ses habitants savaient qu'il en était fini de leur ancienne manière de vivre. Deux stratégies se dessinèrent vers 1968. La première consistait à se rapprocher des grandes nations occidentales : il s'agissait d'établir des liens économiques privilégiés avec elles en invitant leurs entreprises transnationales à venir s'établir et, par la suite, en exportant vers ces pays des produits finis.

Pour y arriver, il fallait développer une main-d'œuvre coopérative et bien instruite. Certaines entreprises transnationales comme Hewlett-Packard ne voulaient pas de syndicat. Il fallait donc passer du stade communiste des syndicats non coopératifs au stade capitaliste des syndicats coopératifs.

Quand on y regarde de près, après la révolution industrielle qui a pris son essor en Angleterre vers 1780, les Britanniques n'ont pris que 58 ans pour doubler les revenus réels par personne. À partir de 1839, l'Amérique n'a eu besoin que de 47 années pour en faire autant; à partir de 1885, le Japon n'a pris que 34 ans; la Corée du Sud géra cette croissance en seulement 11 ans et, plus récemment, la Chine l'a fait en seulement 10 ans.

David Foot
Entre le boom et l'écho

Alors que Singapour était un pays du tiers-monde, la seconde stratégie a été d'en faire un pays de premier plan, construit sur des infrastructures et avec des standards d'administration, de santé, d'éducation, de sécurité et de communications qui pouvaient se comparer aux standards occidentaux ou japonais. Dans le but d'y arriver, il fallait un gouvernement capable de prendre des décisions difficiles et, surtout, réellement capable d'aider les habitants à atteindre les objectifs.

Pour comprendre le succès économique phénoménal de Singapour, il est important de se rappeler les facteurs du progrès réel d'une nation, auxquels peuvent participer les entreprises occidentales : les progrès en éducation et en science, la technologie utilisée, les forces économiques et politiques sur lesquelles la nation peut compter, les transactions d'affaires et les investissements. C'est souvent ce modèle que les autres nations d'Asie, du Sud-Est asiatique et d'Asie-Pacifique tentent d'imiter, en particulier les Chinois.

 La vaste communauté chinoise dispersée géographiquement (57 millions outre-mer) accumule une richesse avec un taux de croissance énorme et engendre des revenus annuels de plus de 500 milliards de dollars, lesquels, estiment certains, augmentent entre 7 % et 10 % par année.

Andrew Tanzer
Forbes

LA SOURDE PUISSANCE DE LA DIASPORA CHINOISE

Lorsqu'on cherche à comprendre pourquoi ces dernières années on entend si souvent parler de la Chine, il faut se rappeler des énormes ressources dont dispose ce pays. Pendant que les banques d'investissement occidentales s'implantent au tiers-monde, leurs capitaux ne suffisent pas. De vastes quantités d'argent transitent aussi par des canaux non officiels, en particulier entre les familles d'intérêt, si riches et influentes qu'elles représentent d'énormes forces économiques dans presque tous les pays moins développés.

Aucun groupe de ce genre est plus puissant que les Chinois installés à Hongkong, à Taïwan, à Singapour, en Malaisie, en Indonésie et dans d'autres pays limitrophes.

À la question « À qui puis-je faire confiance ? », la réponse chinoise est très claire : « Aux proches ».

Volg et Sinclair
Boom

Les Chinois vont jouer un rôle de leader en mobilisant le financement nécessaire leur permettant d'assurer le développement de leurs infrastructures, tout comme le feront les Indiens et d'autres groupes.

Le *bamboo network*, la diaspora des Chinois d'outre-mer, envoie beaucoup d'argent au pays. On estime actuellement que 57 millions de Chinois vivent outre-mer. Tanzer[41] souligne que le *bamboo network* injecte une véritable fortune en Chine. Dhanin Chearavanont, par exemple, un membre éminent d'une seconde génération de descendants chinois, possède une fortune personnelle estimée à 5 milliards de dollars — celle-ci provient des secteurs de la télécommunication, de l'alimentation, de la fabrication et des affaires immobilières — et il investit des millions de dollars en Chine.

Il n'est pas le seul. Robert Kuok, connu comme le « Sugar King », a déjà investi un milliard de dollars en Chine. Un autre expatrié, Lien Sioe Liong, est parti de Fujian, en Chine, en 1930. Il se trouve aujourd'hui à la tête du plus grand conglomérat indonésien : le Groupe Salim affiche des ventes annuelles de 9 milliards de dollars et Lien Sioe Liong investit fortement à Fujian. Li Ka-sing est parti de Guangdong pour Hongkong en 1940 ; il investit plusieurs milliards dans sa province d'origine et possède une fortune estimée à 5,8 milliards de dollars.

Certains estiment à plus de 50 milliards de dollars les investissements des Chinois établis à l'étranger, et à environ 80 % la proportion de cette somme placée en Chine. Active, la diaspora chinoise est à l'origine de près de 100 000 coentreprises (*joint ventures*) en Chine.

Numériquement et économiquement, les Chinois contrôlent Hongkong, Taïwan et Singapour, alors que ces trois pays rassemblent des réserves de 180 milliards de dollars, autant que le Japon et l'Allemagne combinés. Dans toutes les régions du Sud-Est asiatique, les investissements chinois dépassent largement la proportion de leur représentation dans la population locale.

C'est la culture commune et non la politique qui explique le mieux la croissance économique des Chinois de la diaspora. Ces derniers ont développé une confiance en soi, les vertus confucéennes de la santé et de la croissance vigoureuses, de la discipline, du travail intense, de la cohésion familiale et de la révérence pour l'éducation.

Barry Howard Minkin
Future in Sight

Par exemple, en Indonésie, les résidents chinois ne comptent que pour 4 % de la population totale et ils gèrent entre 160 et 200 entreprises, mais leurs avoirs comptent pour 70 % du capital privé. Derrière leur succès économique se trouve un vaste réseau de coopération qui unit, par des ententes verbales et des liens de confiance mutuelle, les firmes chinoises partout en Asie. Derrière ces liens se trouve l'entreprise familiale. Le contrôle des plus grandes firmes réside fermement dans la famille.

Les éléments permettant de comprendre le phénomène du développement économique de l'Est asiatique se trouvent moins dans les anciens textes que dans l'esprit d'entrepreneurship des Chinois. La grande majorité des Chinois d'outre-mer gèrent leurs firmes comme des propriétés familiales, sur la base de la culture familiale qui véhicule les modèles de l'abnégation, du pragmatisme sobre, de la cohésion et de la flexibilité des employés. Un élément important est la définition culturelle de la confiance.

 La communauté internationale n'accorde pas suffisamment de considération aux implications colossales de la montée de la puissance économique, politique, environnementale et même militaire de la Chine.

Nicholas Kristoff
New York Times

L'histoire économique de la province chinoise de Guangdong illustre bien l'importance des Chinois d'outre-mer. Depuis que la Chine a déclaré sa politique de portes ouvertes en 1979, Guangdong n'a cessé de s'améliorer grâce aux investissements massifs de Hongkong. C'est la raison principale pour laquelle l'économie de la province a crû d'une moyenne de 12 % par année. Entre 1970 et 1992, Hongkong fut à l'origine de presque 60 % des investissements étrangers totaux dans la province.

Ces magnats lancent des coentreprises avec des entrepreneurs étrangers, ils fournissent tous les efforts nécessaires à l'évaluation de nouvelles occasions d'affaires et investissent leur argent dans les infrastructures d'investissement qu'ils considèrent les plus profitables. Le nombre de ces magnats est en croissance. De plus, les Chinois d'outre-mer et les Indiens influencent directement le taux d'augmentation du nombre global d'entreprises.

La position de la Chine comme leader du nouveau boom économique asiatique changera notre conception des relations internationales. La Chine pense qu'elle est en voie de remplacer les États-

Unis comme étant la plus grande économie mondiale et que nous devons déjà nous faire à l'idée de la «Grande Chine», qui inclut Hongkong et Taïwan.

Les chiffres sont éloquents. La Grande Chine importera en 2002 pour 639 milliards de dollars. Elle aura un produit intérieur brut de 9,8 trillions de dollars en comparaison de 9,7 trillions de dollars pour les États-Unis. Ces prévisions n'impliquent pas seulement que la Grande Chine deviendra un grand pôle économique, mais, en fait, le plus grand de tous les pôles économiques du monde.

Entre le 1er janvier 1985 et le 31 décembre 1989, la plus grande explosion technologique de l'histoire est survenue. Elle ne s'est pas limitée à l'Europe et à l'Amérique du Nord, comme ce fut le cas à l'occasion des révolutions industrielles précédentes. Elle débuta dans l'Est asiatique, en premier au Japon, puis elle s'étendit aux Quatre Tigres : Hongkong, Singapour, Taïwan et la Corée du Sud. Ces pays ont produit une onde de choc et ont dépassé le monde entier avec leurs nouvelles consciences, leur capacité à s'élever à un niveau économique supérieur et leurs prouesses technologiques.

Notre plus important objectif en Chine, d'ici la fin du siècle, est de réduire la pauvreté. Ce sera notre contribution à la paix de l'humanité.

Deng Xiaoping

L'EXPLOSION CONTINUE

L'Indonésie, la Malaisie et la Thaïlande se sont jointes au mouvement, et les Quatre Tigres sont devenus les Sept Dragons. Dans quelques années, ces pays vont conduire plus de transactions d'affaires avec les autres pays qu'avec les États-Unis.

Les Sept Dragons adoptent rapidement les dernières technologies qu'ils assimilent plus vite que d'autres pays dans le monde. On peut même penser que l'Amérique du Nord est actuellement plus lente à se doter des dernières technologies en raison de son infrastructure industrielle vétuste de l'âge industriel.

Trois autres pays s'apprêtent à se joindre aux Sept Dragons : l'Inde, le Sri Lanka et la Chine. Pendant ce temps, Taïwan a acquis la plus grande réserve bancaire au monde : 120 milliards de dollars, dont la moitié est conservée en or. Frank Ogden prédit que, après les Quatre Tigres qui sont devenus Sept Dragons, on verra apparaître, vers 2001, Dix Géants : l'Inde, le Sri Lanka et la Chine se joindront à Hongkong, Singapour, Taïwan, la Corée du Sud, l'Indonésie, la Malaisie et la Thaïlande.

Le boom économique en Europe et en Amérique du Nord s'est déplacé vers l'Asie du Sud-Est. L'Inde n'est pas encore dans le feu de l'action économique, mais roule déjà sur le chemin des Sept Dragons. D'une population totale de 900 millions, 250 millions d'habitants forment une classe moyenne qui a récemment émergé des villages poussiéreux du passé pour gravir l'échelle sociale. La Chine — avec une population de 1,2 milliard d'habitants — et le Sri Lanka sont plus lents à s'éveiller, mais présentent le potentiel de se surpasser sur le plan économique.

Ces chiffres semblent menaçants. La Chine, le Sri Lanka et l'Inde regroupent presque 40 % de la population mondiale. Toutes les économies de l'Asie ont très bien appris les leçons économiques de leur mentor, le Japon. Certains pays comme Singapour suivent les traces de Hongkong et de Taïwan, d'abord fabricants de petits jouets à bas prix — rappelons-nous quand les mots « Made in Taïwan » étaient portés en dérision par les Américains... Les produits à faible valeur ajoutée cédèrent le pas à la production de masse de produits électroniques plus complexes ayant une forte valeur ajoutée.

Ces pays n'auront bientôt plus besoin d'accéder aux marchés nord-américain et européen, ce qui diminuera notre influence politique et économique. La plupart des gens des pays émergents n'ont jamais entendu parler de financer un quelconque filet social au moyen de taxes. Leurs citoyens ont l'habitude de s'efforcer à l'épargne personnelle et mettent de côté entre 20 % et 30 % de leurs revenus.

On sait que le succès économique japonais s'explique, en partie du moins, par l'engagement des citoyens dans l'épargne personnelle. Chaque travailleur épargne 22 % de ses revenus en vue de la retraite. Aujourd'hui, dans plusieurs pays, on tente d'appliquer l'exemple du Japon : les citoyens procurent le capital à investir dans les infrastructures qui procurent un taux de croissance continue.

Edward Desmond
Fortune

Les habitants de ces pays cherchent à imiter Singapour : ils font plus d'études, travaillent davantage pour une rémunération moindre et sont plus patients que les Occidentaux, qui veulent traditionnellement un rendement rapide de leur investissement (généralement à la fin du trimestre suivant). En Occident, les syndicats américains des débardeurs, dont les membres gagnent annuellement 83 000 $ en moyenne, demandent encore des augmentations de salaires pour déplacer des conteneurs.

Afin de répondre aux besoins d'une main-d'œuvre meilleur marché, l'Orient pourrait éventuellement exporter ses ouvriers en Occident. C'est une bonne nouvelle. La mauvaise, c'est que la main-d'œuvre nord-américaine devra concurrencer les robots de l'Est beaucoup plus tôt que nous ne l'avions pensé…

LA RÉVOLUTION CHINOISE N'AURA PAS LIEU

La communauté d'affaires internationale, qui porte une attention sérieuse à la prospective à long terme, considère la révolution économique actuelle comme la plus importante tendance dans le monde pour le prochain siècle. La Chine connaît la croissance la plus rapide. Les États-Unis ont eu la plus grande économie mondiale pour plus d'un siècle, mais aux taux actuels de croissance, la Chine deviendra le numéro un mondial dès la première moitié du prochain siècle.

Le potentiel déstabilisateur de la Chine va nécessairement s'amenuiser si l'on réussit à l'intégrer dans l'économie mondiale, sinon le monde pourrait être confronté à un défi de taille à l'orée du XXIe siècle. Selon Catherine Harris[42], la Chine doit devenir membre de l'Organisation mondiale du commerce (OMC), organisation beaucoup plus importante que le Fonds monétaire international (FMI). Cependant, la Chine devra surmonter encore bon nombre de difficultés avant d'adhérer à l'OMC. Elle devra changer un ensemble de pratiques et s'adapter aux principes immuables des droits humains et sociaux. Dans ce contexte, on peut se demander si la Chine est prête à évoluer suffisamment pour satisfaire les membres influents de l'OMC, dont font partie les États-Unis. La question de l'admissibilité de la Chine a déjà été l'objet de discussions au sein de l'organisation.

Les exportations chinoises représentent déjà un succès, avec un léger surplus de la balance commerciale de la Chine avec les États-Unis et le Japon. Ce succès est partiellement nourri par d'autres pays asiatiques, dont le Japon, Singapour, Taïwan et Hongkong, qui déplace sa production vers la Chine de manière à profiter des salaires plus bas. Il faut rappeler que les principales exportations chinoises sont les vêtements, le textile, les jouets, l'électronique et certains produits métalliques.

Les États-Unis veulent être sûrs qu'il est préférable d'avoir la Chine dans l'OMC. Ce pays jouit d'une croissance économique de plus de 10 % par année, alimentée par de grands fonds d'investissements directs et des exportations croissantes. Le pays a toutefois des limites quant à ses infrastructures et de nombreuses entreprises d'État sont inefficaces.

Malgré les signes encourageants, plusieurs pensent que le pouvoir central a perdu le contrôle. Les entreprises d'État, qui comptent pour 40 % de la production industrielle (fabrication, gaz naturel, services publics et mines), constituent un problème de taille en Chine : presque la moitié sont déficitaires. La privatisation n'apparaît pas comme une option viable, puisqu'il n'y a pas assez d'acheteurs internes.

Il y a en Chine 120 millions de travailleurs en transition dont plusieurs sont d'anciens employés des sociétés d'État. En Chine, ils transitent d'une ville à l'autre à la recherche de travail, mais il y a officiellement 15 millions de chômeurs.

La Chine développe actuellement la sécurité sociale financée par les entreprises, qui cotisent à un fonds d'assurance pour les sans-emploi. Mais, les travailleurs des sociétés d'État ne profitent pas de ce système. Le gouvernement essaie de les aider en contrôlant les prix des produits de première nécessité comme la nourriture, mais ces citoyens fiers veulent travailler et ils éprouvent de la difficulté à expliquer à leurs enfants pourquoi ils ne le font pas.

La croissance économique en Asie du Sud-Est est en moyenne de 8 % par année ces dernières années. En Chine, la croissance est plus rapide ; en 1992 et 1993, elle a été de 13 % ; en 1994, elle a été de 13 % ; et pour 1995, elle était projetée à 12 %.

Si les taux de croissance prévus par la Chine se concrétisent, l'économie chinoise se développera de 56 % en seulement quatre ans. Cependant, le plus grand défi est d'augmenter de façon significative le revenu annuel par tête, actuellement de 340 $ pour 1,2 milliard de personnes. La hausse doit être de 50 %.

En 1993-1994, le gouvernement a essayé de libéraliser le marché du riz et des grains, et l'inflation est immédiatement apparue. Les observateurs de la vie chinoise disent que d'autres dangers sont latents. Le gouvernement a diminué les taux d'intérêt pour conserver la croissance de l'économie, mais la stagnation pourrait déclencher des bouleversements sociaux.

Les changements à venir en Chine suscitent beaucoup d'inquiétude, mais très peu d'analyses ont porté sur les effets de cette croissance. La Chine est en train de devenir le quatrième pôle commercial dans le monde, et elle deviendra certainement le plus important de tous, après ceux des État-Unis, de l'Europe et de l'Asie du sud-est.

Nous devons remonter à 1978 pour rendre compte du présent boom économique de la Chine. L'économie a crû de près de 13 % en 1994, mais a ralenti par la suite. On peut s'attendre à des taux de 7 % ou 8 % de croissance pour les deux prochaines décennies, si la stabilité politique persiste et si le système commercial mondial reste ouvert à l'exportation.

Les statistiques officielles présentent un PIB par personne de 340 $. La Chine est encore, et de loin, une nation pauvre, mais elle a une vision d'avenir. Le pays a annoncé plus de 200 grands projets dans 12 différents secteurs industriels. Au-delà de l'an 2000, la Chine aura obtenu la technologie étrangère nécessaire à la réalisation des projets. La prudence s'impose cependant lorsque l'on parle du potentiel économique de la Chine, car il faut mettre en doute la validité des chiffres fournis par son gouvernement. On ne peut être sûr de rien !

Il est possible que la Chine déclasse les États-Unis et le Japon à titre de plus grand consommateur d'acier. Il pourrait en résulter une pénurie de certains types d'acier. Elle pourrait atteindre les niveaux des États-Unis, leader dans l'achat d'or et dans l'utilisation d'énergie. La Chine pourrait également devenir un important importateur de pétrole avant l'an 2000.

Le marché de détail chinois, estimé en 1996 à 200 milliards de dollars par année, va tripler vers 2000. Hongkong demeurera le centre commercial pour le sud de la Chine, mais sa domination économique en Chine va décroître parce que Shanghai servira le centre de la Chine alors que Tianjin et Dalian serviront le nord. Quand on pense que les récents rapprochements de la Chine avec la Russie étaient inconcevables il n'y a pas si longtemps...

La province de Guangdong est déjà devenue riche. Les produits occidentaux comme la lingerie fine et les cartes de souhaits ont commencé à illuminer l'existence de ses citoyens. Beijing y expérimente des mesures de marché. La province accorde la priorité aux projets de haute technologie, aux investissements qui produisent le plus d'échanges avec les étrangers et à la reconstruction de grandes et moyennes entreprises d'État.

LES TIGRES PERDENT LEURS DENTS

S'il y eût « miracle asiatique », il fut fondé sur des taux d'épargne élevés, une main-d'œuvre instruite et le mouvement des paysans sans emploi vers les secteurs modernes de l'économie. Ceux qui croient au « système asiatique » admirent la manière dont les gouvernements asiatiques font la promotion d'industries et de technologies particulières. Mais, l'envers de la théorie de l'effort récompensé est le ralentissement de la croissance, observé actuellement.

Il est vrai qu'on peut stimuler une croissance économique en augmentant la participation de la main-d'œuvre, en donnant à chacun une bonne instruction et en triplant la contribution des investissements au PIB. Ce sont toutefois des mesures qu'on ne peut répéter. Aussi la théorie de l'effort récompensé suggère-t-elle que, tôt ou tard, la croissance asiatique ralentisse.

Le tempo variera selon l'histoire du pays considéré : cela se passera plus tôt pour les Quatres Tigres (Hongkong, Singapour, Taiwan et la Corée du Sud). C'est déjà le cas pour Singapour qui a déjà investi la moitié de son PIB, ou plus tard pour des pays qui ont un revenu annuel moyen faible, comme la Chine qui possède une énorme quantité de travailleurs sous-employés dans les campagnes.

La croissance économique de l'Asie est principalement due à la transpiration et non à l'inspiration. Elle est le fruit d'un travail acharné et non d'un travail inspiré.

Paul Krugman
Fortune

Selon Jonathan Manthorpe[43], les Sept Dragons sont confrontés à des problèmes de taille, jamais vus auparavant — l'Association des nations du Sud-Est Asiatique, l'ASEAN, inclut les Sept Dragons ainsi que le sultanat de Brunei, les Philippines et trois autres pays régionaux : le Myanmar (ancienne Birmanie), le Cambodge et le Laos. Les pays membres de cette association ont dépensé de fortes sommes dans des projets spéculatifs improductifs, ce qui les a conduits à un niveau de dette élevé et à de mauvaises créances. Les monnaies de ces pays chutent, et des dévaluations des devises sont envisagées, ce qui risque d'entraîner une déflation à l'échelle planétaire.

Il est normal que l'Asie soit en difficulté. La Thaïlande a déjà financièrement explosé en laissant dans le désordre son marché des valeurs mobilières, l'immobilier et le système bancaire. La Banque des règlements internationaux (BRI) estime[44] que la cause de la débâcle est une trop grande rigidité du régime des changes, associée à des déséquilibres macroéconomiques et financiers. L'expansion excessive du crédit bancaire, dans un environnement prudentiel laxiste, a mis en évidence la fragilité du système financier local.

Les pays asiatiques doivent faire face à plusieurs difficultés, comme la corruption en Indonésie, les limites de croissance en Malaisie, les problèmes économiques des Philippines, et certains cherchent à savoir où se sont cachés les milliards de dollars investis en Thaïlande.

Jonathan Manthorpe
The Gazette

Après une sérieuse attaque sur le Baht en mai 1997, les responsables thaïlandais ont abandonné le rattachement de leur monnaie au dollar américain. La tourmente qui s'ensuivit emporta les Bourses de Singapour et de Hongkong.

La Corée du Sud est ébranlée par les faillites des entreprises endettées et ses banques sont menacées par ces dettes. Les marchés internationaux des capitaux ont déjà noté que ces pays qui font du commerce dans le monde entier doivent éponger des déficits relativement plus grands que celui du Mexique, dont le peso s'est récemment effondré et qui est malmené par la baisse du prix du brut. N'oublions pas que 40 % des revenus du gouvernement mexicain proviennent du pétrole. Le gouvernement a dû amputer son budget de plusieurs milliards de dollars depuis le début de 1998.

Le Japon devient un cas classique. Il est maintenant clair que la croissance du potentiel productif du Japon a commencé à décliner il y a plus d'une décennie, au moment où tous les pontes japonais se sont convaincus que leur pays avait toutes les réponses. Ce ralentissement de l'économie japonaise a été masqué par la bulle financière des années 1980, lorsque les prix des valeurs mobilières et des terrains ont atteint des niveaux incroyables. Le Japon, avec une croissance de 3 % en 1996, n'est pas moribond et continue sa déréglementation. Certains croient que le pays est parvenu à la maturité économique, typiquement associée à un taux de croissance annuel de 2 % à 3 %.

La liste continue. La Malaisie n'a pas encore connu de déclin, mais essaie de bannir son déficit commercial par des mesures restrictives. Ses politiques, qu'illustrent ses planifications grandioses pour une nouvelle capitale, ressemblent à celles qui ont engouffré le miracle brésilien des années 1960. L'Indonésie ne fait guère mieux, poursuivant une stratégie industrielle inefficace dont l'idée principale est de promouvoir l'industrie de l'automobile à l'aide de taxes spéciales et de freins réglementaires.

L'Asie montre plusieurs signes d'essoufflement. Il n'y a aucun doute qu'elle accaparera éventuellement la majeure partie du produit mondial brut (PMB), mais seulement parce que la plupart des êtres humains sont, après tout, asiatiques, et non pas parce qu'elle détient le secret de la jeunesse éternelle.

La plus grande leçon à tirer des difficultés des pays asiatiques ne provient pas de leurs économies. Lorsque les économies asiatiques véhiculaient de bonnes nouvelles, nous pouvions penser que leurs planificateurs savaient ce qu'ils faisaient. Maintenant, la vérité est révélée : ils n'en avaient pas la mondre idée !

Paul Krugman
Fortune

Presque toutes les économies d'Asie ressentent la vague de dévaluations. En 1995, la dévaluation du yuan chinois a engendré 65 milliards de dollars de nouvelles exportations et assommé les pays de l'Asie du Sud-Est en les poussant vers des balances commerciales déficitaires. Elle a précipité la crise monétaire dans toute la région.

Le miracle asiatique est bel et bien un mythe. Comment les nations avancées ont-elles été capables de soutenir, elles, une croissance du revenu par tête ces 150 dernières années ? La réponse vient du fait que les avancées technologiques ont amené une augmentation continue du facteur de productivité total, et une augmentation continue dans les revenus pour chacune des unités d'intrants. Le professeur Robert Solow (MIT) conclut que les progrès technologiques sont à l'origine de près de 80 % de l'augmentation à long terme du revenu par personne. Les investissements croissants en capital n'expliquent que le 20 % restant.

Nous savons que la croissance de la Chine est phénoménale, mais nous devons nous rappeler que la qualité des chiffres fournis est pauvre. Il a été démontré que les statistiques officielles des Chinois sur les investissements étrangers ont été surestimés par un facteur de six.

Paul Krugman
Fortune

La croissance de l'Occident est fondée sur la croissance des intrants et de l'efficacité, et cette dernière est la source principale de l'augmentation des revenus par habitant. En contrepartie, l'histoire a démontré que la croissance soviétique a été fondée sur l'unique croissance des intrants. Le taux d'efficacité n'était pas seulement bas, il était bien en-dessous des taux atteints dans les économies occidentales.

À Singapour, entre 1966 et 1990, l'économie a crû de 8,5 % par année, trois fois plus vite que celle des États-Unis. Les revenus par tête ont progressé de 6,6 %, ce qui leur a permis de doubler à toutes les décennies. Le degré de scolarité de la population s'est relevé de façon impressionnante : alors que, en 1966, plus de la moitié des travailleurs n'avaient pas d'instruction formelle, vers 1990 les deux tiers avaient complété des études secondaires. En une génération, le pourcentage des gens employés a doublé, et il ne peut pas doubler encore. Les travailleurs peu instruits ont été massivement remplacés par des travailleurs ayant un diplômes d'études secondaires. Il est improbable que les nouveaux travailleurs décrochent un doctorat.

Les données actuelles ne sont pas suffisantes pour expliquer la croissance des Quatre Tigres de l'après-guerre, dont l'évolution économique suit un cheminement différent.

LE DÉFI : FAIRE LE MÉNAGE ET RENDRE SON ÉCONOMIE TRANSPARENTE DEVANT LES INVESTISSEURS

On explique souvent la performance de ces pays par le fait que les gouvernements locaux ont offert des incitatifs fiscaux et des réglementations avantageuses aux investisseurs étrangers. Ils aidaient aussi de cette manière les entrepreneurs locaux, qui s'inventaient des partenaires étrangers fictifs ou se servaient de façades à l'étranger. Il est difficile de faire confiance aux statistiques qui émanent de sociétés dynamiques mais corrompues.

Les progrès technologiques ont compté pour près de 80 % de l'augmentation à long terme du revenu par habitant. Des investissements en capital n'expliquent que le 20 % restant.

Robert Solow
Massachusetts Institute of Technology (MIT)

Pourquoi le marché est-il resté si longtemps indifférent aux signes de déséquilibres croissants dans les domaines économiques et financiers de ces pays ?

Plusieurs raisons[45] expliquent la persistance des investissements internationaux dans la région. Les autorités locales ont montré une motivation sincère à défendre la valeur de leur monnaie ; la déréglementation systématique a continué à attirer les investisseurs, qui se sont multipliés et diversifiés avec le temps, malgré le fait que les positions de change n'aient pas été convenablement évaluées. Mais, qu'arrive-t-il maintenant ? À quoi devrions-nous faire attention à l'avenir ?

Premièrement, durant de trop longues années, les dirigeants politiques provenant de Singapour et de la Malaisie, du Japon et de la Corée du Sud ont cru en leurs propres propagandes. Faisant miroiter le mythe d'un miracle asiatique par une soi-disant supériorité sur les valeurs occidentales, ils ont réussi à détourner les regards étrangers sur la concrète mais bien cachée corruption politique et économique de leurs pays[46].

Ces pays asiatiques sont loin de présenter aux investisseurs étrangers un marché transparent. En effet, les gouvernements contrôlent les banques, qui prêtent des milliards de dollars à des familles et des amis du régime protégés par la bureaucratie.

Stephen Shepard
Business Week

Il n'y a pas de substitut au leadership. Le Mexique s'est plié aux réformes exigées, et son économie croît de nouveau de 8 % par année. Rien de tout cela ne semble pouvoir ou vouloir se réaliser en Asie. Le Japon a pris les devants en vue d'aider la Thaïlande à l'été 1997, mais ne semble pas pressé d'appliquer lui-même les mesures nécessaires au redressement de son système monétaire.

Deuxièmement, la surcapacité de la production mondiale définit progressivement l'économie mondiale d'une manière jusqu'à maintenant imprévisible. La demande intérieure en Asie accuse du retard par rapport au taux de croissance. Il s'agit d'un facteur déflationniste qui fait tomber les prix et menace le commerce. Les pays d'Asie ont des politiques d'exportation, mais aucune politique d'importation. La surcapacité pousse les forces déflationnistes comme jamais auparavant. Dans le contexte présent, les États-Unis deviennent les acheteurs du dernier recours pour les nations qui surproduisent dans un contexte de sous-consommation intérieure. Le déficit commercial américain pourrait augmenter à 300 milliards de dollars en 1998 si, aux États-Unis, les exportations tombaient de 10 % à 15 % et que les importations augmentaient de 20 % à 25 %.

La valeur des monnaies asiatiques diminue constamment et les marchés des valeurs mobilières sont secoués. De 1992 à 1997, la valeur des monnaies en Indonésie, en Malaisie, aux Philippines, à Singapour et en Thaïlande est tombée de 55 %, et on peut penser que la chute se poursuivra. Même les investisseurs aventureux hésitent à saisir les occasions d'affaires en Asie.

Le point de vue pessimiste est le suivant. L'économie de la Malaisie présente des problèmes structurels qui peuvent faire chuter le marché n'importe quand : spéculations immobilières, surendettement des entreprises et surproduction. Le pire, c'est que les gouvernements locaux ne semblent pas prendre les mesures énergiques qui s'imposent et franchir les étapes nécessaires de manière à produire de véritables changements. La volonté politique n'est simplement pas là. Les besoins économiques exigent l'implantation de plans de restructuration joints à l'annulation des énormes projets d'infrastructure, sans parler des fermetures et des faillites nécessaires au nettoyage de l'économie. Si ces mesures ne sont pas appliquées, il y a fort à parier que l'économie va stagner.

Voici maintenant le point de vue optimiste ; que les taux d'intérêt s'élèvent alors que le taux de croissance ralentisse constitue bien sûr un problème. Toutefois, ces conditions du marché se répercutent sur le prix des actions qui n'a jamais été si bas qu'au cours des 10 dernières années. Les taux d'épargne personnelle se situent aux alentours de 30 % et les efforts consentis dans l'éducation et la mise en place d'infrastructures durant la dernière décennie laissent supposer l'émergence de marchés fondamentalement solides pour longtemps.

Les dévaluations des monnaies asiatiques ont rendu les biens de 20 % à 30 % moins chers, permettant une croissance des exportations.

Toutefois, une question se pose : Quand l'économie régionale de l'Asie du Sud-Est va-t-elle rebondir ?

PEUT-ON ÉVITER LA DÉFLATION ?

Un dernier point mérite ici d'être approfondi. En effet, nous faisons face, pour la première fois, à une **surproduction industrielle mondiale**. Il est fort possible que les forces économiques de la Nouvelle Économie conduisent à une nouvelle ère de déflation. Partout au monde, comme au Japon, les prix des biens de consommation ont littéralement chuté. Par un contrôle strict de l'inflation, on peut empêcher les taux d'intérêt d'augmenter et profiter d'un cycle d'expansion plus long que rêvé. Une déflation moyenne ou une déflation stable légèrement en dessous de zéro pour cent — pas un écroulement ! — est stimulant à long terme pour les valeurs. Mais, une déflation moyenne ou stable accusée peut faire énormément de dommages, très rapidement. Le danger se présente quand les prix tombent et que les salaires ou les revenus des entreprises ne suffisent plus pour rembourser les emprunts. Dans le pire des cas, cette situation peut conduire à des faillites dans le système financier entier.

Le plus grand danger dans une économie mondiale est que les pays asiatiques nourrissent une déflation, pour rendre leurs exportations les plus attrayantes possible.

Stephen Shepard
Business Week

Dans la Nouvelle Économie, le danger qui nous guette est la **déflation** et non l'inflation. De 1929 à 1933, les prix sont tombés de 10 % annuellement. Déjà aux États-Unis, pour les deux tiers de la production, les prix des biens manufacturés baissent ou stagnent.

Les États-Unis peuvent profiter des tendances déflationnistes, car les entreprises ont de fortes dettes et empruntent à des taux d'intérêt faibles pour les refinancer. Tant que le marché de l'emploi demeure fort, les consommateurs profitent aussi des bas prix. Cependant, quand les entreprises manufacturières roulent à plus de 80 % de leur capacité, on peut craindre, aux États-Unis, la surproduction.

Puisque ces entreprises font face à la concurrence internationale, il leur est difficile d'augmenter leurs prix. Toutefois, les chefs d'entreprises soulignent qu'ils n'ont pas besoin d'augmenter les prix, puisqu'ils réussissent aussi bien à augmenter leurs profits par la hausse de leur productivité[47]. Or, la capacité de production des entreprises manufacturières américaines a augmenté de 4,3 % en 1997, croissance la plus rapide des 25 dernières années, alors que la croissance de la consommation fut de 2,5 %. Il en est ainsi partout dans le monde, à l'exception de l'Europe.

Dans une économie mondiale, l'effet de la surproduction dans une région du globe pousse partout les prix vers le bas. Dans le domaine de l'automobile ou des semi-conducteurs, les prix chutent. Par conséquent, pour écouler leurs marchandises, les nations cherchent de nouveaux marchés. Lorsque la demande intérieure et mondiale ne peut pas absorber l'offre, les entreprises sont forcées de baisser leurs prix. Pour réaliser cet exploit, il est plus facile de dévaluer la monnaie. La Chine l'a fait en 1996; cela lui a permis d'augmenter ses exportations de 24 % durant les 9 premiers mois de 1997.

Depuis 1995, presque toutes les monnaies importantes, incluant le yen et le mark allemand, se sont dépréciées d'au moins 15 % par rapport au dollar américain. Après les dernières dévaluations, presque toutes les régions, excepté les États-Unis, vont avoir une balance commerciale positive.

LA CORRUPTION VA-T-ELLE DISPARAÎTRE ?

Volg et Sinclair soulignent que la corruption, l'abus de pouvoir public dans le but de retirer des gains personnels, existe à une large échelle dans la plupart des marchés de la Nouvelle Économie. Le cas de l'Indonésie n'est qu'un cas parmi d'autres.

Ce phénomène s'explique facilement. Certaines entreprises donnent des pots-de-vin, car elles croient profondément que les compétiteurs vont faire la même chose. La logique du système veut que les entreprises n'aient pas d'autre choix que d'utiliser les outils de la corruption lorsqu'elles cherchent à obtenir des contrats.

Un système institué de corruption se retrouve dans plusieurs pays du tiers-monde. Par exemple, dans des pays comme le Nigeria et La République démocratique du Congo (anciennement le Zaïre), des gouvernements autoritaires utilisent la terreur pour consolider leurs pouvoirs ; on n'a pas de difficulté à parler de pots-de-vin. Souvent, de nouvelles occasions suscitant la corruption se produisent dans les pays où les gouvernements socialistes disparaissent pour laisser apparaître un capitalisme sauvage, comme c'est le cas en ex-Union soviétique. George Moody-Steward, un homme d'affaires britannique à la retraite ayant passé plusieurs dizaines d'années en Afrique et en Asie, considère que le « paiement sous la table » de 5 % sur un grand contrat à un gouvernement dans le tiers-monde est une pratique normale et représente un montant typique. Toutefois, récemment, des pourcentages de 10 % et même de 15 % sont devenus chose courante.

La Chine en est un exemple. Durant les trois ou quatre dernières années, la corruption, en raison du volume des affaires qu'on y mène, a atteint un tel niveau qu'elle a entraîné une réaction politique dont la réponse pourrait être l'arrivée, dans un futur immédiat, d'une période de répression politique et économique.

La corruption trouve son origine dans l'établissement des conditions de développement de la classe moyenne ainsi que des politiques économiques de déréglementation qui sont rapidement introduites et où les nouvelles règles du jeu ont encore à être établies. L'Inde présente aussi un exemple de ce problème de développement. La taille des paiements versés pour obtenir des contrats varient énormément.

Les possibilités de corruption peuvent s'accroître à une époque de seconde révolution industrielle durant laquelle augmente le volume de commerces et d'investissements. Sans pouvoir être vérifié, le phénomène de la corruption pourrait poser une sérieuse menace au scénario du boom économique dans plusieurs pays, minant ainsi la compétition et les économies ouvertes. On souligne le problème, probable mais non prouvé, au Mexique. La corruption est dispersée en raison du fait que les gens d'affaires et les politiciens peuvent aller de l'avant grâce à la corruption.

Les gouvernements d'Europe de l'Ouest qui observent les scandales qui éclatent dans plusieurs pays fournissent plus que jamais les efforts nécessaires pour changer les lois qui permettent aux entreprises transnationales de recevoir des déductions de taxes sur les pots-de-vin à l'étranger. Ces efforts peuvent être considérés comme la première étape d'une série d'actions visant à faire en sorte que les paiements pour la corruption en pays étrangers deviennent un crime.

Aux États-Unis, le Foreign Corrupt Practices Act (FCPA), promulgué en 1977, déclare criminelles les firmes américaines qui offrent des pots-de-vin à l'extérieur des États-Unis. En fait, les États-Unis sont le seul pays qui possède une loi sur les dons illicites selon laquelle une firme qui fait des faveurs dans le but de gagner des contrats commet une offense criminelle.

Souvent stimulé par les médias dont les journalistes d'enquête font des recherches et entament des poursuites, le public proteste contre la corruption. Ces efforts donnent certains résultats. Des politiciens et des gens d'affaires ont fait de la prison en Italie, sont frappés de disgrâce au Japon ou sont forcés de quitter leurs fonctions en France.

Pour réellement combattre la corruption, il faut changer l'environnement. Cela requiert les moyens légaux constitués de lois fortes mettant en place des mécanismes permettant de forcer les entreprises délinquantes à rendre publiques des transactions qui sont normalement inaccessibles, car elles sont d'ordre privé.

Par conséquent, il est nécessaire de mettre en place un processus équitable entre les mesures nécessaires et les désirs légitimes de confidentialité. Un des moyens est de bien payer ses employés. Par exemple, Singapour possède l'une des échelles de salaires les plus élevées dans le monde pour les employés de la fonction publique. Étrange coïncidence, ce pays possède aussi un des plus bas niveaux de corruption.

Depuis que la corruption s'est étendue, les banques centrales ont entrepris des actions coordonnées pour diminuer le blanchiment d'argent. La fraude perpétrée par la Banque pour le Crédit et le Commerce international (BCCI) a renforcé sérieusement la motivation des banques à agir dans ce sens.

Les efforts permettant de diminuer la corruption reflètent une compréhension accrue partout dans le monde des vrais coûts politiques et sociaux de la corruption. Une grande quantité d'argent est déviée par les personnes officielles dans des douzaines de pays. Ainsi, des fonds originellement dédiés pour des écoles, des hôpitaux et des institutions visant à servir les besoins des populations sont détournés, par les responsables recevant des pots-de-vin, vers des projets négligeables. Les coûts liés à la corruption sont autant d'occasions perdues d'aider les gens à vivre en santé, à avoir une meilleure éducation et ainsi être plus productifs.

Des dirigeants corrompus s'accrochent au pouvoir, s'opposant avec force à l'ouverture des gouvernements, infléchissant les libertés individuelles et abusant des droits de l'homme. Mais un des plus grands effets pervers de la corruption est qu'elle sape les bénéfices potentiels des forces du libre marché. Les personnes honnêtes sont brisées, les règles d'un système économique en santé deviennent tordues et les entreprises qui paient des pots-de-vin deviennent moralement corrompues. Par conséquent, les possibilités de croissance économique, si vitales pour le développement social, sont ruinées.

CHAPITRE 5

LA PLANÈTE EST UN SITE D'ENFOUISSEMENT

- Jusqu'où laisserons-nous aller la pollution de la planète?

- En quoi les différentes formes de pollution nous touchent-elles?

- Combien nous coûtera l'élimination de la pollution?

- Quand donc les questions épineuses reliées à l'environnement seront-elles traitées avec tout le sérieux qu'elles méritent?

LA CROISSANCE EFFRÉNÉE DE LA PRODUCTION MONDIALE

Depuis quelque temps, tous les 10 ou 12 ans en moyenne, un milliard de personnes s'ajoutent sur notre bonne vieille Terre. La vitesse avec laquelle la «civilisation» se répand est sans précédent dans l'histoire de l'humanité. Depuis longtemps, nous laissons notre trace partout où nous avons l'audace de nous rendre. Notre impact sur la planète est inimaginable. Par exemple, chaque jour qui passe voit disparaître près de 70 espèces animales ou végétales.

La Terre a connu cinq extinctions massives dans les derniers 600 millions d'années. Nous pourrions très certainement être la cause principale de la sixième. Est-ce là notre destin à titre d'espèce vivante?

Michael Tobias
Breeding Consciousness

L'activité humaine sur Terre a le même effet sur cette dernière qu'un astéroïde s'écrasant sur elle chaque jour. Depuis que les chasseurs nomades d'Asie ont traversé le détroit de Béring, il y a 10 000 ans, nous avons provoqué l'extinction de 80 % des grands animaux de l'Amérique du Nord et du Sud.

Michael Tobias, écologiste, écrivain et producteur de films, véhicule un message auquel nous devrions être attentifs : « Nous nous détruisons nous-mêmes et nous ravageons la biosphère par l'explosion de la population ».[48]

Les problèmes causés par la guerre et les maladies infectieuses ne sont pas les seuls : nous devons maintenant trouver une solution à la surpopulation de la planète. Nous sommes les seuls à pouvoir nous sauver, tout en étant la cause même du problème. Est-il possible que nous prenions une décision éclairée pour faire, dès maintenant, les choses différemment? Se peut-il que nous suivions simplement le cours des choses et que, sans nous donner le choix, nous nous détruisions nous-mêmes? Agirons-nous comme si tout ce qui nous arrive était déjà «planifié», comme s'il était impossible d'éviter le destin qui nous attend? Enfin, pouvons-nous être remplacés par autre chose, tout comme nous avons pu exercer notre domination sur la Terre après que les dinosaures eurent été décimés?

Toutes ces questions peuvent nous sembler abstraites. En effet, nous sommes trop occupés à travailler au maintien de notre style de vie. Toutefois, cet avenir n'est peut-être pas aussi éloigné que nous le pensons. Avec les moyens dont nous disposons et l'apparente insouciance que nous manifestons, notre espèce a réellement un comportement suicidaire.

Michael Tobias pense que les gens soucieux de leur avenir, par leurs décisions et leurs actions, peuvent vraiment faire la différence s'ils essaient sérieusement d'influer sur le cours des choses. Il se peut que nous ayons à choisir un style de vie différent ; nous vivons actuellement dans une abondance qui nous fait oublier les déséquilibres qu'elle apporte. Si tout semble bien aller à première vue — la croissance économique est possible, on peut accroître la richesse et la productivité –, combien d'humains peuvent et pourront se partager la tarte alimentaire et les ressources nécessaires au développement ?

On peut déjà prédire que 25 % de la population des pays développés deviendra végétarienne dans les 15 prochaines années en raison de la croissance du prix de la viande.

Barry Howard Minkin
Future in Sight

Il nous faut reconnaître que seule une faible minorité de la population mondiale pourra profiter du style de vie occidental actuel. Soyons réalistes : il est impossible que les 5 à 8 milliards de personnes qui en sont privées puissent un jour se l'offrir. D'autre part, même si cette possibilité en venait à se concrétiser, exporter ce style de vie partout dans le monde entraînerait une dévastation environnementale à l'échelle de la planète.

Dans les faits, notre biosphère supporte de moins en moins l'augmentation du volume des activités économiques. Nous devons absolument modifier notre façon de faire. Malgré les efforts de concertation internationale, il y a loin de la coupe aux lèvres. En effet, l'activité économique mondiale ne peut simplement pas fournir assez de nourriture pour toute la population et maintenir un haut niveau de production de viande dans les pays développés. Dans l'espoir de développer leurs marchés potentiels, des entreprises alimentaires vont pourtant essayer de vendre aux pays en développement leurs produits d'origine animale en lieu des fèves et des céréales qui constituent la base alimentaire du tiers-monde.

Les considérations sanitaires vont conduire à une réduction de la consommation de gras animal en incitant les gens à des pratiques végétariennes. Une amélioration dans la préparation des plats végétariens va permettre un développement de ce type de consommation.

Barry Howard Minkin
Future in Sight

Par contre, on peut travailler à trouver des solutions originales aux problèmes de l'alimentation. Par exemple, les systèmes scolaires et les programmes d'alimentation dans les écoles américaines vont amener les jeunes consommateurs à accepter le concept des plats végétariens. L'utilisation nouvelle de la technologie procurera à cette nourriture un goût et une présentation qui permettront aux enfants d'accepter un changement important dans leur manière de s'alimenter. Reste le problème de la consommation en général.

LA CONSOMMATION EN GÉNÉRAL

Nous envisageons peut-être, dans un élan d'altruisme, de répandre dans le tiers-monde un niveau de consommation des biens et services comparable à celui qu'on observe aux États-Unis. Mais, pour atteindre un tel objectif, il faudrait afficher une croissance économique mondiale annuelle de 4 %. Et même si la richesse engendrée par une telle croissance était équitablement distribuée, nous ne pourrions pas vraisemblablement atteindre cet objectif avant l'an 2060.

Selon ce scénario, les productions annuelles et les effets de nos activités économiques sur l'environnement seraient, en l'an 2060 environ, 220 fois ce qu'ils sont aujourd'hui. Cela est difficilement concevable. Pourtant, certaines industries se sont donné pour mission de tendre vers cet idéal.

Les trois grands fabricants américains d'automobiles espèrent bientôt finaliser une transaction avec la Chine. L'objectif avoué est de fournir une automobile à toutes les personnes qui utilisent actuellement une bicyclette.

La tendance la plus forte dans l'industrie automobile continue de se produire en dehors des marchés traditionnels. Les pays de l'Est, le Brésil et l'Asie du Pacifique voient aussi une croissance phénoménale.

Barry Howard Minkin
Future in Sight

Il est évident que, dans les conditions technologiques actuelles, les émissions de dioxyde de carbone (gaz carbonique) de plusieurs centaines de millions d'automobiles produiraient un effet de serre considérable : elles pourraient fort bien confirmer le pronostic émis par le du Groupe international sur l'évolution du climat (GIEC), selon lequel une montée massive dans le taux de chaleur mondiale pourrait conduire à des conséquences incontrôlables dans la nature. Le gaz carbonique forme autour de la Terre un nuage qui retient la chaleur, comme dans une serre.

Par ailleurs, si chaque Chinois possédait aussi un réfrigérateur, les émissions de chlorofluorocarbones (CFC) et de HCFC conduiraient à diminuer la couche d'ozone. Cette dernière nous protège du rayonnement solaire.

L'effet de serre et la diminution de la couche d'ozone sont deux des impacts environnementaux importants liés aux activités industrielles dans le monde.

LA PRODUCTION D'AUTOMOBILES

Après quatre années consécutives de déclin, la production automobile s'est accrue en 1994. La production a atteint 34,9 millions d'automobiles, encore sous le seuil des 35,8 millions de véhicules produits en 1990. Le ratio du nombre de personnes par automobile demeure inchangé, puisque la production suit le taux de croissance démographique. Ce n'est pas le chiffre, bien qu'il soit significatif, qui nous importe ici, mais la croissance linéaire projetée pour l'avenir, que la pente de la courbe illustrée laisse pressentir.

Figure 5.1
**Production mondiale d'automobiles de 1950 à 2000 (en millions d'unités)
selon Minkin (1995)**

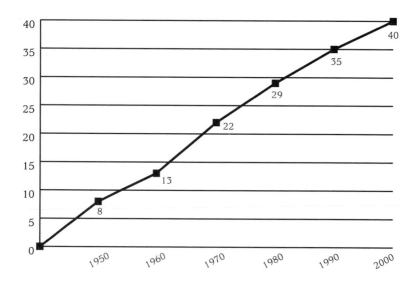

La Chine est indiscutablement le plus grand acheteur à l'étranger. Avec seulement 1,8 million d'automobiles, moins de 5 % de ses habitants en possèdent. Les analystes de l'industrie prédisent que le nombre d'automobiles sur les routes chinoises sera multiplié par 11 vers 2010, et que 60 % de ces véhicules devraient appartenir à des particuliers. Peut-on imaginer les répercussions de l'utilisation de ces nouvelles voitures sur l'environnement pollué des villes chinoises? Combien de temps les Chinois tiendront-ils le coup?

LA PRODUCTION DE BICYCLETTES

Par contre, la Chine est le plus grand producteur de bicyclettes avec presque 40 % de la production totale mondiale, qui était estimée à 43 millions de bicyclettes en 1994. C'est 4,8 % de plus que l'année précédente. En Inde, second producteur mondial, cette industrie connaît une croissance de 10 %, alimentée partiellement par une exportation audacieuse. Le Canada a déjà commencé à se plaindre de l'arrivée massive des bicyclettes chinoises.

Pour compenser les problèmes occasionnés par l'automobile, la bicyclette peut répondre à un nombre croissant d'anciens et de nouveaux besoins. Une expérience d'une durée de six mois menée à San Salvador (Salvador) a démontré qu'un cycliste entraîné peut distribuer autant de Pepsi-Cola par mois que quelqu'un qui conduit un camion de cinq tonnes. Les coûts d'exploitation pour le cycliste sont seulement le dixième de ceux du camionneur. Pepsi songe sérieusement à remplacer, là où c'est possible, ses camions par des bicyclettes.

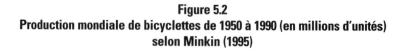

Figure 5.2
**Production mondiale de bicyclettes de 1950 à 1990 (en millions d'unités)
selon Minkin (1995)**

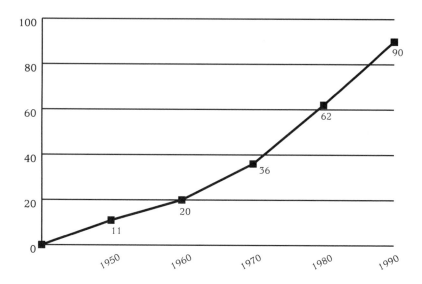

LES ÉMISSIONS SULFURIQUES ET AZOTÉES

Le soufre qu'on retrouve dans l'atmosphère provient du pétrole et, surtout, du charbon. Lorsque ces combustibles sont brûlés, les dioxydes de carbone sont libérés, mais les technologies actuelles de filtrage permettent d'empêcher que les émissions sulfuriques n'atteignent l'atmosphère. Dans la mesure où nous disposons des moyens de contrôler ces émissions, il n'y a pas de problème. Malheureusement, les technologies utilisées ne sont pas toutes adéquates pour éviter l'augmentation de l'effet de serre. De plus, plusieurs pays du tiers-monde, dont la Chine, disposent d'installations vétustes et polluantes. En effet, pour plus de 75 % de sa combustion énergétique essentielle, la Chine consomme du charbon de moins bonne qualité qui libère davantage de soufre ; de plus, elle utilise une technologie du XIXe siècle plus polluante. On observe pourtant une décélération de la croissance des émissions dans le monde depuis les années 1980.

Figure 5.3
Émissions sulfuriques mondiales de 1950 à 1990 (en millions de tonnes) selon Minkin (1995)

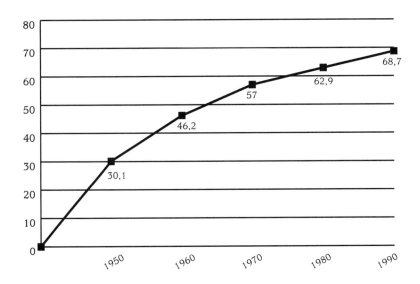

L'air contient naturellement beaucoup d'azote. Au cours de la combustion de l'essence, ce gaz réagit pour former de l'oxyde d'azote, un composé très polluant.

L'ACCUMULATION DES DÉCHETS NUCLÉAIRES

En 1994, 431 réacteurs nucléaires ont été mis en service dans le monde. Ils ont produit quelque 10 000 tonnes de carburant radioactif, élevant à plus de 130 000 tonnes l'accumulation totale de carburants usés. Près du quart de ces déchets se trouvent aux États-Unis où ils sont enfouis dans des sites d'entreposage, en attendant que l'on trouve une solution définitive pour s'en débarrasser.

L'industrie nucléaire a commencé à accumuler les déchets nucléaires il y a près de 50 ans, mais aucun pays n'a encore trouvé de manière sécuritaire et permanente d'en disposer. Pourtant, ces déchets peuvent demeurer dangereux pour des centaines de milliers d'années. Les réacteurs nucléaires civils ont produit plus de 50 tonnes de plutonium dans la seule année de 1994. C'est suffisant pour construire plus de 6000 bombes atomiques! L'entreposage représente actuellement la seule solution à cette épineuse question, et plusieurs pays — cela inclut les États-Unis — continueront d'avoir recours à cette mesure temporaire pour les prochaines décennies.

Figure 5.4
Production cumulative des déchets radioactifs produits par les centrales nucléaires civiles (en milliers de tonnes) selon Minkin (1995)

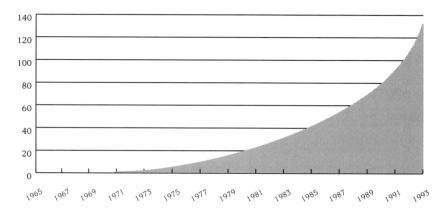

Nous vivons actuellement sur cette poudrière sans autre choix que de subir les décisions «éclairées» des fournisseurs d'énergie. Nous allons nous retrouver devant un problème insurmontable; en fait, nous nous trouvons déjà devant un problème insurmontable! Puisque ces déchets se dégradent à grande vitesse, les accumulations de rejets radioactifs s'accroissent de manière exponentielle. Quant aux quantités produites, elles représentent déjà un problème insoluble. Les fournisseurs d'énergie espèrent trouver une solution plus tard. Ils se basent sur le processus standard de l'innovation technologique dans leur industrie.

La réalité à laquelle nous ne pouvons échapper, c'est que les producteurs d'énergie nucléaire remettent déjà entre les mains de nos descendants la charge de résoudre le problème, nœud gordien qu'ils ont fait eux-mêmes dans le seul but d'engendrer un profit. En effet, ils profitent, tout comme les autres producteurs d'énergie, du fait qu'ils n'ont pas — encore — à payer pour les conséquences environnementales de l'exploitation de leurs ressources, en particulier les frais de décontamination. En ce sens, ils ne sont pas différents des autres.

Nous serons bientôt interpellés par les coûts nécessaires à la mise au point et à l'application d'une solution que — nous pouvons déjà le prévoir — nous n'aurons pas les moyens de nous payer. L'estimation du coût éventuel du «nettoyage» nucléaire est évidemment impossible à faire en ce moment. Toutefois, une chose est certaine : les économies actuelles procurées par l'exploitation de l'énergie nucléaire vont finalement conduire à des dépenses qui seront prises en charge par d'autres que ceux qui profitent aujourd'hui de cette technologie «propre». Et nous sommes pourtant capables de créer pour l'avenir des sources d'énergie réellement inoffensives.

GAZ À EFFET DE SERRE OU DIMINUTION DE LA COUCHE D'OZONE ?

La légère augmentation de la température terrestre dans les années 1990 confirme la nécessité de délaisser un système énergétique basé sur l'utilisation des combustibles fossiles en faveur de l'utilisation de systèmes propres de ressources renouvelables. La croissance de la température mondiale moyenne connue en 1994 est le cinquième record de chaleur enregistré depuis les années 1860 (l'enregistrement systématique des températures sur Terre se fait depuis 1880, et dans les océans, depuis 1900). Les scientifiques ont alors prédit que l'effet de serre entraînerait une hausse des températures moyennes allant de 1 à 3,5 degrés avant la fin du XXIe siècle. L'ONU considère que ces changements climatiques auront des conséquences comme l'accroissement de la sécheresse en Afrique, la fonte partielle des glaces polaires, des inondations dans les pays asiatiques, comme au Bangladesh, et la disparition des terres les plus basses.

La température mondiale a graduellement crû depuis 100 ans, particulièrement depuis les années 1970. Les 10 années les plus chaudes furent enregistrées de 1980 à aujourd'hui. L'année la plus chaude jamais enregistrée fut 1997, avec une moyenne de 15,55 °C, soit 0,08 °C de plus que le précédent record établi en 1990. Pour la première fois, des climatologues du gouvernement fédéral américain affirment que les activités humaines sont au moins en partie responsables de cet état de choses. Les hausses de la température s'observent partout dans le monde, même si leurs répercussions ont été moins fortes dans l'est de l'Amérique du Nord, en Chine et dans les parties orientales de la Méditerranée.

Un adoucissement ferait fondre les glaces et augmenterait le volume océanique. Le niveau de la mer monterait de 15 à 95 centimètres (à raison de 6 centimètres par décennie), inondant éventuellement les régions côtières. Dans les faits, le niveau des océans a augmenté de 15 centimètres au cours du siècle, et le pergélisol s'est aminci en Alaska. Or, la plupart des gens vivent le long des côtes ou sur des îles. On peut aisément prévoir un changement brutal des zones climatiques, tandis que s'installerait de manière générale un temps plus sec et plus turbulent. Venise, en Italie, serait l'une des villes menacées par l'augmentation du niveau des océans.

Le protocole de Kyoto permettra aux grands pollueurs de continuer à émettre des gaz à effet de serre grâce à des échappatoires.

Fonds mondial pour la nature
La Presse

L'augmentation de la température qui prévaut depuis les années 1970 risque d'entraîner la réduction draconienne des récoltes en raison des chaleurs torrides. Aux États-Unis, à l'été de 1988, la chaleur a fait tomber la production de céréales sous les niveaux de la consommation. Si cette situation s'était répétée, il n'aurait pas été possible d'exporter encore longtemps le grain à plus de 100 pays qui dépendent de ces exportations. Une récolte réduite, combinée à un niveau précaire de réserve, peut conduire au chaos dans le marché mondial du grain.

UN PEU D'HISTOIRE

Il y a déjà 100 ans, en 1898, le chercheur suédois Svante Ahrrenieus, prix Nobel de chimie en 1903, est le premier à faire remarquer les dangers des émissions de dioxyde de carbone (CO_2) qui proviennent de la combustion des matières fossiles comme le charbon et le pétrole. Dès cette époque déjà lointaine, le savant lance un avertissement : ces émissions pourraient s'accumuler dans l'atmosphère et, en retenant la chaleur, provoquer le réchauffement de la planète.

En 1961, un nouvel observatoire installé sur le volcan hawaïen Mauna Loa enregistre une nette augmentation du dioxyde de carbone dans l'atmosphère. En 1980, des modèles climatiques réalisés grâce à la simulation par ordinateur prédisent à leur tour l'augmentation de la température. En 1988, James Hansen, chercheur à la NASA, témoigne devant le Congrès américain que le réchauffement de la planète a déjà commencé. À ce moment, les Nations Unies organisent un réseau de chercheurs spécialisés sur les questions climatiques, le Groupe international sur l'évolution du climat (GIEC). Ce même groupe confirme en 1990 l'existence de faits scientifiques prouvant l'effet de serre.

En 1992, au Sommet de la Terre de Rio, les premières conventions sur les changements climatiques fixent des objectifs volontaires pour revenir, d'ici l'an 2000, aux niveaux d'émission de gaz à effet de serre qui prévalaient en 1990. Près de 170 pays ratifient l'entente. En 1995, comme il apparaît de plus en plus clair que la plupart des pays n'y parviendront pas, les gouvernements s'engagent à durcir le traité en négociant un calendrier et des objectifs contraignants. Cette même année, l'ONU publie un rapport alarmant sur le niveau d'émission des gaz à effet de serre. En 1996, l'Agence internationale de l'énergie prévoit que seuls quatre pays — la Suisse, le Luxembourg, l'Allemagne et les Pays-Bas — auront atteint les objectifs qu'ils se sont fixés pour l'an 2000.

Il est possible de penser que l'actuel réchauffement sera en fait un retour à la normale, une remontée après un creux de trois siècles.

Pierre Gangloff
Géomorphologue

En 1997, à la conférence de Kyoto sur le réchauffement de la planète, les délégués de 159 pays approuvent un protocole sans précédent. C'est la première fois que les pays du monde acceptent de diminuer leur consommation d'énergie pour limiter les risques liés au réchauffement de la terre au XXIe siècle.

La disparition du trou d'ozone stratosphérique est soumise « au respect des accords conclus à ce sujet » [...] Avec la disparition du trou dans la couche d'ozone disparaîtront également ses conséquences imminentes, comme l'augmentation des cancers de la peau.

Paul Crutzen
Prix Nobel de chimie

Les États-Unis, l'Europe et le Japon ont fait leur propre proposition en vue de réduire les émissions de gaz à effet de serre. Les États-Unis produisent près du quart des émissions mondiales de CO_2 (5,2 milliards de tonnes en 1995 sur un total de 22,1 milliards, selon l'OCDE) ; ces trois pays ensemble en produisent les deux tiers.

Le Japon désirait une diminution de 5 % entre 2008 et 2012. De son côté, l'Europe proposait de réduire de 15 % les émissions du niveau de 1990 avant 2010, tandis que les États-Unis souhaitaient un objectif beaucoup moins ambitieux, c'est-à-dire revenir au niveau de 1990 pour l'année 2012. Les Américains voulaient également que les pays émergents — comme la Chine, qui est un important émetteur de gaz à effet de serre — acceptent de porter une part du fardeau et s'engagent eux aussi à réduire leurs émissions.

Les conditions finales du protocole s'appliquent à 38 pays et précisent que l'Union européenne s'engage à réduire de 8 % ses émissions de gaz polluants par rapport au niveau de 1990, les États-Unis de 7 % et le Japon de 6 %. La Russie se voit attribuer un objectif zéro et les pays du Sud de l'Asie, comme la Chine ou l'Inde, sont invités à fixer eux-mêmes leurs objectifs. On cible une réduction moyenne de 5,2 % d'ici 2008 à 2012, et la contrainte porte sur six gaz nocifs : dioxyde de carbone, méthane, oxyde nitreux et trois substituts des chlorofluorocarbones (CFC). La Convention de Vienne (1985) et le protocole de Montréal (1987) avaient déjà mené à des ententes pour une réduction de la production et de la consommation des CFC.

Malgré toutes ces ententes, une réalité demeure : pour diminuer les gaz à effet de serre, **il faut réduire l'utilisation des combustibles fossiles**. Nous devons choisir des combustibles plus propres, comme le gaz naturel, plutôt que le pétrole ou le charbon, et utiliser de nouvelles sources d'énergie comme les énergies éolienne et solaire.

Accroître l'efficacité énergétique exigera des changements de style de vie : recours accru au transport en commun dans les villes, promotion du rail par rapport à la route, immeubles mieux isolés.

Luc Dupont
Agence Science-Presse

D'autres points de vue se manifestent. Pierre Gangloff, géomorphologue et spécialiste des anciens climats au département de géographie de l'Université de Montréal, considère qu'on ne peut pas parler d'un réchauffement de la Terre sans parler du refroidissement qui l'a précédé. L'hémisphère Nord a connu au cours des XVIIe et XVIIIe siècles et d'une partie du XIXe la période la plus froide des 9000 dernières années, la plus froide, en fait, depuis la fin de la dernière glaciation. Le réchauffement actuel pourrait bien être un simple retour à la normale après un creux de trois siècles. Selon Pierre Gangloff, l'idée que l'actuel réchauffement planétaire puisse être causé par une augmentation des émissions de CO_2 d'origine humaine n'est pas en soi une idiotie. « Mais si on érige cette explication en dogme, si on n'en accepte plus aucune autre, on n'obtient pas un portrait complet de la réalité », précise-t-il.

Distinguer les facteurs naturels et les effets produits par les humains sur l'environnement est un exercice très difficile. On sait que la Terre est une toupie qui tourne sur elle-même selon une inclinaison de 23,5 degrés de l'axe de rotation de la planète. C'est cette inclinaison qui produit nos saisons. Comme pour la toupie, elle joue entre 21,8 et 24,5 degrés sur une longue période. Ce jeu a pour effet que la Terre adopte, selon les périodes, des positions qui sont favorables ou défavorables à l'accumulation d'énergie. Cependant, souligne Gilles Beaudet, astrophysicien à l'Université de Montréal, il serait surprenant que des phénomènes astronomiques qui se produisent tous les 100 000 ans conduisent à des réchauffements et à des refroidissements aussi rapides.

De vastes programmes informatiques, basés sur des modèles de changement et exécutés avec les plus puissants ordinateurs du monde (CRAY, NEQ), permettent de prédire des hausses de température en raison de l'accumulation de gaz carbonique ; toutefois, il faut aussi considérer d'autres phénomènes comme la variation de l'inclinaison de la Terre et la quantité d'aérosols en suspension dans l'air. La forêt amazonienne se trouve probablement au bord du désastre, car elle est « asséchée » par le déboisement, les brûlis et le phénomène climatique El Niño. La destruction de la plus grande forêt du monde pourrait aussi provoquer un réchauffement de la température. Quoi qu'il en soit, souligne Gilles Beaudet, « une fois le climat modifié, il n'est pas certain que l'on puisse corriger les choses ».

Pour réduire leurs émissions de 7 % d'ici 2012, les États-Unis devront avoir recours soit au rationnement, soit à une hausse massive des prix de l'ordre de 50 ¢ par gallon d'essence alors que le prix se situe actuellement à un peu plus de 1 $.

Luc Dupont
Agence Science-Presse

L'UTILISATION CROISSANTE DE L'ÉNERGIE RENOUVELABLE

De nouvelles possibilités se présentent maintenant pour remplacer les combustibles fossiles. Le secteur énergétique le plus dynamique en 1994 fut celui de l'énergie renouvelable, en particulier les énergies **éolienne** et **photovoltaïque**. En 1994, avec plus de 25 000 turbines, la production d'énergie par le vent s'est accrue de 22 %. L'addition de 660 mégawatts de capacité en 1994 est un record de développement de cette source d'énergie.

Dans un avenir pas trop éloigné, la fermeture des installations nucléaires vétustes va excéder le nombre de nouvelles installations conduisant à un déclin de l'utilisation de cette forme d'énergie.

Barry Howard Minkin
Future in Sight

Dans plusieurs endroits du tiers-monde où l'électricité n'existe pas, les cellules solaires deviennent maintenant une source compétitive d'énergie. Lorsque deux milliards de personnes vivent sans électricité, le marché est prometteur. La croissance extraordinaire de l'énergie provenant du vent et des piles solaires contribue directement à l'effort de construction d'une économie énergétique qui ne perturbera pas le système écologique planétaire.

DÉVELOPPEMENT ÉCONOMIQUE : 1
ÉCOLOGIE DES SYSTÈMES NATURELS : 0

Il n'y a pas que le réchauffement produit par l'effet de serre et la disparition de la couche d'ozone qui menacent l'écologie terrestre. D'autres dangers, ceux-là clairement attribuables à l'homme, viennent assombrir l'avenir. Il faut continuer de décrier les effets nocifs du développement économique, commercial et industriel mondial sur l'écologie.

Il n'y a qu'une seule façon de maintenir l'habitabilité de la planète : s'organiser pour réduire méthodiquement l'impact des effets pervers de la pollution sur les écosystèmes naturels. Malheureusement, on constate que les gouvernements du monde ne poursuivent qu'un objectif : **maximiser le commerce en vue de créer une économie mondiale**.

La nécessité d'augmenter le commerce mondial se justifie comme étant le moyen le plus efficace d'accroître le développement économique, ce dernier équivalant au progrès dans la vision mondiale du modernisme. Nous subissons ainsi, depuis notre enfance, le dogme du néolibéralisme. Le mythe est véhiculé de façon à nous convaincre que le développement économique nous fournit, dans sa forme actuelle, les moyens de créer un véritable paradis matériel et technologique sur Terre, d'éradiquer méthodiquement tous les problèmes auxquels nous sommes confrontés depuis le début de notre existence sur la planète.

Plusieurs indicateurs nous avertissent que l'environnement devient de moins en moins capable de soutenir l'impact de la croissance de notre activité économique. Partout, les forêts sont l'objet de déforestation, les terres agricoles et les mers sont surexploitées, les prairies sont désherbées, les nappes phréatiques sont vidées, et tous les environnements terrestres et océaniques sont pollués avec des poisons chimiques et radioactifs. En outre, notre environnement atmosphérique n'est plus capable d'absorber les gaz nuisibles à la couche d'ozone ou les gaz générés par les activités industrielles sans créer des conditions climatiques nouvelles auxquelles l'humanité ne peut indéfiniment s'adapter.

Edward Goldsmith
Trade and Environment

Malheureusement, ce développement, en raison de sa nature agressive, doit nécessairement accroître les répercussions de nos activités économiques sur l'écosystème planétaire. La destruction systématique de l'environnement menée actuellement en Chine, en Indonésie, en Malaisie et partout ailleurs l'illustre mieux que tout.

Taïwan et l'Indonésie, les deux principaux pays industrialisés dans les dernières décennies, ont atteint un taux étonnant de croissance économique et sont devenus des modèles pour le tiers-monde. Voyons un peu à quoi ressemble l'environnement de ces paradis terrestres.

TAÏWAN SE MEURT ET L'INDONÉSIE AGONISE

À Taïwan, les forêts ont été simplement éliminées pour accommoder les développements résidentiels et industriels ainsi que les plantations de conifères à croissance rapide (voir l'excellent livre de Walden Bello et Stephanie Rosenfeld, particulièrement bien documenté, intitulé *Dragons en détresse*).

La forêt vierge, qui a déjà entièrement couvert la côte, se trouve maintenant complètement détruite. Le vaste réseau de routes construit pour ouvrir la forêt à l'exploitation forestière, à l'agriculture et au développement a causé une grave érosion des sols, spécialement dans les régions montagneuses où ceux-ci se sont effrités.

À Hou Jin, une petite municipalité près de la ville de Kaohsiung, quarante années de pollution par les compagnies de pétrole de Taïwan n'ont pas seulement rendu l'eau impropre à la consommation. Elles l'ont rendue littéralement combustible.

Edward Goldsmith
Trade and Environment

Les efforts permettant de maximiser la production agricole orientée vers les produits de plantation exportables ont conduit à tripler l'utilisation d'engrais entre les années 1952 et 1980. Cette pratique a acidifié les sols devenus moins fertiles, a entraîné la pollution des eaux et contaminé le sous-sol. La pollution atteint les nappes phréatiques, principale source d'eau potable de nombreux insulaires taïwanais.

L'utilisation de pesticides a augmenté considérablement et leur vente n'est pas sujette à des contrôles gouvernementaux efficaces. Outre les nappes phréatiques et les eaux de surface, la nourriture est tout autant contaminée par les pesticides. Un très grand nombre des 90 000 manufactures taïwanaises sont érigées dans des endroits où l'on cultive le riz, le long des cours d'eau et près des résidences privées.

Dans le but de s'épargner les coûts de décontamination et de maximiser la compétitivité de leurs entreprises, les propriétaires ne se sont pas préoccupés de traiter les déchets qu'ils produisent et, dans plusieurs cas, les ont simplement rejetés dans les cours d'eau. Le gouvernement affirme lui-même que 20 % des fermes sont maintenant polluées par des rejets industriels et 30 % des cultures de riz à Taïwan sont contaminées avec des métaux lourds, incluant le mercure, l'arsenic et le cadmium.

Les déchets humains, qui comptent pour seulement 1 % de tous les déchets, reçoivent la même attention. Rejetés dans les rivières, ils procurent des nutriments aux algues, qui captent tout l'oxygène disponible et entraînent ainsi la mort des poissons et de toute vie marine animale dans la région.

Les Taïwanais ont maintenant le plus haut taux de prévalence de l'hépatite dans le monde. L'agriculture, les poisons industriels et les déchets humains ont maintenant gravement pollué les plus basses terres de l'île. Les rivières sont polluées et plusieurs sont devenues des puisards à ciel ouvert, ne laissant aucune chance à la vie aquatique.

L'industrie des crustacés a connu un taux de croissance fantastique. Soulignons que sa production s'est accrue par 45 fois en seulement 10 ans. Les producteurs de crustacés sont devenus eux-mêmes les victimes d'un manque d'eau claire en raison des rejets chimiques toxiques des industries en amont des rivières et des ruisseaux. La mort en masse des crustacés et des poissons est devenue chose courante. Or, une grande partie de la production est exportée vers l'Amérique du Nord... Vers nos cuisines !

La pollution de l'air a aussi crû de façon exponentielle. Le dioxyde de soufre et l'oxyde d'azote polluent Taïwan de manière intolérable, à des niveaux qui atteignent régulièrement le double du seuil de tolérance américain. La prévalence des maladies respiratoires est très élevée. L'incidence de l'asthme chez les enfants de Taïwan a quadruplé dans les 10 dernières années. Le cancer est devenu la cause principale de mortalité, sa prévalence ayant doublé ces 30 dernières années.

Même si le taux annuel de croissance à Taïwan était ramené à 6,5 %, les stress que les Taïwanais ont endurés ont déjà considérablement dégradé l'environnement et vont encore doubler vers l'an 2000. Même si cela était réalisable, peut-on vraiment croire que l'on pourrait doubler la croissance économique sans rendre l'île totalement invivable pour l'homme ?

Plusieurs de ses habitants les plus fortunés quittent Taïwan pour s'établir dans des endroits tels que l'Australie et la Nouvelle-Zélande, motivés au moins en partie par le désir d'échapper au cauchemar environnemental de l'île.

Il existe 30 000 000 d'espèces vivantes sur Terre, et nous avons la même origine que toutes les autres.

Elliott Norse
Conservation Biology Institute

Dans un tel contexte de croissance économique, on pourrait croire Taïwan suffisamment riche pour se doter des installations nécessaires à la diminution des effets pervers de son développement. Malheureusement pour l'île, dans le contexte de la Nouvelle Économie, la compétitivité est devenue la principale priorité, sinon la seule. Elle entraîne le renoncement à toute réglementation environnementale qui augmente les coûts de production. Les législations « vertes » ayant fait l'objet d'accord avec les gouvernements des pays développés sont abandonnées. Malgré les efforts des environnementalistes, même les

pays riches ne peuvent plus se permettre des contrôles environnementaux stricts.

L'environnement de Jakarta, en Indonésie, est aussi dévasté par les
effets pernicieux de la croissance rapide de l'économie. Selon le Fonds
mondial de la nature, 44 % des espaces d'habitation de l'Indonésie ont
été convertis à d'autres utilisations et la plus grande partie de la forêt
tropicale est perdue. Plusieurs récifs ont été détruits par la dynamite et
la pêche au cyanure.

Parce que c'est l'habitat de très nombreuses espèces
animales, l'Indonésie est l'endroit où on court le plus de
risques de voir des animaux en voie d'extinction. On y
retrouve près de 600 espèces menacées.

Edward Goldsmith
Trade and Environment

Toutes les rivières à Jakarta sont mortes, touchées par les acides, les
alcools industriels et le pétrole. De plus, la ville vit dans un smog permanent. Les mines à ciel ouvert et le déboisement croissant nécessaire
à la construction exposent les terres indonésiennes à l'érosion. À l'été
1997, une forêt ayant la taille de la Belgique a complètement brûlé.

Les lois environnementales sont rarement respectées et les
inspecteurs reçoivent facilement des pots-de-vin de la part des pollueurs. L'Indonésie, comme toute l'Asie du Sud-Est, est dans la course.
Elle connaît la même croissance économique ; elle a contribué à polluer
l'environnement et à produire une classe moyenne consciente de
l'environnement, comme en Occident. Cette classe moyenne attendra-
t-elle le seuil critique avant de passer à l'action ?

Les plantations de café, par leur exploitation «prédatrice», ont ruiné une proportion considérable des sols brésiliens. Dans plusieurs régions, les terres usées par la culture du café sont tellement ruinées qu'elles peuvent difficilement être restaurées. Les producteurs de café sont toujours à la recherche de nouvelles terres, laissant derrière eux des terres érodées ou des sols appauvris.

George Borgstrom
The Hungry Planet

LA MONDIALISATION DES MARCHÉS PASSE PAR L'AUGMENTATION DES EXPORTATIONS

Une grande proportion de la production mondiale est destinée à l'exportation : 33 % du contre-plaqué, 84 % du café, 38 % du poisson, 47 % de la bauxite et de l'alumine, 40 % de l'acier, 46 % du pétrole brut, etc.

Quand on regarde la vitesse avec laquelle la déforestation prend de l'avant, on peut déjà prévoir que les forêts seront éliminées dans la prochaine décennie.

Edward Goldsmith
Trade and Environment

Les récoltes massivement produites pour l'exportation tendent à causer des destructions environnementales terribles, entre autres par l'érosion des sols. Le Midwest américain, où l'on pratique la culture intensive du maïs et des fèves de soya pour l'exportation, sera entièrement privé de sa couche de terre arable d'ici 50 ans, si la tendance se maintient.

L'expansion de plusieurs industries orientées vers l'exportation provoquera une augmentation de toute une série de conséquences environnementales perverses, nuisant à plusieurs aspects de la vie des habitants dans les localités environnantes.

LE BOIS

Le bois d'œuvre est le produit d'exportation par excellence. En Malaisie, plus de la moitié des arbres ont été coupés pour la construction et l'exportation. Cette pratique a rapporté 1 milliard et demi de dollars par année en devises étrangères, mais a entraîné un coût environnemental énorme.

> Il est probable que seule une chute de l'économie mondiale pourra sauver les forêts restantes des coupes.
>
> Edward Goldsmith
> *Trade and Environment*

Il est très peu probable que des mesures efficaces de contrôle de la coupe de bois soient appliquées, car les décideurs sont à la fois les politiciens et les familles détentrices des concessions. Les scieries sont souvent trop puissantes et corrompues pour être contrôlées. On peut en arriver à la conclusion suivante : tant que les exploitants trouveront des marchés pour écouler leur bois, les forêts seront systématiquement détruites.

LE TABAC

Le tabac est une culture d'exportation partout dans le monde. Il compte pour 1,5 % de l'exportation agraire totale. Au Malawi, il représente 55 % des échanges extérieurs. Les coûts les plus importants de la production du tabac, en matière d'environnement, résultent de l'énorme volume de bois nécessaire pour le sécher. Avec 55 mètres cubes de bois coupé, on peut sécher une seule tonne de tabac. Certains estiment à 12 000 kilomètres carrés par année le déboisement nécessaire à cette tâche. D'autres experts estiment qu'il faut 55 000 kilomètres carrés de bois pour répondre à la demande.

Le tabac vide le sol de ses nutriments à un taux plus grand que la plupart des autres plantations.

Robert Goodland
Environmental Management in Tropical Agriculture

LE CAFÉ, L'ARACHIDE

Les plantations d'arachides en Afrique de l'Ouest française fournissent un produit d'exportation de masse. Cependant, on estime qu'après deux années successives de culture d'arachides, une terre a perdu 30 % de sa matière organique et 60 % de son humus. La seconde année, la terre ne produit plus qu'un rendement de 20 % inférieur à la première année. La culture du café est tout aussi destructrice.

LES PÊCHERIES ET LA PRODUCTION INTENSIVE DE CRUSTACÉS

Les prises totales dans le nord-ouest de l'Atlantique ont chuté de près du tiers durant les 20 dernières années. En 1992, le grand banc de pêche de Terre-Neuve a été fermé indéfiniment. En Europe, les stocks de maquereaux dans la mer du Nord ont diminué de 50 % depuis 1960.

L'augmentation de la pêche commerciale dans le sud compense le déclin des stocks de poissons dans le nord. Le volume d'exportation des nations développées a donc pu se multiplier par 4 durant les 20 dernières années. Les pêcheries du sud subissent déjà un certain stress.

L'industrie des crustacés, rapidement développée en Asie et dans certaines régions d'Amérique et d'Afrique, représente un marché d'exportation de plus de 6,6 milliards de dollars.

Aujourd'hui, dans le monde, 9 des 17 principaux bancs de poissons sont menacés d'extinction et 4 sont déjà épuisés commercialement, dont plusieurs de part et d'autres des océans bordant le Canada.

Georg Borgstrom
The Hungry Planet

Ce commerce a entraîné la coupe de près de la moitié des forêts de mandragores du monde, souvent dans le seul but d'accommoder les fermes de crustacés. En Équateur, en 1987, 120 000 hectares de mandragores ont été détruits pour satisfaire à ce besoin. La destruction de mandragores est catastrophique pour les communautés de pêcheurs, car plusieurs espèces animales font partie du cycle de vie de ces forêts. Celles-ci détruites, les prises de pêche tombent de façon draconnienne.

L'élevage intensif des crustacés réduit aussi l'eau fraîche disponible pour l'irrigation des rizières. Il requiert de grandes quantités d'eau fraîche pour offrir aux crustacés un environnement aquatique idéal. Aux Philippines, l'exploitation des nappes phréatiques utilisées dans ce but a causé l'assèchement des rizières du Negros Occidental et d'autres cultures. Par sa faute, l'eau de mer s'introduit dans les terres. Cette industrie produit aussi une pollution chimique, car elle utilise jusqu'à 35 types de produits chimiques et biologiques tels que les désinfectants, les conditionneurs de sol et d'eau, les pesticides, les engrais et les suppléments alimentaires.

L'infiltration de l'eau de mer produite par les fermes est la cause de sérieuses salinisations de la nappe phréatique et des terres avoisinantes, mettant la culture en péril. De plus, la quantité de terre disponible pour l'élevage d'animaux diminue systématiquement au fur et à mesure qu'on les utilise pour l'élevage intensif de crustacés, qui est plus profitable.

Parce que les crustacés sont carnivores et largement nourris par du poisson, ces fermes exercent une pression sur les réserves de poissons dans le monde. En 1997, 15 % des réserves de poissons du monde étaient consommées par les fermes d'élevage de crustacés qui réduisent sérieusement les stocks locaux disponibles de sardines pour la consommation locale.

LE TRANSPORT

Jusqu'à maintenant, nous n'avons considéré que les effets locaux des industries exportatrices. Toutefois, les productions de telles industries doivent être transportées vers les pays qui les importent.

Avec le développement de la Nouvelle Économie, le volume de ces produits et les distances sur lesquelles ils doivent être déplacés pour être distribués sur les marchés d'exportation ne peuvent que s'accroître considérablement. Déjà en 1991, 4 milliards de tonnes de fret exportées par bateau ont requis 8,1 exajoules d'énergie. Cette quantité représente l'utilisation énergétique des économies combinées du Brésil et de la Turquie. Par avion, c'est 70 millions de tonnes de fret qui sont transportées.

L'Union européenne a estimé en 1993 que la création d'une union monétaire en Europe augmenterait le passage de marchandises aux frontières et, par ricochet, la pollution atmosphérique et le bruit de 30 % à 50 %.

De ce côté-ci de l'Atlantique, l'augmentation du commerce entre les États-Unis, le Canada et le Mexique a doublé le transport routier vers la frontière dans les cinq dernières années, et bien avant que les barrières tarifaires eurent été éliminées.

Georg Borgstrom
The Hungry Planet

En Amérique du Sud, l'autoroute transamazonienne est construite dans le but de fournir aux marchés asiatiques plus de bois d'œuvre et de minéraux. Comme les banques mondiales financent les routes pavées dans les forêts primitives, elle rendra accessibles des territoires auparavant intouchés par la coupe de bois, les exploitations minières, l'élevage intensif et l'établissement humain. Or, il s'agit d'une des forêts les plus riches des Tropiques sur le plan biologique.

L'augmentation du transport sera responsable d'un accroissement de la pollution causée par la combustion des matières fossiles, sans compter les déversements accidentels de pétrole et de produits chimiques dangereux en cours de transport. Il est évident que nous devons tenir compte des coûts environnementaux liés à l'accroissement des transports.

L'EFFET PERVERS DE LA LIBÉRALISATION DES ÉCHANGES COMMERCIAUX

Dans les pays développés, les dirigeants politiques nationaux sont de plus en plus confrontés aux effets néfastes de la Nouvelle Économie, dont l'effondrement des réserves de poissons, la diminution de l'eau potable, le manque de nourriture, la fréquence croissante des tempêtes destructrices et le flot régulier des réfugiés internationaux.

Tout au long de l'histoire humaine, la croissance de la population, l'augmentation dans les revenus et le développement des nouvelles technologies étaient tellement lents qu'ils étaient imperceptibles au cours d'une vie humaine. Mais les gains en productivité ont propulsé les processus d'échange à des niveaux incroyablement complexes. La marche du changement dans les trois dernières décennies s'est opérée dans l'élan d'une croissance exponentielle.

Lester Brown, Nicholas Lenssen et Hall Hane
World Watch Institute

Les pays qui s'industrialisent de nos jours le font rapidement parce qu'ils importent directement les nouvelles technologies nécessaires à une société moderne industrielle. C'est à la fois l'effet et la cause de la Nouvelle Économie. Toutefois, leur développement se fait d'une façon anarchique qui ne tient pas compte des contraintes environnementales et des besoins de salubrité nécessaires à la vie humaine et animale.

MOURIR DU SIDA OU DE LA CIGARETTE

Les tendances les plus destructrices dans le monde aujourd'hui peuvent être rattachées, au moins en partie, au style de vie et aux comportements. Parmi ces menaces, on retrouve au premier plan le sida et les cancers du poumon et de la prostate, dont le nombre de victimes augmente rapidement. On ne peut pas dire avec certitude si la prévalence croissante de ces cancers est liée aux conditions de l'environnement, mais on peut dire qu'il existe une corrélation certaine entre environnement et maladies.

En 1994, le nombre de personnes infectées par le sida a augmenté à 26 millions, 4 millions de plus que l'année précédente. On estime que 1,5 million de personnes sont mortes du sida cette année-là.

Fumer la cigarette est l'un des comportements sociaux les plus coûteux. Aux États-Unis, la cigarette tue 417 000 personnes par année (cancer des poumons), en comparaison de 46 000 décès pour le cancer de la prostate et d'environ 70 000 décès pour le sida. Partout dans le monde, la cigarette tue 3 millions de personnes par année. Le sida en tue 1,5 million.

Brown, Lenssen et Hane
Vital Signs

En 1996, plusieurs pays industrialisés utilisaient une taxe pour décourager la consommation de la cigarette. Le Danemark montre le chemin à suivre en imposant une taxe de 3,88 $ par paquet. Les États-Unis, qui semblent pourtant avoir la population la plus consciente de sa santé, ont une taxe de seulement 0,56 $ par paquet, l'une des plus basses au monde. Les compagnies de cigarettes, après des années de négation et de mauvaise foi, reconnaissent enfin les dommages encourus par les fumeurs. Elles ont promis de payer 300 milliards de dollars aux États-Unis — dans les 25 prochaines années — à la condition que certains États refusent de les poursuivre.

LA DÉRÉGLEMENTATION QUI FAIT LE BONHEUR DES UNS

En 1994, l'expansion économique a dépassé la croissance de la population pour la première fois depuis 1990. Les pays industrialisés ont connu une croissance de 2,5 %, en comparaison de 5 % ou 6 % dans les pays émergents.

Dans les pays développés, notamment en Europe, les réglementations mises de l'avant au cours des dernières décennies visent à protéger les intérêts des travailleurs, les chômeurs, les pauvres, les personnes faibles et malades, ainsi que l'environnement. Cependant, les gens d'affaires combatifs dans leur marché considèrent ces réglementations comme des barrières étatiques de type socialiste. Dans leur esprit, elles ne servent qu'à tirer parti de l'augmentation des coûts pour renflouer les finances publiques et elles réduisent la compétitivité de leur industrie. Cette attitude répandue des chefs d'entreprise a contribué à exercer des pressions contre les réglementations dans le but de les amender le plus rapidement possible. Et dans plusieurs endroits, ils y sont parvenus.

« Déréglementation » a été le mot d'ordre des 15 dernières années aux États-Unis et au Royaume-Uni. Pour n'en donner qu'un exemple, un conseil américain sur la compétitivité, appuyé du vice-président Quayle, a obtenu plus d'une centaine d'amendements au « Clear Air Act » durant les années 1990.

À l'échelle mondiale, les effets de la déréglementation peuvent être évalués à partir de l'expérience vécue dans les zones de libre-échange ou les zones franches d'exportation qui sont maintenant au nombre de 200 dans le tiers-monde, stratégiquement situées près des centres de communications. À l'intérieur de ces zones, les industries étrangères sont invitées à investir et à s'établir sans la moindre entrave réglementaire pour protéger les intérêts du travail ou de l'environnement. Partout où ces zones ont été établies, il existe une dévastation environnementale d'envergure, dirions-nous, industrielle.

L'impératif de la déréglementation pour les gouvernements nationaux trouve notamment sa source dans les conditions imposées par leurs partenaires sous l'Accord général sur les tarifs douaniers et commerciaux (AGETAC). Dans son rapport sur les barrières tarifaires américaines, l'Union européenne suggère que les commissaires devraient contourner un grand nombre de lois américaines et californiennes que l'on peut facilement taxer de barrières illégales selon les conditions de l'AGETAC. Ces lois incluent le California's Safe Drinking Water and Toxic Enforcement Act (proposition 65), qui impose aux entreprises de mettre des étiquettes d'avertissement sur les produits contenant des substances carcinogéniques connues.

Beaucoup d'autres lois sont visées, comme la Gas Guzzler et les autres taxes du genre, dont le but est de pousser les constructeurs automobiles à fabriquer des voitures plus petites et plus efficaces. Le but ultime de ces taxes est de réduire le degré de pollution dans les villes en coupant les émissions de gaz à effet de serre.

Bien sûr, l'Union européenne espère contourner d'autres lois fédérales américaines, qu'elles visent la non-prolifération nucléaire ou la protection des stocks de poissons par l'imposition de limites à l'utilisation de larges filets et d'autres outils qui conduisent à la surexploitation de cette ressource en déclin.

L'Union européenne tente également de faire déclarer illégal le Marine Mammal Protection Act (MMPA). Cette loi américaine limite le nombre de dauphins pouvant être tués lors de la pêche au thon dans les pays qui en font l'exportation aux États-Unis. En 1991, le Mexique a réussi à contester cette loi devant un comité de l'AGETAC, mais la décision du comité fut heureusement bloquée en raison de détails techniques. On estime que 80 % de toute la législation environnementale américaine pourrait être contestée de cette manière par les partenaires commerciaux. En retour, ces derniers subissent le même traitement de la part des États-Unis.

Les conséquences environnementales de la compétitivité et de la déréglementation croissantes dans les industries d'exportation sont illustrées par l'expérience des pays du tiers-monde qui, durant les 10 dernières années, ont été sujettes aux programmes d'ajustement structurel du Fonds monétaire international (FMI) et de la Banque mondiale. Walden Bello décrit en détail les dévastations environnementales survenues au Chili en conséquence de l'application successive de ces programmes.

Les gouvernements sont peu pressés de négocier avec ce qui semble un nombre sans fin de possibilités associées aux contradictions entre nous-mêmes et les systèmes naturels desquels nous dépendons. Les défis les plus grands sont les besoins de stabiliser la population, de freiner le climat de changement et de protéger la diversité de la vie animale et végétale. Chacun de ces défis est difficile à relever. Il n'est pas surprenant de constater que plusieurs dirigeants politiques se trouvent débordés par ce qui est une donnée complexe de notre environnement qui nous confronte.

Brown, Lenssen et Hane
Vital Signs

Un autre exemple : le Costa Rica s'est vu imposer pas moins de 9 programmes du FMI et de la Banque mondiale entre 1980 et 1989. L'augmentation des exportations a été réalisable grâce à l'expansion de l'industrie de la banane et des fermes d'élevage. Ce pays a grandement été bénéficiaire de subsides — forme d'intervention gouvernementale que les commerçants du libre commerce ne semble pas désapprouver — qui totalisent le tiers des crédits accordés à l'agriculture. L'expansion s'est ainsi développée au prix de la diminution des forêts qui couvraient 50 % du territoire en 1970, mais 37 % en 1987. L'augmentation de la production de bananes a, elle aussi, été destructrice pour l'environnement. L'énorme quantité d'engrais chimiques et de pesticides qui ont été utilisés à cette seule fin sont simplement nettoyés par les rivières et aboutissent dans la mer, ce qui entraîne, entre autres choses, la destruction des récifs de corail. Dans certains endroits, jusqu'à 90 % d'entre eux ont été annihilés.

LES RÉGLEMENTATIONS QUI FONT LE MALHEUR DES AUTRES

Des comités européens ont sérieusement douté de l'efficacité des réglementations environnementales actuelles. Ces réglementations demandent pourtant à être renforcées.

Dans le contexte de la mondialisation des marchés, aucun pays ne peut, seul, renforcer avec efficacité ses réglementations en matière de pollution environnementale. Un tel effort aurait pour tout effet d'augmenter ses coûts de production et revient ni plus ni moins à se donner à soi-même un « désavantage comparatif » vis-à-vis des pays exportateurs concurrents.

Un rapport provenant de ces comités montre qu'il y a eu 13 % d'augmentation des déchets municipaux entre 1986 et 1991, 35 % d'augmentation de pluies acides entre 1970 et 1985 et 63 % d'augmentation de l'utilisation d'engrais entre 1986 et 1991. On croit que ce taux de croissance continue des émissions de dioxyde de carbone augmentera de 20 % vers 2010, ce qui rendra impossible l'engagement de l'Union européenne visant à stabiliser ses propres émissions pour l'an 2000.

Edward Goldsmith
Trade and Environment

L'Union européenne et le Japon ont proposé d'adopter une taxe internationale sur les combustibles fossiles afin de réduire les émissions de dioxyde de carbone. Les États-Unis ont répliqué qu'il était impossible d'imposer une telle taxe aux Américains, car cette mesure serait politiquement suicidaire. Ne voulant pas s'imposer une taxe à eux seuls, le Japon et l'Union européenne ont laissé tomber l'idée. Les combustibles fossiles et les émissions de dioxyde de carbone demeurent ainsi complètement hors de contrôle. Il en est de même pour tous les gaz à effet de serre.

Bref, l'attitude compétitive fondamentale des joueurs mondiaux sape les efforts écologiques mondiaux.

ALLONS-NOUS HARMONISER LES STANDARDS INTERNATIONAUX ?

Le libre-échange mondial a été institutionnalisé par une série d'accords tels que le « Federal Trade Agreement » (FTA) entre les États-Unis et le Canada dans le domaine de l'automobile, l'Accord de libre-échange nord-américain (ALENA) et l'AGETAC. Ces traités de libre-échange sont réalisés et promus par des associations d'affaires pour lesquelles les réglementations environnementales ne sont rien de plus que des charges devant être réduites au minimum.

Dans ce contexte, des négociations ont conduit à la signature de traités commerciaux qui exigent que les conditions environnementales soient évitées autant que possible. Dans le cadre du FTA, le gouvernement canadien tente de justifier cette approche par le fait qu'il s'agit d'accords commerciaux et que l'environnement n'est pas, dans ces conditions, un sujet de négociation !

Il n'est pas surprenant de constater que le mot «environnement» n'apparaît pas dans le mandat de l'AGETAC et qu'il n'est pas non plus mentionné dans la constitution de l'Organisation mondiale du commerce (OMC), mais simplement appliqué dans le préambule. Bien entendu, les pressions publiques ont forcé les technocrates à conserver certaines considérations des affaires environnementales et à parler d'un éventuel «GATT Vert» (GATT = AGETAC). Mais, lorsque vient le temps d'adopter des standards environnementaux négatifs pour les coûts de l'industrie, ils sont systématiquement rejetés. En 1971, le Secrétariat de l'AGETAC a établi qu'il était inadmissible d'augmenter les tarifs pour tenir compte des coûts d'abattement de la pollution produite. En 1972, il a refusé d'accepter le principe du pollueur payeur, même si le Conseil l'avait adopté la même année.

 L'AGETAC est renégocié sans aucune considération des effets environnementaux. Les institutions gouvernementales qui ont la responsabilité des négociations commerciales n'ont ni le mandat de s'intéresser à l'environnement ni l'expertise pour le faire. Les organisations environnementales ne sont pas consultées et on ne leur donne pas la chance de commenter les propositions variées avancées par leurs gouvernements respectifs. La participation est restreinte aux grandes entreprises et aux associations commerciales, dont les projets visent essentiellement la croissance économique, la maximisation des profits et la déréglementation.

Le Conseil de l'OCDE

Il n'est pas surprenant de constater que les standards internationaux sur la salubrité de la nourriture établis par le Codex Alimentarius ne sont pas conçus pour encourager les pays à améliorer leurs normes environnementales. Ils poussent au contraire au laxisme, pour réduire les coûts de l'industrie.

Ainsi, 42 % du Codex sur les pesticides contient des normes inférieures à l'Environment Protection Agency (EPA) et aux standards de la Federal Drug Administration (FDA). Dans certains pays, sur la foi du Codex, on pourrait multiplier par 50 la quantité de DDT utilisée sur les pêches et les bananes. Les normes américaines sont considérées comme trop strictes et sont défiées dans le seul intérêt de l'harmonisation des normes locales aux standards minimaux internationaux.

Dans ces conditions, il est clair qu'il n'y a aucun moyen de protéger l'environnement dans le contexte de la Nouvelle Économie.

Le commerce international s'est multiplié par 11 fois depuis 1950 et la croissance économique par 5. Toujours durant cette période, il y a eu une augmentation sans précédent de la pauvreté, du non-emploi, de la désintégration sociale et de la destruction environnementale.

Edward Goldsmith
Trade and Environment

LA MULTIPLICATION DES TRAITÉS ENVIRONNEMENTAUX

Le Protocole de 1987 de Montréal sur la diminution de la couche d'ozone est le plus notable succès à ce jour. Cet accord sur les chloro-fluorocarbones a entraîné une diminution de ces émissions de 77 % par rapport à leur sommet de 1988.

Figure 5.5
Cumulatif des traités environnementaux internationaux de 1950 à 1994

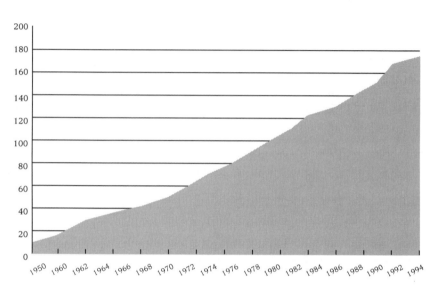

S'il est vrai que le monde consomme de plus en plus de pétrole, de gaz naturel et de charbon, il est aussi vrai que les taux de croissance de la consommation d'énergies renouvelables — vent, soleil, et géothermie — sont encore supérieurs. C'est la principale conclusion d'un volumineux rapport sur la santé et l'environnement dans le monde publié par le World Watch Institute, organisme de recherche indépendant installé à Washington.

Les consommations de gaz, de charbon et de pétrole ont augmenté respectivement de 4,5 %, 2,3 % et de 1,8 % en 1996, atteignant des niveaux records. Mais, en même temps, la géothermie affiche un taux de croissance de 5,5 %, l'énergie solaire s'est développée de 16 % et la consommation d'énergie éolienne affiche une progression record de 25 %.

L'énergie éolienne s'est notamment développée en Allemagne, qui dépasse les États-Unis pour le nombre de ses installations. L'Inde occupe le troisième rang des pays utilisant ce mode de production naturel, devant le Danemark. Le rapport du World Watch Institute ne se limite pas aux nouvelles sources d'énergie : il examine toutes les données disponibles sur la santé et l'environnement, et présente la vision d'un monde en meilleure santé qu'on ne pourrait le croire, malgré les records atteints par les émissions de carbone ou l'épidémie du sida.

Si les autoroutes n'ont jamais été aussi encombrées, la production mondiale de bicyclettes demeure encore trois fois supérieure à celle des automobiles. Avec une hausse de 80 millions de la population mondiale en 1996, contre 87 millions en 1995, la croissance démographique ralentit, l'économie mondiale est en croissance et la production d'armes décroît.

On assiste à une véritable percée des énergies renouvelables. Les énergies solaire et éolienne pourraient se trouver dans une phase de transition et sortir de leur statut de sources minoritaires d'énergie.

Christopher Flavin
La Presse

Cependant, le monde ne pourra pas continuer longtemps à consommer plus que ce que ses ressources lui permettent, avertit dans son avant-propos le président du World Watch Institute, Lester Brown. Il faut trouver comment nous pouvons changer.

VIEILLIR EN AMÉRIQUE

LE BULLDOZER DÉMOGRAPHIQUE

La longévité fascine. Quatre ans de plus et Jeanne Calment, décédée en août 1997 à l'âge de 122 ans, aurait été le premier être humain connu à chevaucher trois siècles. La vénération manifestée à l'égard de nos patriarches est plus qu'anodine : elle montre que l'âge extrême que chacun peut espérer atteindre a des conséquences non seulement sur l'appréhension que nous éprouvons à l'égard de notre mortalité, mais aussi sur notre compréhension de l'espérance de vie (soit l'âge moyen auquel une personne peut espérer vivre). Ce concept est utilisé par les démographes et permet de mieux comprendre les populations et les sociétés.

Il y a à peine une trentaine d'années, il était inconcevable qu'une personne puisse vivre plus de 110 ans. Mais, l'âge limite fut lentement repoussé jusqu'à 115 ans. Au décès de madame Calment, il fallut de nouveau mettre à jour la table de mortalité des démographes. Une tendance de plus en plus évidente se dessine : le nombre de personnes destinées à vivre jusqu'à un âge avancé ne cessera d'augmenter dans les prochaines années. Ce groupe de personnes est en constante progression dans la plupart des sociétés occidentales.

Ce chapitre présente les tendances démographiques déjà perceptibles et celles qui surviendront dans un avenir prévisible. Nous verrons la configuration de la population canadienne et ses répercussions sur notre société dans un avenir rapproché.

DES PRÉVISIONS INCERTAINES

Les démographes classent les gens d'une société en cohortes d'âges. Dans la mesure où l'on est en mesure d'établir l'impact des événements qui influent sur les gens, nous pouvons mieux comprendre ce qui les motive et mieux cerner les causes et les raisons des comportements qu'ils adoptent.

David Foot
Entre le boom et l'écho

Plusieurs analystes considèrent les tendances démographiques déterminantes pour prédire l'évolution des différents marchés nord-américains. Malgré leur poids, cependant, on doit user de prudence dans l'interprétation de ces tendances lourdes.

Selon William A. Sherden[49], les prévisions, en ce qui concerne le profil démographique futur des cohortes qui existent déjà, sont très justes. Dans ce cas, le taux d'erreur varie de 1 % à 3 % sur un horizon de 10 à 20 années. Le taux d'erreur pour les cohortes qui n'existent pas encore est toutefois de l'ordre de 30 % à 50 % pour la même période.

Les périodes de croissance régulières permettent plus d'exactitude dans les prévisions que les périodes de grands changements. L'exactitude des prévisions est moins grande quand la croissance des populations considérées est rapide. Enfin, plus la cible est grande et plus l'exactitude des prévisions est juste.

Pour les raisons suivantes, Sherden considère que les démographes ne possèdent pas plus d'habiletés à prévoir l'avenir que les autres :

- Leurs prédictions ne sont exactes que lorsqu'elles sont produites à l'aide de méthodes simples et naïves.

- Les démographes sont incapables de prévoir des phénomènes comme le baby-boom et le *baby bust*.

- Leurs prédictions présentent des biais conjoncturels, puisqu'elles reflètent seulement les tendances existant au moment de leur formulation.

- Les démographes n'ont fait aucun progrès dans l'exactitude de leurs prévisions depuis que des données sont recensées, soit depuis 60 ans.

Samuel H. Preston[50] cite l'exemple d'une prédiction erronée avancée par des démographes, qui illustre bien les limites des études démographiques portant sur l'immigration. Selon les tendances observées, pour répondre à la demande, l'État de la Californie aurait eu à ouvrir de nouvelles classes scolaires tous les jours pour les cinq prochaines années.

David Foot nous invite à nuancer cette critique : c'est justement parce que les décideurs ne tiennent pas compte des observations des démographes, affirme-t-il, que des décisions politiques malheureuses sont prises.

LE PROFIL NORD-AMÉRICAIN

Ces mises en garde formulées, examinons les différentes cohortes qui composent actuellement les sociétés canadienne, québécoise et américaine afin de nous faire une meilleure idée du futur de l'Amérique du Nord.

LA PREMIÈRE COHORTE : LES CITOYENS NÉS AVANT 1914

Nous avons la fâcheuse habitude de considérer les personnes âgées de 65 ans et plus comme si elles étaient toutes semblables. Nous devrions normalement reconnaître que les gens nés avant 1914, c'est-à-dire ceux qui ont aujourd'hui 85 ans et plus, n'ont souvent rien en commun avec les gens de 65 ans, dont ils sont après tout les parents. Pourtant, nous avons tendance à classer les personnes âgées de 65 ans et plus dans le même groupe. Non seulement sont-elles différentes, mais elles ont des besoins différents.

Figure 6.1
Répartition des cohortes d'âges en 1996 au Canada selon David Foot

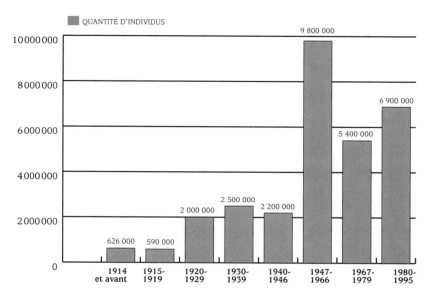

Les personnes de 80 ans et plus constituent un mince segment de la cohorte des plus de 65 ans, parce que ces derniers sont nés dans une période de boom économique et que cette période de notre histoire a été marquée par un haut **taux de naissance** (rapport entre le nombre de naissances et le chiffre de la population cible, pour une période donnée) accompagné d'une **forte immigration**. Ces conditions sont vraies pour le Canada, les États-Unis, la Nouvelle-Zélande et l'Australie, pays qui ont accueilli beaucoup d'immigrants depuis le début du siècle.

En 1996, on retrouve 626 000 membres de cette cohorte au Canada. En outre, parce que les femmes dans ce groupe ont une espérance de vie supérieure de six ans à celle des hommes, elles y sont de beaucoup majoritaires. Plusieurs femmes appartenant à cette cohorte ont travaillé en dehors de la maison. Malheureusement, elles se sont mariées à des hommes qui, au moment de leur décès, n'avaient pas contribué à un régime de pension de retraite transférable. Cela explique la grande pauvreté généralisée chez les femmes âgées.

LES ENFANTS DE LA PREMIÈRE GUERRE (1915-1919)

Lorsqu'on analyse la distribution des âges dans notre société (figure 6.1), on s'aperçoit qu'une cohorte de personnes âgées se démarque des autres par sa petitesse : celle des personnes nées entre 1915 et 1919. Durant la Première Guerre mondiale, un bon nombre d'hommes furent appelés sous les drapeaux et peu de femmes canadiennes enfantèrent durant cette période. On compte 590 000 membres de cette cohorte vivant au Canada.

LES ENFANTS DES ANNÉES 1920

La période des années folles (1920-1929) correspond à la première véritable révolution sexuelle. Elle suit le retour des hommes ayant participé à la Grande Guerre. Une augmentation du taux des naissances se manifeste durant ces années. Les enfants issus de ces mariages du «retour des *boys*» sont devenus les cadres des années 1970. Ils ont réellement pu profiter de la croissance économique d'après-guerre et ont eu de meilleures chances de s'établir dans la vie que ceux qui sont nés avant eux, dans les années 1910.

Les personnes nées dans les années 1920 étaient au nombre de 2,0 millions en 1996. Elles contribuèrent directement à produire le baby-boom qui débuta en 1946, au Canada.

LES ENFANTS DE LA GRANDE DÉPRESSION (1930-1939)

Les bébés de la génération suivante, celle de la Grande Dépression (1930-1939), ont vécu et grandi durant une période économique difficile. Plusieurs jeunes couples ne disposaient pas des moyens financiers nécessaires pour avoir des enfants. Ces conditions économiques ont fait diminuer le taux de fécondité[51]. Le taux de fécondité est le nombre moyen d'enfants que les femmes auront durant leur vie. Un taux de 2,1 est nécessaire au renouvellement d'une population. Ce taux permet de compenser pour les enfants qui ne vivent pas jusqu'à l'âge de procréation et de remplacer les deux parents.

Néanmoins, ceux qui sont nés à cette époque sont littéralement devenus un groupe de chanceux dans la vie. Malgré un départ difficile, ils ont eu les meilleures possibilités dont on puisse rêver. Ils n'ont évidemment pas eu à faire la guerre, en raison de leur jeune âge, mais ils ont profité directement de la reconstruction. Ils y ont travaillé durant les années 1950 et 1960. Ces personnes sont devenues les citoyens du troisième âge durant le milieu des années 1990 et profitent encore des avantages que notre société procure à ses retraités.

Les enfants de la Grande Dépression n'ont jamais eu à se poser de questions pour se trouver du travail ou pour le conserver et progresser dans les organisations. Mais, plusieurs d'entre eux restent très économes pour avoir connu l'insécurité et les privations de cette époque.

David Foot
Entre le boom et l'écho

Après la Deuxième Guerre, la société canadienne et les autres nations de l'Occident ont connu une croissance et une évolution telles que tous les projets d'avenir semblaient permis. On ne voyait même pas comment la croissance économique pourrait un jour trouver un point d'arrêt.

Certains enfants de la Grande Dépression ne réalisent pas encore à quel point leur succès est grandement dû au fait d'avoir simplement pu faire partie d'une petite cohorte qui, n'ayant pas connu de compétition, a permis à chacun de toujours être à la bonne place au bon moment, car c'est facile lorsqu'il n'y a pas de compétition.

David Foot
Entre le boom et l'écho

Les membres de cette cohorte n'ont jamais eu à se préoccuper de leur promotion, car les organisations qui les employaient étaient généralement, elles aussi, en constante progression. C'était l'époque où on travaillait pour la même entreprise sa vie durant.

En 1996, il y avait 2,5 millions de citoyens canadiens issus de la Grande Dépression. Ils conservent, encore aujourd'hui, les emplois de cadres dans les grandes institutions et les grandes entreprises, même si nombre d'entre eux prennent leur retraite, selon la tendance actuelle.

LES ENFANTS DE LA DEUXIÈME GUERRE (1940-1946)

Cette cohorte précède immédiatement celle de la génération du baby-boom et était composée de 2,2 millions de personnes en 1996. Les naissances furent moins nombreuses durant la Deuxième Guerre mondiale (1939-1945). Le Canada envoya cependant un moins grand nombre de citoyens de l'autre côté de l'Atlantique que durant la Première Guerre. En outre, moins de Canadiens perdirent la vie durant la Deuxième Guerre (42 042 hommes) que durant la précédente (60 661 hommes).

LA GÉNÉRATION DU BABY-BOOM (1947-1966)

Les baby-boomers au Canada (1947-1966) et aux États-Unis (1946-1964) constituent une cohorte à tel point énorme que certains prêtent à celle-ci des caractéristiques particulières. Mais seul le grand nombre de ses membres distingue cette génération des cohortes précédentes. En 1996, 2 millions de Canadiens appartenaient à ce groupe.

Il semble difficile d'imaginer qu'au plus fort de l'explosion démographique, les femmes ont eu chacune, en moyenne, quatre enfants. Ensemble, elles donnèrent naissance à près de 400 000 enfants chaque année, avec un sommet de 479 000 bébés en 1959. La plus importante cohorte au Canada reste toutefois celle de 1961, avec 482 600 enfants, car elle intègre aussi un groupe d'immigrants nés ailleurs dans le monde pendant cette même année.

La génération du baby-boom comporte 9,8 millions de personnes et forme actuellement presque le tiers de la population canadienne. Le Canada a été le théâtre de la plus forte poussée démographique des pays occidentaux. Seuls trois autres pays occidentaux ont connu un baby-boom : les États-Unis, l'Australie et la Nouvelle-Zélande. Leurs nombreux immigrants étaient généralement dans la vingtaine, l'âge où l'on donne traditionnellement naissance à des enfants.

La cohorte des boomers se divise en deux sous-groupes. Les *front-end* boomers avaient plus de 45 ans en 1996. Ils ne partagent pas les expériences de vie ni même les attitudes culturelles de ceux de moins de 45 ans.

Parmi les baby-boomers, ceux qui avaient 30 à 35 ans en 1996 composent un groupe particulier, car ils sont nombreux et relativement défavorisés. Nés entre 1961 et 1966, ils forment — avec la génération suivante — ce que l'on appelle «la génération X». Ces jeunes sont souvent perçus différemment, comme s'ils ne faisaient pas partie de la cohorte du baby-boom, simplement parce qu'ils n'ont pas eu la même chance que leurs prédécesseurs.

La masse des *front-end* boomers occupent les meilleurs emplois. Ils ont contribué directement à pousser à la hausse les prix des maisons à un niveau hors des moyens des boomers tardifs. En somme, lorsque vous êtes de ce dernier groupe, il y a de fortes chances que la vie ait été, et soit encore, une lutte.

Si vous êtes un baby-boomer tardif, vous devez vous rappeler, lorsque vous souffrerez de ne pas trouver de travail ou de ne pas pouvoir faire avancer votre carrière comme vous le désirez — ou comme vous pensez que vous devriez le faire –, que ces difficultés ne sont pas directement liées à vos compétences, mais plus probablement à l'importance démographique de la cohorte à laquelle vous appartenez. Ce qui vous arrive n'est pas nécessairement votre faute…

L'EFFONDREMENT DE LA NATALITÉ (1967-1979)

Les enfants des premiers *boomers* forment ce que David Foot appelle le *baby-bust* (1967 à 1979). Cette cohorte résulte d'une libération sexuelle liée à trois facteurs : le contrôle des naissances, grâce à l'utilisation de la pilule anticonceptionnelle à partir de 1961, l'augmentation de la participation des femmes au travail à l'extérieur du foyer familial (sans arrêt pour élever les enfants) et le déclin du taux de fécondité depuis les années 1960. C'est ainsi que la petite cohorte issue de l'effondrement de la natalité ne comprenait que 5,4 millions de personnes en 1996.

LA GÉNÉRATION DE L'APRÈS-BABY-BOOM (1980-1995)

Après avoir eu leurs premiers enfants durant les années 1970, les baby-boomers ont produit une poussée démographique de moindre ampleur, le *Baby Boom Echo* (1980-1995). Au sommet de ce mini boom, ils ont donné naissance à 406 000 enfants, à l'intérieur d'une population totale de 27,5 millions. En comparaison, leurs parents avaient enfanté 479 000 nouveau-nés en 1959, dans une population de 17,5 millions.

En 1996, il y avait 6,9 millions de membres de la génération de l'après-baby-boom. Ces enfants fréquentent actuellement l'école et font l'objet de nombreuses préoccupations. Ce sont en grande partie les enfants de familles monoparentales (environ 50 %) et de familles reconstituées.

Les enfants du millénaire (1995-2010) suivront ces derniers, mais ils formeront sans l'ombre d'un doute un groupe plus petit.

LE FOSSÉ INTERGÉNÉRATIONNEL

Une des adversités de la vie la plus difficile à vivre pour un membre de la génération du baby-boom est le fossé qui le sépare de ses enfants. Les baby-boomers s'expliquent mal, en effet, pourquoi leurs enfants, maintenant qu'ils sont parvenus dans la vingtaine, restent encore à la maison.

Un des motifs de cette incompréhension intergénérationnelle réside dans le fait que plusieurs boomers sont convaincus, tout comme l'étaient leurs propres parents, que leur succès professionnel est lié directement à leurs seuls mérites. Lorsqu'ils voient leurs fils ou leurs filles décrocher de leurs études ou lorsqu'ils assistent, impuissants, au fait que leurs enfants ne se trouvent pas rapidement un travail (cela prend en moyenne de 18 à 24 mois), ils croient sincèrement que c'est la conséquence d'un manque de motivation et d'ambition. À leurs yeux, leurs enfants sont paresseux. Cela leur est insupportable, car, dans sa sagesse, le baby-boomer sait l'importance qu'il y a, dans la vie, à acquérir son indépendance personnelle grâce à l'indépendance financière. Mais, cette vision des choses ne résiste pas aux phénomènes démographiques et à la réalité du marché du travail.

La motivation et l'ambition sont surtout le reflet d'un environnement stimulant et des possibilités générées par le marché du travail ; elles dépendent moins des caractéristiques personnelles que l'on a tendance à le croire. Pour plusieurs analystes, seules les occasions manqueraient aux enfants de la génération X, car ces derniers ne sont pas, somme toute, si différents de leurs parents. L'étude de la démographie apporte une lueur d'espoir, car une pénurie de main-d'œuvre compétente pointe à l'horizon. Dans 10 ans, les jeunes d'aujourd'hui seront en demande. Mais que feront-ils en attendant ? Seront-ils seulement capables d'attendre ?

Un autre facteur explique les divergences qui séparent les baby-boomers de leurs enfants. Il existe réellement des différences marquées sur le plan des valeurs et des attitudes par rapport à la vie. Les jeunes gens de 18 ou 19 ans qui fréquentent l'université, par exemple, n'ont jamais tant pensé à l'argent qu'aujourd'hui. Un sondage annuel de l'Université de la Californie à Los Angeles[52] (UCLA) mené chez 250 000 étudiants révèle un revirement complet des valeurs entre 1968 et 1998. En 1968, plus des trois quarts des étudiants croyaient que l'éducation avait pour but l'acquisition d'une bonne philosophie de vie ; moins de la moitié étudiaient pour assurer leur sécurité financière. En 1998, les étudiants pensent proportionnellement le contraire !

Une proportion record (40 %) d'étudiants ont l'intention de faire des études de second cycle. De plus, ils sont beaucoup moins intéressés à la politique que leurs homologues de 1968. À cette époque, plus de la moitié des étudiants considéraient comme un objectif très important de se tenir au courant des questions politiques de son temps. Aujourd'hui, un maigre 27 % des étudiants pensent de cette façon.

Selon les chercheurs, le matérialisme et l'apathie des étudiants reflètent un phénomène semblable observable dans toute la société actuelle. Les chercheurs sont pessimistes quant à l'avenir. Quelle sera la société de demain si les jeunes d'aujourd'hui ne pensent qu'à faire de l'argent? Ce point de vue demande toutefois à être nuancé, particulièrement dans le contexte canadien où les 18-30 ans connaissent un taux de chômage de 25 % à 30 %. Avec d'aussi maigres perspectives d'emploi, il est normal de se préoccuper davantage de questions financières !

Si les baby-boomers considèrent que leurs enfants ont eu la vie facile, qu'en pensent les jeunes eux-mêmes? Selon Jean-Marc Léger[53], les jeunes ont une perception d'eux-mêmes très différente de celle de leurs parents. Le tableau 6.1 présente les résultats d'un sondage qu'il a mené en 1997 auprès de jeunes nés entre 1962 et 1979. On constate que seulement 7 % des baby-busters et des derniers membres de la génération du baby-boom répondent réellement aux caractéristiques de la génération X décrites en 1991 par le romancier Douglas Coupland.

Ce qui caractérise les baby-busters, c'est la liberté totale dans laquelle ils ont grandi. Ces jeunes n'ont pas reçu de leurs parents des modèles sûrs à suivre et s'en trouvent perturbés : ils doivent littéralement créer leur propre cheminement. D'autre part, ils ne peuvent pas profiter des conditions facilitantes dont leurs parents ont bénéficié pour s'orienter dans leur vie professionnelle. Par conséquent, ils sont beaucoup plus débrouillards et créatifs qu'on ne l'a cru jusqu'à maintenant.

TABLEAU 6.1

Caractéristiques des 18-35 ans selon Jean-Marc Léger (1997)

Catégorie	Pourcentage	Caractéristiques
Fonceurs	24 %	Ce sont des ambitieux préoccupés par le succès, l'argent et l'entrepreneurship.
Spirituels	23 %	Ils se caractérisent surtout par une spiritualité différente de celle de leurs aînés. Ils privilégient le mariage et les activités sociales.
Émotifs	21 %	Ils partagent principalement des valeurs d'amour, se sentent concernés par la pauvreté et la lutte à la violence et rejettent toutes les valeurs de la réussite, du travail et de l'argent.
Intimistes	13 %	Ils véhiculent des valeurs de fidélité et de mariage, veulent avoir des enfants et sont à la recherche de loisirs familiaux.
Humanistes	12 %	Ils se battent pour des valeurs sociales comme la lutte au chômage, à la violence, à la pauvreté et au sida. Ils sont préoccupés par la culture et les arts et ne veulent surtout pas former de famille ni avoir d'enfants.
Génération X (définition de Coupland)	7 %	Ils rejettent les valeurs de l'argent, de la religion, de la famille ou les causes sociales. Ils sont détachés, indifférents, et se sentent rejetés par le reste de la société.

Les 18-35 ans ont des idées bien arrêtées. Ils critiquent durement les relations extraconjugales, l'homosexualité et l'alcoolisme. Ils ont un style de vie traditionnel et consomment des produits éprouvés. De plus, ils sont fidèles à leurs marques préférées tout en recherchant les aubaines.

Les jeunes tendent vers la droite, tant au travail et à la maison qu'en politique. Ils sont perturbés. Ils recherchent le plaisir. Ils ne prennent pas le temps de vivre et de sortir. Ils sont endettés et calculent davantage leurs dépenses que leurs aînés. Malheureusement, étouffés par les dettes, plusieurs pensent sérieusement à faire faillite, et un nombre grandissant, voyant l'impossibilité d'entrer sur le marché du travail, s'abandonnent à faire le saut.

De façon générale, ces jeunes se disent plus travaillants, plus énergiques, plus ambitieux et plus motivés que leurs aînés. Ils se considèrent dynamiques, optimistes et créatifs. Cette génération pense qu'elle est plus informée, plus exigeante et plus réfléchie que celle du baby-boom. Ceux qui la composent veulent être leurs propres patrons, recherchent un travail agréable, veulent expérimenter et élargir leur culture personnelle ; ils conservent dans leur poche un plan de carrière.

Si les baby-boomers ont une perception inexacte des membres de cette génération, et en ont fait des incompris, c'est surtout parce qu'ils ont fixé leur attention sur les seuls marginaux et les individus colorés de cette cohorte (les 7 %). Ils ne les ont pas suffisamment observés dans leur ensemble et n'ont pas appris à connaître les autres.

À cet égard, Kathy Bushouse[54] souligne que les gestionnaires d'entreprise qui ont à superviser les baby-busters à leur arrivée sur le marché du travail font face à un épineux problème : ils doivent pour la première fois travailler avec un groupe de personnes qu'ils ont de la difficulté à comprendre et qui, paradoxalement, sont leurs enfants.

Il semble bien que les baby-busters n'aiment pas être réglementés par une organisation ou qui que ce soit. Ils veulent gérer leur propre vie. En outre, ils sont impatients d'obtenir des promotions et veulent profiter rapidement des avantages que leur procurent les organisations.

Ils demandent beaucoup de rétroaction au travail, ont besoin de beaucoup d'encadrement, et ils l'exigent sans pouvoir attendre. Quand nous lisons ces faits, nous devons nous rappeler que ces attitudes, aussi étranges puissent-elles nous paraître au premier abord, sont congruentes avec la manière dont les baby-busters ont été éduqués. Enthousiastes, ils cherchent constamment à se dépasser, et lorsqu'on réussit à concrétiser directement leurs «motivations intrinsèques», ça marche.

Les conflits de générations vécus au travail peuvent être perçus comme des comportements déloyaux. Toutefois, le baby-buster les interprète comme de la flexibilité. Ce qui est perçu comme un conflit n'est en réalité qu'une incompréhension reposant sur une différence de perspective. Le baby-buster refuse la notion de *conflit* : il n'y a pour lui que des problèmes de *communication*.

Les gestionnaires qui travaillent avec les jeunes travailleurs reconnaissent qu'il existe des différences entre les générations, mais ils soutiennent qu'il est facile de faire des aménagements pour créer un environnement de travail plaisant pour tous. En concordance avec leur âge, ces jeunes ne se prennent pas au sérieux et ils sont particulièrement intéressés à faire des expériences dans la vraie vie et dans l'organisation. Avec ces jeunes, la qualité de la communication est la clé, quelle que soit la relation. Les gestionnaires affrontent ainsi des défis de taille.

Actuellement, il manque aux jeunes ce dont ils ont désespérément besoin : un mentor. Les entreprises privées et publiques désirent se départir de leurs employés coûteux et offrent, dans ce but, d'attrayants programmes de retraite. Ceux qui se penchent sur la question considèrent que ce n'est pas une bonne stratégie de redressement pour le bien-être à court terme et à long terme des organisations. En particulier, les baby-busters perdent la possibilité de faire reposer leurs appropriations, leurs relations, leurs décisions et leurs actions sur des modèles de comportement ayant fait leurs preuves par le passé dans l'environnement de l'organisation.

En raison des départs massifs des employés à la retraite, le transfert des connaissances entre les générations ne pourra pas être réalisé d'une façon efficace, et les organisations vont en souffrir. Par conséquent, il y aura des coûts associés à ces décisions de gestion de ressources humaines.

Kathy Bushouse
The Gazette

LA DÉMOGRAPHIE EXPLIQUE TOUT OU PRESQUE

Selon le démographe canadien David Foot[55], les phénomènes démographiques permettraient à eux seuls d'expliquer plus des deux tiers de tous les phénomènes économiques que nous pouvons observer. Ils nous aident, par exemple, à comprendre pourquoi certains produits sont en demande aujourd'hui et, plus intéressant encore, à connaître les produits qui seront en demande dans cinq ans. Un exemple ? En raison de leur nombre, lorsque les baby-boomers s'intéressent à un produit ou à une idée nouvelle, il n'y a pas d'autre choix : il faut s'y arrêter. Non pas parce que l'idée ou le produit sont si brillants ou importants en soi, mais simplement parce que tout le monde en parle !

Malgré l'intérêt évident de cette approche basée sur des tendances lourdes, nous ne partageons pas entièrement l'optimisme de Foot. Il faut être prudent dans les prévisions de la demande, car plusieurs facteurs interviennent dans une réalité économique pour produire de nouvelles réalités et de nouvelles tendances. L'étude de la démographie s'avère certes utile pour déterminer les comportements des grands ensembles, mais elle est limitée quant à l'anticipation de la demande pour des produits encore inexistants.

Ainsi, la démographie facilite la planification des politiques sociales. Elle permet de dire avec exactitude, plusieurs années d'avance, quel sera le nombre d'inscriptions dans les écoles primaires et secondaires, de déterminer le type de drogues qui poseront des problèmes dans les rues dans 10 ans et de prévoir le type de crimes qui connaîtront une croissance ou une diminution. Selon David Foot, tenir compte de la démographie du pays permettrait de gouverner plus efficacement le Canada.

Il est important de comprendre les tendances et de saisir la force de la démographie sur nos propres projets et nos prévisions d'avenir. Ne pas tenir compte des facteurs démographiques peut simplement conduire à prendre les mauvaises décisions de placement, de carrière ou de retraite. Il est important de comprendre que les changements dans les différents marchés sont des tendances à long terme et non des relations de cause à effet directes.

Voici une constatation intéressante : plus on regarde loin en avant dans le temps, plus les changements démographiques les plus pertinents sont faciles à utiliser. Par exemple, comme le relève David Foot, les microbrasseries ont vu le jour en répondant avec flexibilité à la formidable occasion qui se présentait pour elles d'occuper une niche abandonnée par les grands fabricants indifférents aux petits marchés. Le marché de la bière s'est effectivement écrasé en regard de la stratégie de commercialisation que les grandes brasseries adoptèrent sans tenir compte de l'évolution du marché et des goûts. Mais, la transition aurait pu être moins douloureuse si ces brasseries avaient simplement anticipé les changements démographiques. Maintenant, elles doivent composer avec l'inéluctable, et la brasserie Molson-O'Keefe, après avoir perdu des parts de marché, va profiter de la déréglementation pour centraliser sa production à Toronto.

Pourquoi les brasseurs, sachant que la population vieillissait, ne se sont pas lancés dans la mise en marché de bières raffinées ? Personne, à partir des données démographiques, n'aurait pu prévoir l'émergence d'un nouveau besoin, lié semble-t-il à l'âge de la clientèle visée. Il est illusoire de croire que des besoins pour des produits particuliers dépendent de l'âge. Nous pouvons prévoir la demande pour des sports comme le tennis ou le golf. Mais pour le reste, il est impossible de prévoir à partir de l'âge si les gens vont préférer vivre en ville ou à la campagne. L'âge n'est pas indicatif du style de vie, il l'est seulement du niveau de vie.

De plus, les projections démographiques ne sont pas toujours aussi précises que celles que nous venons d'illustrer. Il arrive que certaines tendances auxquelles on n'avait pas pensé jouent un rôle imprévu et rendent les prévisions difficiles à faire. Par exemple, l'intense compétition, au sein de l'énorme masse de baby-boomers, pour un petit nombre d'emplois de cadres fait en sorte que plusieurs personnes doivent travailler plus durement que jamais pour faire avancer leur carrière ou simplement pour conserver leur emploi.

Dans ce contexte, sûres d'elles, compétentes et frustrées de ne pas pouvoir être promues, plusieurs personnes ont quitté les grandes organisations pour fonder leur propre entreprise à partir de leur domicile. Ce phénomène nouveau se répercute dans les domaines de l'immobilier et de l'habitation : la maison qui comptait cinq chambres hier devient la maison de trois chambres et de deux bureaux.

Cela est aussi vrai pour les boomers tardifs qui ont dans la trentaine. Ces «jeunes» doivent travailler à la maison, mais ils n'ont pas de maison. Ils choisissent donc leur appartement en fonction des caractéristiques propices à l'établissement d'un bureau à domicile.

AINSI VA LA VIE

Le cycle de vie typique d'un adulte suit six étapes principales[56]. Premièrement, le jeune adulte cherche à entrer sur le marché du travail. Les gens de cette cohorte n'ont pas beaucoup d'argent. Ils doivent rembourser les emprunts contractés pendant leurs études et ils doivent faire des dépenses de consommation pour s'établir dans la vie. Les gens de 25 à 35 ans cherchent ensuite à s'établir en faisant l'acquisition de leur première maison. Ces jeunes reçoivent un salaire suffisant pour payer une hypothèque. Les 35-45 ans se retrouvent dans une période de consolidation. En général, ils terminent leurs principaux achats de biens de consommation durables, arrêtent d'emprunter, remboursent leurs dettes et commencent à épargner.

Les gens de 45 à 55 ans ont plus d'argent, en moyenne, qu'en toute autre époque de leur vie, en raison des salaires qui ont augmenté. Ils prennent conscience qu'ils doivent planifier leur retraite. Les gens ayant 55 à 65 ans se préparent normalement à la retraite. Ils voient leurs revenus diminuer en raison des départs à la retraite précoces. À 65 ans, les gens cessent de travailler, et leurs revenus dépendent désormais du style de vie adopté, du travail passé et des épargnes accumulées. Bien entendu, ce tableau typique correspond à la réalité dans une conjoncture économique stable. Dans la société actuelle, certaines distorsions se produisent.

La démographie, la technologie et l'emploi ont toujours été liés par des relations d'influence plus ou moins grandes. Les transformations démographiques ont un effet marqué sur la technologie et sur l'emploi. Dans une société constituée d'un grand nombre de jeunes travailleurs, l'emploi est peu abondant et la main-d'œuvre peu coûteuse[57].

Au début de sa vie active, on dépense tout l'argent que l'on gagne pour s'établir et fonder éventuellement une famille. À cette époque de la vie, lorsque l'on réussit à trouver du travail, c'est souvent au niveau d'entrée d'un métier qui procure un salaire peu élevé. Le jeune fait souvent face à la nécessité d'emprunter et réussit rarement à économiser. Il a peu ou pas d'argent à investir.

Lorsque la moitié de la population d'un pays est composée de jeunes, seule une petite partie des citoyens épargnent ; le coût du capital de risque s'établit à un taux plus élevé qu'ailleurs en raison de sa rareté. Dans un tel pays, les taux d'intérêt sont élevés et le rendement sur l'investissement est faible.

Pour toutes ces raisons, David Foot considère que le Canada est devenu ces dernières années un pays peu compétitif en raison de ses taux d'intérêt élevés. Malgré des profils démographiques semblables, des pays comme le Japon et l'Allemagne ont pu compter sur un capital plus facile d'accès en raison d'une économie plus forte.

Ainsi, du seul point de vue démographique, l'intérêt pour les États-Unis et le Canada de participer à l'Accord de libre-échange nord-américain (ALENA) est d'appartenir à un groupe de pays aux profils démographiques différents. Un pays beaucoup plus jeune que le Canada ou les États-Unis, comme le Mexique, est intéressé d'intégrer son économie à des voisins industrialisés aussi riches parce qu'il souhaite tout simplement trouver les moyens de créer des emplois pour ses jeunes.

Tous les pays industrialisés, incluant le Canada, vont subir une pression énorme de l'immigration en provenance de l'Afrique et de l'Asie.

Richard Worzel
The Next Twenty Years of your Life

UN AVENIR SOMBRE POUR L'AMÉRIQUE DU NORD

Certains démographes dépeignent un avenir sombre pour le Canada. Selon une de leurs projections, s'il n'y avait pas actuellement d'immigration, la population du Canada arrêterait de croître en 2011 et le dernier Canadien mourrait en 2786.

De nombreuses personnes s'inquiètent du faible taux de natalité du Québec. Elles croient que l'on peut déjà prévoir l'extinction de sa population. Mais, une confusion règne dans leur esprit entre deux expressions utilisées en démographie : le taux de fécondité et le taux de naissance. La première désigne le nombre de naissances par femme et la seconde, le ratio des naissances par rapport à la population étudiée.

Le taux de fécondité au Canada a été de 1,7 bébé par femme au cours des dernières décennies. C'est, nous en convenons, très en dessous des 2,1 bébés par femme nécessaires pour maintenir la population. Un taux de fécondité peu élevé fournit ainsi des arguments pour maintenir un niveau d'immigration élevé : il s'agit de compenser l'excès des décès sur les naissances. Retenons toutefois que, même dans les pays en voie de développement, le taux de fécondité est en baisse.

Figure 6.2
Taux de fécondité dans le monde (1997)[58]

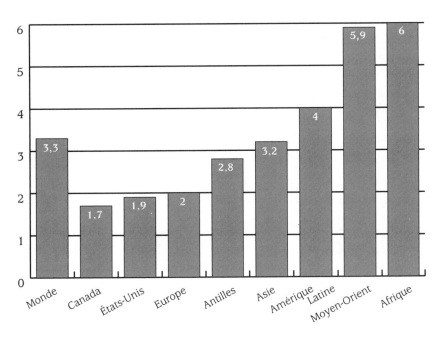

Pourtant, malgré le faible taux de fécondité des femmes canadiennes, la population augmenterait au pays même en l'absence d'immigration. Au Canada, l'écart entre le taux de natalité et le taux de mortalité est un des plus élevés de tous les pays industrialisés, c'est-à-dire que le nombre des naissances est de beaucoup supérieur au chiffre des décès.

Dans le milieu des années 1990, 12 % de la population canadienne était âgée de 65 ans et plus. En Suède, l'un des plus vieux pays du monde (en matière de démographie), cette cohorte représentait 18 % de la population. Aussi, ce n'est qu'en 2020 que le taux de personnes âgées au Canada atteindra celui de la Suède d'aujourd'hui.

L'AVENIR DÉMOGRAPHIQUE DU QUÉBEC

Le Québec connaît actuellement une baisse de sa croissance démographique. En 1996, avec 7,4 millions de personnes, la population du Québec avait progressé de 309 000 personnes depuis 1991, ce qui correspond à une croissance d'environ 60 000 personnes par année. Selon les projections du Bureau de la statistique du Québec, la population du Québec atteindrait 7,7 millions en 2001 et passerait le cap du 8 millions en 2011. Cette évolution résulterait de trois facteurs interreliés :

- Le ralentissement progressif de la croissance de la population totale.

- La réduction de l'accroissement naturel en raison d'une baisse de la fécondité. Le surplus annuel des naissances sur les décès devrait être d'environ 286 000 personnes dans les 5 prochaines années et pourrait chuter à 172 000 personnes entre les années 2006 et 2011.

- L'augmentation de l'immigration. Si le *solde migratoire* atteint le niveau projeté, il jouera un rôle plus important dans la dynamique démographique.

Alors que, dans les années 1990, l'accroissement naturel dépasse l'accroissement migratoire, un renversement de la situation s'annonce pour la première décennie du siècle prochain.

Somme toute, il s'agit d'une croissance positive qui ralentit doucement. Le ralentissement de la croissance démographique est le produit d'une baisse de la fécondité durant les années 1960 et 1970, et ce ralentissement se poursuivra par l'augmentation des décès.

Bien que la fécondité des Québécoises soit sous le seuil de remplacement des générations depuis 1970, le nombre des naissances reste bien supérieur au nombre des décès. Présentement, la structure par âge est encore plus favorable à la natalité qu'à la mortalité. Cela s'explique par le fait que de nombreuses femmes provenant de la cohorte du baby-boom ont des enfants (le *Baby Boom Echo*).

Le nombre de décès augmente régulièrement, mais lentement, au fur et à mesure que vieillissent les cohortes. De moins de 60 000, le nombre annuel de décès pourrait passer à 100 000 personnes dans 50 ans.

On ne sait pas précisément quand les décès vont surpasser les naissances. Si on conserve un taux de fécondité de 1,6, ce pourrait être dans la décennie 2020, mais si la fécondité devait diminuer à 1,45, ce sera plutôt vers 2015. Si on avait un retour de la fécondité à un niveau plus élevé, disons à deux enfants par femme, la tendance serait renversée et pourrait présenter une croissance positive nette.

Bureau de la statistique du Québec

Au Québec, le vieillissement de la population suscite des préoccupations quant aux coûts de la santé et de la retraite ainsi qu'à la capacité d'adaptation d'une main-d'œuvre âgée. Le nombre de personnes de 56 ans et plus augmentera de près de 100 000 annuellement entre 1996 et 2001. En 2002, le Québec devrait compter plus d'un million de personnes âgées; elles étaient 574 000 en 1981.

Au Québec, la baisse de fécondité survenue dans les années 1960 et 1970 produit une pyramide des âges avec une base rétrécie — elle a donc une forme cylindrique plutôt que pyramidale. Les premiers membres de la génération du baby-boom commencent à prendre leur retraite.

Les groupes en forte augmentation sont les cohortes des 40-59 ans, qui auront crû de plus de 100 000 personnes par année au cours de la période de 1991-2001. Les cohortes en diminution sont les 25-34 ans (baby-busters). Les cohortes de moins de 25 ans ne subissent pas de variation aussi forte au cours de cette période.

Il s'agit d'un processus normal lié à la diminution de la mortalité et accentué par les bonheurs de la fécondité. L'amélioration des conditions sociosanitaires et les progrès technomédicaux remettent la mort à plus tard et repoussent l'âge extrême auquel on peut espérer vivre.

Au Québec, en 1931, trois personnes sur dix décédaient avant 45 ans et près de deux sur dix mouraient avant 65 ans. En 1961, une seule personne sur dix décédait avant 45 ans et deux sur dix avant 65 ans. Selon le taux de mortalité observé en 1991, 95 % des gens survivent jusqu'à 45 ans et, chez ces derniers, seulement une personne sur dix meurt avant 65 ans.

Le vieillissement de la population québécoise est certain. C'est l'une des tendances centrales qui marquent son évolution démographique.

Bureau de la statistique du Québec

TABLEAU 6.2

Évolution de la mortalité au Québec

Période	Décès avant 45 ans	Décès entre 45 et 65 ans
1931	3 personnes sur 10	2 personnes sur 10
1961	1 personne sur 10	2 personnes sur 10
1991	0,05 personne sur 10	1 personne sur 10
2021 (estimation)	0,01 personne sur 10	0,5 personne sur 10

Au Québec, les gens vivent de plus en plus longtemps. Maintenant, une personne de 65 ans a une espérance de vie de 15 ans et 50 % des chances d'atteindre 80 ans. En 2010, elle aura une espérance de 17 années de vie et une probabilité de 60 % d'atteindre l'âge de 80 ans. Pour les femmes, c'est encore mieux. En 1991, une femme de 65 ans pouvait espérer vivre encore 20 années, et 70 % de toutes les femmes atteignaient 80 ans. En 2011, on parlera plutôt de 22 années de vie, et 75 % se rendront à 80 ans.

L'EFFET DU VIEILLISSEMENT SUR LA RICHESSE

La richesse personnelle est taxée à un taux beaucoup plus bas au Canada que dans d'autres pays comme la Suisse et les États-Unis. Parmi 22 pays, le Canada est placé au 21e rang pour les revenus obtenus à partir de la richesse personnelle.

Lorsque le Canada a promulgué sa loi sur les pensions de retraite dans les années 1920, l'espérance de vie des Canadiens n'était que de 61 ans. Dans les années 1990, l'espérance de vie pour les hommes et les femmes réunis est de 78 ans. La durée moyenne de la période au cours de laquelle un Canadien peut espérer recevoir une pension de retraite est maintenant de 13 ans.

Des réformes s'implantent donc pour réduire l'accessibilité aux différentes formes de prestations. La modification des critères comprend l'augmentation de l'âge d'admissibilité et la réduction des paiements de transfert pour les Canadiens qui reçoivent des revenus élevés. Lorsque la population vieillit, un gouvernement peut considérer d'augmenter l'impôt sur les intérêts, les dividendes, les gains en capital et les bénéfices des entreprises. Il peut aussi considérer de taxer les biens de consommation qui ne sont pas généralement taxés.

Pour les deux ou trois prochaines décennies, les baby-boomers seront travailleurs, contribuables et épargnants. David Foot fait remarquer que, parce que plus de Canadiens épargneront dans les prochaines années, il y aura plus d'argent disponible pour le capital d'investissement, ce qui permettra au Canada de devenir plus compétitif et plus productif. Les taux d'intérêt devraient rester bas pour cette raison.

L'ESSOR D'UNE GÉRONTOCRATIE

Les premiers baby-boomers vont atteindre 65 ans vers l'an 2012. Le «pouvoir gris» va alors réellement commencer, pour atteindre son sommet vers l'an 2031, au moment où tous les boomers seront à l'âge de la retraite. Les autres baby-boomers auront à charge les générations de l'effondrement de la natalité et de l'après baby-boom, au dire de Samuel H. Preston[59].

Les sociétés ont presque toujours été dominées par le poids des jeunes, mais la responsabilité politique revenait aux aînés. En raison du baby-boom, cette tendance séculaire va changer radicalement. Pour sa part, Lester. C. Thurow[60] souligne qu'une nouvelle classe de personnes est en train de créer une société nouveau genre : une société dirigée par les aînés, une société **gérontocratique**[61].

Aux États-Unis, le Bureau de recensement projette que la population, de 266 millions, passera à 394 millions en l'an 2050. Cette projection dépasse de 34 millions celle de la Sécurité sociale. Le taux de fécondité des femmes américaines a été, comme partout en Occident, en dessous du niveau nécessaire au remplacement de la population. Les tendances de l'espérance de vie sont toutefois moins certaines. Aux États-Unis, l'espérance de vie moyenne était de 48 ans en 1900 ; elle est maintenant de 76 ans et ne cessera d'augmenter.

La population américaine est en situation de vieillissement rapide et il va continuer d'en être ainsi pour le prochain demi-siècle. Entre 1995 et 2010, la population des 65 ans et plus croîtra de seulement 6 millions de personnes, pour atteindre 39,4 millions. Par contre, entre 2010 et 2030, avec le vieillissement des baby-boomers, leur nombre passera à 69,3 millions.

TABLEAU 6.3

Distribution de la population américaine par cohorte en 2017 selon Richard Worzel[62] (1997)

Groupe d'âge	Nom du groupe	Cohorte	Pourcentage de la population en 2017
1937 et avant	Avant la Deuxième Guerre mondiale	80 ans et +	4 %
1938 à 1946	Enfants de la guerre	71 à 79 ans	6 %
1947 à 1957	Première demie des boomers	60 à 70 ans	13 %
1958 à 1967	Deuxième demie des boomers	50 à 59 ans	15 %
1968 à 1979	Baby-bust	38 à 49 ans	16 %
1980 à 1994	Écho du baby-boom	23 à 37 ans	20 %
1995 à 2006	Deuxième baby-bust	11 à 22 ans	14 %
2007 et après	Deuxième écho	0 à 10 ans	12 %

Pendant ce temps, la population en âge de travailler (20 à 59 ans) demeurera stationnaire à 160 millions de personnes. Aux alentours des années 2030, il y aura, pour la première fois, un plus grand nombre de personnes âgées de 65 ans et plus que d'enfants de moins de 18 ans.

Toutefois, il est faux de croire que le vieillissement de la population est dû au seul vieillissement des baby-boomers, prétend David Foot. La population occidentale vieillit parce que le taux de fécondité et le taux de mortalité sont en dessous de leurs niveaux historiques moyens. Ainsi, sans un taux de fécondité en croissance, la population ne pourra pas redevenir plus jeune, même après que les *boomers* auront quitté en masse.

Les systèmes de la sécurité sociale et médicale sont les deux plus importants programmes fédéraux financés en proportion des services rendus. Entre 2010 et 2030, ces deux systèmes connaîtront de vives pressions à la fois économiques et politiques. Nous pouvons prévoir que, pour des raisons liées au vieillissement, les Américains accepteront d'accueillir plus de jeunes immigrants de manière à développer le taux de naissance. Auront-ils vraiment un autre choix?

Pour l'instant, la solution envisagée est de redéfinir l'âge de la retraite obligatoire et les critères d'admissibilité aux prestations de la sécurité du revenu.

Carte surprise

La *bioengineering* et la thérapie génique vont commencer à révéler leurs promesses permettant de nous en servir pour résoudre certains problèmes à venir. On peut se demander quel sera l'impact des découvertes d'envergure dans ce domaine sur le vieillissement de la population.

Aux États-Unis, la réflexion en cours sur la manière d'aider la population âgée conduit à s'interroger sur sa composition raciale et ethnique. On peut déjà prévoir que, vers l'an 2050, les Blancs non hispanophones ne représenteront plus que 53 % de la population, comparativement à 74 % en 1997. Ils seront plus fortement représentés chez les plus de 65 ans que chez les moins de 30 ans. Les Noirs, cependant, continueront de représenter à peu près le même pourcentage de la population qu'aujourd'hui, soit 12,6 %, contre 15,4 %.

Aux États-Unis, les démographes ne s'entendent pas bien sur les données à utiliser pour produire leurs projections. Ils ont le choix entre les données produites par le Bureau de recensement ou celles projetées par la Sécurité sociale. Ils peuvent, par exemple, retenir les données de la Sécurité sociale sur la fécondité (1,9 enfant par femme en l'an 2050 contre 2,24 enfants projetés par le Bureau de recensement), mais préférer les projections du Bureau de recensement sur la mortalité (moyenne d'espérance de vie de 82 ans par rapport à 80 ans selon la Sécurité sociale). On peut faire dire plusieurs choses, parfois contradictoires, aux chiffres choisis.

Le remplacement des Caucasiens par les Sino-Américains ne posera probablement pas de problèmes parce que ces nouveaux immigrants s'assimilent à la société américaine comme les Européens l'ont fait. Pour de nombreux Américains d'origine chinoise ou hispanique, l'identité ethnique sera diluée par les mariages interethniques. En 1990, pour la cohorte des 20-29 ans, 67 % des Sino-Américains et 38 % des Américains d'origine hispanique se mariaient déjà en dehors de leur groupe ethnique d'origine. Seulement 3 % des gens de race noire en faisaient autant. Ce phénomène reflète sans doute l'isolation sociale et résidentielle dont ces derniers sont l'objet.

TOUS AU SERVICE DES BABY-BOOMERS

Les baby-boomers forment un grand groupe influent et lorsqu'ils seront économiquement inactifs, ils exigeront un volume croissant de services sociaux et de soins de santé et dépendront largement du gouvernement pour l'essentiel de leurs revenus.

Il s'agit d'une classe de révolutionnaires dans la société occidentale. Lorsqu'ils étaient jeunes, ils remettaient en question la société, ils voulaient changer le monde et saboter le système de l'intérieur. Ils ne savent pas à quel point ils réussiront ultimement leur projet de jeunesse à la fin de leur vie ! Et surtout, ils ne se doutent pas de quelle manière ils y arriveront. Ils vont effectivement faire s'écrouler le système de la sécurité sociale, détruire les finances publiques, altérer la distribution du pouvoir d'achat et menacer les investissements dont une société a besoin pour assurer son succès.

Au début des années 1900, seulement 4 % de la population avait 65 ans et plus. Aujourd'hui, c'est 13 %. Dans plusieurs pays occidentaux, la proportion de la population ayant plus de 65 ans va doubler vers 2025 ; aux États-Unis, les personnes âgées formeront près de 20 % de la population. Les nations composées d'une plus forte proportion de citoyens âgés doivent compenser pour l'augmentation du nombre de retraités en améliorant la productivité de ceux qui travaillent.

Si nous regardons 20 ans en avant, nous réalisons immédiatement à quel point nous nous dirigeons vers une sérieuse crise des finances publiques ; et si nous regardons 30 ans en avant, nous nous demandons comment le pays pourra survivre et être sauvé.

Paul Krugman
The New York Times Book Review

En moyenne, les 65 ans et plus recevront 41 % de leur revenu du gouvernement. Seulement 35 % d'entre eux vivront de régimes de pensions privés. Les besoins et les demandes des personnes âgées ont déjà bousculé l'allocation des ressources des services sociaux, causant un déséquilibre. Dans l'avenir, l'ampleur des dépenses attribuables aux personnes âgées va limiter les dépenses gouvernementales en infrastructures, en éducation, en recherche et développement, qui passeront de 24 % à 15 % du budget fédéral en seulement 20 ans.

Pendant ce temps, les politiciens américains promettent encore qu'ils vont aussi réduire les taxes, mais personne ne les croit vraiment. Plus de la moitié des dépenses fédérales hors la défense nationale et la dette publique serviront d'une manière ou d'une autre aux personnes du troisième âge, sous forme de prestations de sécurité sociale et de soins médicaux.

Le programme Medicaid, généralement décrit comme une assurance médicale pour les pauvres, se transforme en programme d'aide pour les aînés : une part croissante des allocations paient les services des infirmières à domicile œuvrant auprès de retraités de la classe moyenne ou supérieure.

L'effet du vieillissement sur le budget fédéral américain est facile à calculer, mais il est si imposant qu'il défie toute compréhension. Ces transferts de paiements devraient passer de 17 % en 1995 à 35 %, puis à 55 % vers l'année 2040. Et ces projections ne tiennent même pas compte du coût des maisons d'accueil, des services sociaux et des pensions de retraite des militaires, qui devraient croître aussi avec les cohortes.

Il y a un nombre moins grand de personnes âgées souffrant de maladies graves qu'il y a 15 ans. Ce phénomène semble refléter les progrès de la médecine et l'augmentation du degré d'instruction des gens ayant atteint l'âge de la retraite.

Gene Koretz
Business Week

On croit que les programmes de sécurité du revenu et de services sociaux dans lesquels les travailleurs investissent sont faits pour leur procurer une retraite paisible. Mais ce n'est pas le cas : une caisse de retraite permettant de payer les bénéfices que le programme promet devrait accumuler d'énormes réserves pour remplir ses engagements. Sortant une autre statistique spectaculaire, Peterson note encore que, si Medicaid et la Sécurité sociale avaient à obéir aux règles qui s'appliquent aux fonds privés, ce n'est pas le déficit officiellement rapporté de 150 milliards auquel nous aurions droit, mais bien à un manque à gagner de 1,5 trillion de dollars !

En d'autres mots, quelle que soit la solidité apparente des finances publiques, le gouvernement fédéral américain vit déjà au-dessus de ses moyens. Pendant que la présente génération de retraités profite très bien des bienfaits de l'État, les promesses faites à ceux qui travaillent maintenant ne pourront jamais être honorées.

Il est difficile d'imaginer que les personnes âgées vont accepter un niveau de vie inférieur à celui qu'elles ont. Il est difficile d'imaginer que les jeunes électeurs vont accepter l'énorme augmentation des taux d'imposition pour soutenir le niveau de vie promis aux baby-boomers. Il est tout aussi inconcevable que le gouvernement américain cède à la tentation d'imprimer l'argent nécessaire pour répondre à la demande, au risque de créer une inflation incontrôlable. Les issues possibles semblent toutes aussi improbables.

Les tendances insoutenables tendent à ne pas être soutenues.

Herbert Stein
Économiste

OÙ VIVRONS-NOUS ?

- À quoi ressembleront les villes de l'avenir ?

- Où fera-t-il bon vivre ?

- Où travaillerons-nous, à quoi ressemblera le « bourg du futur » ?

- Quels sont les facteurs de développement des villes du futur ?

- Comment les organisations choisiront-elles leurs sites d'établissement ?

- Comment les villes évolueront-elles ?

- Qui vivra dans les villes ?

LES GRANDES VILLES FONT « BOOM » !

Les changements démographiques entraîneront des transformations radicales dans notre existence ; ils toucheront notre style et notre niveau de vie. Ils ont déjà transformé le paysage de notre environnement social et physique et continueront à le faire encore longtemps.

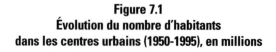

Figure 7.1
Évolution du nombre d'habitants
dans les centres urbains (1950-1995), en millions

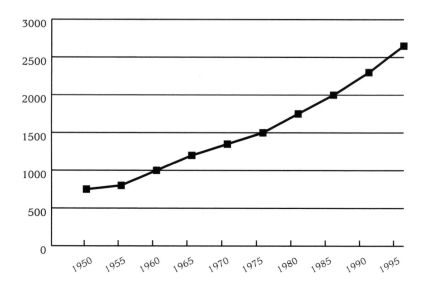

Depuis 1950, la population des régions urbaines est passée de 737 millions à 2,6 milliards d'habitants. La proportion de la population urbaine sur la population totale est passée de 29 % à 45 %. Les Nations Unies estiment que, vers l'an 2025, 60 % de la population mondiale vivra dans des agglomérations urbaines.

En 1950, il y avait dans le monde deux mégalopoles : New York, avec 12,3 millions d'habitants, et Londres, qui en comptait presque 9 millions. En 2015, on prévoit qu'il y aura 33 mégalopoles. On pouvait trouver seulement 5 villes de 4 millions d'habitants et plus ; aujourd'hui, on peut en visiter 43. Entre 1950 et 1990, le nombre de personnes vivant dans les villes de 4 millions d'habitants et plus est passé de 88 à 495 millions. La croissance la plus forte s'est faite dans les régions industrielles développées.

Figure 7.2
Évolution entre 1950 et 1995 du nombre de villes
de 4 millions d'habitants et plus

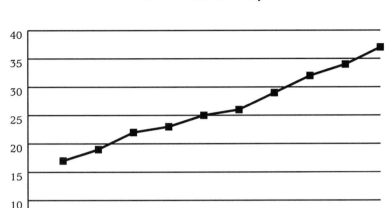

Le déplacement des populations sur un territoire comprend l'immi-gration et l'émigration. On projette des déplacements de population importants dans l'avenir. La figure 7.3 illustre ce phénomène croissant partout dans le monde entre 1960 et 1994. Selon Charles Fausold et Robert Lilieholm[63], les gouvernements ont longtemps reconnu la nécessité de préserver certains espaces disponibles en raison de leur importance stratégique pour la production de biens et de services (par exemple la nourriture), la pratique d'activités récréatives et l'évolution démographique.

Le profil de l'installation des populations s'est radicalement transfor-mé au cours du XXe siècle. En Amérique du Nord, les gens tendent à se déplacer de l'est vers l'ouest et du nord au sud. Aux États-Unis, au cours des années 1980, trois États situés dans l'ouest et le sud, soit la Californie, la Floride et le Texas, ont contribué pour plus de 50 % à la croissance démographique et économique américaine, avec un impact concomitant sur les autres facteurs de croissance. Les technologies actuellement disponibles permettent aux travailleurs et aux entreprises une certaine liberté de choix quant à leur lieu de travail et de vie.

Déjà, depuis le début du siècle, la population des villes s'est accrue plus vite que celle des banlieues. Vers 1990, les agglomérations métropolitaines de un million d'habitants et plus comptaient sur leur territoire plus de 50 % de la population américaine. Ces tendances se maintiendront-elles? Et quel en est l'effet sur les entreprises traditionnelles et sur leurs décisions de localisation?

Figure 7.3
Évolution du nombre de réfugiés
(en millions) dans le monde (1960-1994)

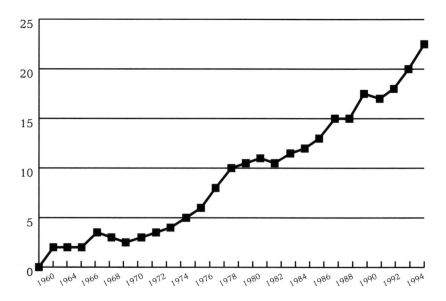

Lorsqu'elles se localisent, les entreprises cherchent à établir un équilibre entre diverses considérations : distribution d'un produit, intrants, coût du travail ou fiscalité. Le choix d'un emplacement est manifestement stratégique.

La révolution communicationnelle actuelle contribue à la décentralisation de l'entreprise traditionnelle, grâce à une séparation physique des différents centres d'exploitation et de contrôle ou, encore, grâce à l'impartition de fonctions particulières à des sous-traitants. Le siège décisionnel cède la place à un réseau de décisions où chacune des composantes de l'organisation répond à un besoin appelant une localisation particulière. L'exemple classique est celui du bureau commercial d'une banque ou d'une compagnie d'assurances situé au milieu du centre nerveux congestionné d'une grande ville, alors que les services administratifs se trouvent dans une région rurale éloignée ou même dans un autre pays.

Figure 7.4
Les plus grandes agglomérations urbaines en 2015[64]

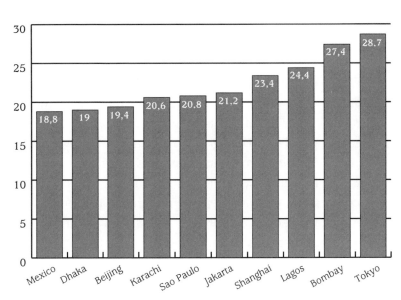

Comment ces changements dans le choix des lieux d'affaires, et de la maison familiale, vont-ils ultimement influer sur la configuration de l'étalement urbain autour des métropoles d'Amérique?

Les technologies de l'information ne garantissent pas le sauvetage de l'économie rurale américaine.

Office of Technology Assessment

UNE VILLE JARDIN

Pour Vital Rybczynski[65], les répercussions des facteurs démographiques sur le secteur immobilier contribueront à la création d'«enclaves urbaines» par des regroupements de propriétaires fonciers qui administreront les aires communes et qui chercheront à faire respecter des règlements établis par eux seuls. Il est possible d'imaginer toutes sortes de combinaisons d'installations urbaines répondant à des besoins particuliers, comme des regroupements de personnes âgées ou de familles riches.

Une tendance certaine se manifeste dans ce domaine avec l'apparition de «développements immobiliers d'intérêts communs» dans les villes et les banlieues. Elle sera de plus en plus forte, au fur et à mesure que vieillira la population. Les agréments de telles enclaves incluent non seulement les jardins, mais aussi les aires récréatives comme les terrains de golf, les courts de tennis, les chemins de randonnée et les piscines. L'association des propriétaires administre les services communs, comme la collection des ordures ménagères et l'entretien des routes, et s'occupe de toutes les fonctions normalement assumées par les municipalités.

Aux alentours des années 2000, on a estimé que près de 30 % de la population américaine vivra dans l'une ou l'autre de ces formes d'associations communautaires.

Vital Rybczynski

D'après l'Office of Technology Assessment, aux États-Unis, il existe actuellement près de 130 000 «développements immobiliers d'intérêts communs» qui abritent 30 millions de personnes. Ce phénomène n'est cependant pas nouveau. Dans les années 1880, des communautés formées de gens provenant des classes socioéconomiques supérieures et moyennes supérieures ont vu le jour à Winnetka, à Highland Park et à Lake Forest, en banlieue de Chicago, dans l'État de l'Illinois. Dès 1869, des promoteurs américains ont imaginé et réalisé des enclaves semblables pour des communautés partageant des visions particulières. Ces «villes jardins» furent pensées et planifiées en fonction d'une faible densité de population, dans le but avoué d'éviter la surpopulation des villes industrielles.

Ces enclaves étaient ceinturées de jardins de manière à protéger l'environnement naturel immédiat. Elles incluaient les entreprises et les commerces qui procuraient l'emploi à leurs habitants. Ces associations de propriétaires ne sont pas seulement l'expression de la recherche d'une vision harmonieuse du monde passé et présent, mais aussi une tendance lourde qui définira l'avenir de l'habitation américaine et occidentale.

LE RUÉE VERS L'OUEST AMÉRICAIN

Pour sa part, Timothy Egan[66] fait remarquer qu'il existe une véritable ruée vers l'Ouest américain. La tendance actuelle est l'expansion et l'épanouissement de plusieurs villes de l'Ouest américain. Phœnix comptait 2000 habitants en 1950; elle est aujourd'hui une agglomération urbaine qui a trois fois la taille de San Francisco. Ces communautés ont souhaité construire un nouveau genre de ville américaine dans le désert et, à l'image de Seattle, Salt Lake City et Denver, elles sont proches de la nature, vivables et viables.

Il n'en est pas de même partout, et le «syndrome de Los Angeles» atteint plusieurs «villes champignons»: les alertes d'air toxique, la congestion dans les rues, la disparition des espaces verts et ouverts, l'énorme gouffre entre les riches et les pauvres sont devenus des symptômes impossibles à éviter ou à nier.

La contrepartie à cet idéal des « développements immobiliers d'intérêts communs » est que ces enclaves de développement urbaines vont accentuer davantage les inégalités existant entre les communautés riches et les pauvres.

Vital Rybczynski
City Life

Les 13 États de l'Ouest américain sont rapidement devenus les régions les plus urbanisées en Amérique. Il y a à peine 60 ans, un peu plus de 50 % des gens qui vivaient dans l'Ouest s'étaient établis dans des villes. Aujourd'hui, 86 % des gens résident dans des aires urbaines. L'Utah, à 87 %, a un plus haut taux d'urbanisation que New York avec 80 % de citadins.

L'Ouest américain urbain est le théâtre de 6 des 15 plus fortes croissances métropolitaines des États-Unis. Ce sont les villes «tendances» de l'Amérique. Les centres de haute technologie, comme Seattle et Portland, fleurissent dans un climat difficile, avec huit mois de bruine; les villes de Phœnix et de Las Vegas défient courageusement le désert et sont de véritables paradis pour les promoteurs immobiliers; les montagnes Rocheuses sont devenues les royaumes de Denver et de Salt Lake City.

tendance

Les régions métropolitaines de l'Ouest américain ont connu une croissance démographique moyenne de 50 000 nouveaux habitants par année.

Timothy Egan
New York Times

De toutes ces « nouvelles » communautés, il n'y a que Portland qui ait décidé de refuser la croissance exponentielle. Cette ville a planifié consciencieusement son avenir pour ne pas avoir à régler les problèmes d'une croissance excessive.

Figure 7.5
Changements démographiques de 18 villes américaines (1970 et 1990)[67]

Seattle			Houston			
• 2,559	❖ + 14,0	➢ + 22,3	• 3,711	❖ + 43,0	➢ + 19,7	
Minneapolis / St-Paul			St-Louis			
• 2,464	❖ + 7,8	➢ + 15,3	• 2,444	❖ -2,2	➢ + 2,8	
San Francisco / Oakland			Detroit			
• 6,253	❖ + 12,9	➢ + 16,5	• 4,665	❖ -0,7	➢ -1,9	
Cleveland			Boston			
• 2,760	❖ -5,5	➢ + -2,6	• 4,172	❖ + 0,8	➢ + 5,0	
Denver			Washington			
• 1,848	❖ + 30,7	➢ + 14,2	• 3,924	❖ + 6,9	➢ + 20,7	
Phoenix			Pittsburgh			
• 2,122	❖ + 55,4	➢ + 40,6	• 2,243	❖ -5,2	➢ -7,4	
Los Angeles			Atlanta			
• 14,532	❖ + 15,2	➢ + 26,4	• 2,834	❖ + 27,0	➢ + 32,6	
Dallas / Fort Worth			Miami			
• 3,885	❖ + 14,6	➢ + 32,5	• 3,193	❖ + 40,1	➢ + 20,8	
New York						
• 18,087	❖ -3,6	➢ -3,1				

Légende : • Population en milliers
❖ changement 1970-1980
➢ changement 1980-1990

Las Vegas est la ville ayant le taux de croissance le plus rapide des années 1990. Les nouveaux habitants y viennent pour le climat et pour le marché de l'emploi fébrile, dans la construction et dans le jeu. Mais, faire croître une ville plus grande que Detroit dans un désert — la région ne reçoit que quatre pouces de pluie par année — oblige à des adaptations importantes. Denver vit aussi un boom impressionnant. Sa configuration est surprenante : près de 80 % des habitants de l'Utah y vivent dans une bande urbaine de 100 kilomètres, le long des chaînes montagneuses. L'air y est pourtant plus vicié qu'à New York.

Ces villes américaines se sont follement développées. Il faut s'attendre à des réglementations sévères pour le contrôle de la pollution. Phœnix, par exemple, éprouve des difficultés avec l'air pollué. La population de la Californie a crû entre 1970 et 1990 de 50 % et les véhicules automobiles et de transport ont connu une croissance de 100 %. Durant les années 1980, la population établie autour de Seattle a augmenté de 22 %, tandis que le nombre de routes a quadruplé. La population de Denver s'est multipliée par deux. Redmond, la ville où s'est installée la société Microsoft, prévoit imposer aux travailleurs une taxe de 65 $ par année.

TABLEAU 7.1

Liste des 25 villes américaines en fonction du nombre d'emplois créés prévu d'ici 2001 et des secteurs économiques, selon Suzanne Olivier

Ville	État	Nombre d'emplois créés	Secteur d'activité
Provo/Orem	Utah	14 000	Logiciels et microprocesseurs
Salt Lake City/ Ogden	Utah	59 000	Ordinateurs et logiciels
Boise City	Idaho	20 000	Ordinateurs et logiciels
Seattle/Bellevue/ Everett	Washington	134 000	Divertissements et logiciels
Tacoma	Washington	22 000	Ordinateurs et microprocesseurs
Reno	Nevada	20 000	Tourisme
Las Vegas	Nevada	79 000	Tourisme
Phoenix/Mesa	Arizona	114 000	Microprocesseurs et tourisme
Tucson	Arizona	33 000	Aérospatiale, retraites et tourisme
Albuquerque	Nouveau-Mexique	22 000	Microprocesseurs
Colorado Springs	Colorado	29 000	Télécommunications, logiciels et microprocesseurs
Boulder/Longmont	Colorado	19 000	Logiciels et biotechnologie
Fort Collins/ Loveland	Colorado	12 000	Équipement industriel
Denver	Colorado	110 000	Télécommunications et biotechnologie
Austin/San Marcos	Texas	55 000	Logiciels et microprocesseurs
Jackson	Tennessee	5000	Instruction et équipement industriel
Biloxi/Gulfport/ Pascagoula	Missouri	15 000	Tourisme
Nashville	Tennessee	56 000	Équipement industriel, divertissements et tourisme
Tampa/St. Petersburg/ Clearwater	Floride	89 000	Tourisme, retraites et traitement des données
Sarasota/Tradenton	Floride	19 000	Tourisme et retraites
Fort Myers/ Cape Coral	Floride	14 000	Tourisme et retraites
Orlando	Floride	79 000	Tourisme
Fort Lauderdale	Floride	55 000	Tourisme
West Palm Beach/ Boca Raton	Floride	35 000	Tourisme, retraites et services financiers
Raleigh/Durham/ Chapel Hill	Caroline du Nord	67 000	Pharmaceutique, logiciels et ordinateurs

Le développement économique et la création d'emplois reposeront, dans les grandes villes américaines, sur quelques secteurs clés :

- ordinateurs, logiciels, microprocesseurs et télécommunications ;

- tourisme et divertissements ;

- équipement industriel ;

- biotechnologie ;

- aérospatiale.

Anne Faircloth[68] a établi quelles sont les 10 villes nord-américaines qui se sont le plus améliorées ces dernières années. Sa recherche est basée sur des indicateurs quantitatifs, comme le coût du travail, le degré d'instruction de la population active, le taux de vacance des immeubles de bureaux et l'accessibilité aux personnes handicapées. Elle prend également en compte des indicateurs qualitatifs, comme les possibilités récréatives, la culture, le taux de criminalité et la qualité des écoles.

Ces villes ont beaucoup investi pour devenir plus attrayantes. Elles ont diversifié leurs activités économiques, renforcé leur secteur des services et amélioré leurs infrastructures. Les tableaux 7.2 et 7.3 présentent quelques caractéristiques liées à la démographie, au climat d'affaires, à la qualité de vie et aux activités récréatives dans ces agglomérations.

TABLEAU 7.2

Aspects démographiques et climat d'affaires de 10 villes en Amérique du Nord selon Faircloth (adapté de Faircloth, 1996)

Ville	Démographie			Climat d'affaires				
	Population en milliers d'habitants (changement en %)	Augmentation du revenu personnel moyen	Taux de sans-emploi (changement en %)	Nombre de villes atteintes par des vols sans escales	Nouvelles entreprises créées par 1000 habitants	Changement en % des travailleurs manufacturiers	Changement en % des travailleurs dans les services	Membership syndical
	(1990-1996)	(1990-1996)	(1993-1996)		(1986-1996)	(1986-1996)	(1986-1996)	(1986-1996)
New York	8573 (0,3 %)	24,4 %	8,0 % (-1,6 %)	149	6	-28,2 %	15,7 %	24,6 % (-12,1 %)
Denver-Boulder	2272 (1,4 %)	29,7 %	3,8 % (-1,0 %)	104	14	-18,6 %	20,6 %	10,9 % (13,5 %)
Boston	5793 (1,8 %)	26,3 %	3,7 % (-3,1 %)	85	3	-28,9 %	22,5 %	14,2 % (-11,3 %)
Seattle	2234 (9,1 %)	32,3 %	5,0 % (-1,5 %)	67	10	-12,8 %	16,0 %	21,2 % (-24,0 %)
Raleigh-Durham	1023 (18,4 %)	29,9 %	2,3 % (-0,8 %)	40	5	-17,4 %	23,9 %	3,4 % (-32,0 %)
Cleveland	2232 (1,3 %)	30,4 %	5,2 % (-1,7)	63	4	-18,0 %	14,0 %	19,8 % (-13,3 %)
Indianapolis	1419 (7,7 %)	29,8 %	3,2 % (-1,0 %)	40	4	-21,5 %	14,1 %	8,1 % (-52,4 %)
Toronto	4264 (5,6 %)	22,1 %	9,7 % (-1,5 %)	77	N. D.	-20,8 %	15,0 %	36,5 % (4,9 %)
Atlanta	3506 (17,7 %)	27,7 %	3,8 % (-1,5)	135 16	6	-24,5 %	22,8 %	7,8 % (-6,0 %)
Richmond	940 (8,0 %)	24,5 %	3,7 % (-1,2 %)	16	6	-18,0 %	14,0 %	6,1 % (-28,2 %)

TABLEAU 7.3

Qualité de vie et activités récréatives de 10 villes en Amérique du Nord selon Faircloth (adapté de Faircloth, 1996)

Ville	Qualité de vie			Activités récréatives				
	Taux de criminalité dans la région (par 100 000 habitants)	Taux de criminalité : changement en % (1987-1996)	Nombre de jours de faible qualité de l'air 1995 (1986)	Nombre moyen de minutes nécessaires pour se rendre au centre-ville	Nombre de cinémas en 1996	Nombre de milles de pistes cyclables en 1996	Nombres de cafés rencontres en 1996	Endroits prestigieux de magasinage
New York	1,192	1,344 (-34,0 %)	8 (58)	30	397	140	43	Takashimaya New York
Denver-Boulder	433	673 (-1,9 %)	2 (49)	30	303	180	13	Tattered Cover (livres)
Boston	581	1,657 (-20,2 %)	1 (2)	25	306	35	21	Louis Boston (haute couture)
Seattle	n.d.	842 (-41,3 %)	0 (13)	30	184	150	44	Elliott Bay Book Co. (librairie et café)
Raleigh-Durham	571	965 (56,7 %)	0 (0)	20	173	61	5	William-Cozart (biens de consommation)
Cleveland	n.d.	1,538 (21,1 %)	4 (2)	20	179	120	2	South East Harley Davidson
Indianapolis	727	954 (0,5 %)	2 (0)	20	161	45	0	Back Home (artisanat indien)
Toronto	364	n.d. n.d.	0 (7)	30	290	516	26	William Ashley (cadeaux)
Atlanta	781	3,316 (10, 6 %)	19 (18)	35	245	40	13	Maddux (produits maison)
Richmond	597	1,651 (40,3 %)	4 (1)	15	72	50	8	Franco's Fine Clothier

L'OASIS NORDIQUE DES VILLES CANADIENNES

Ce n'est pas par hasard si le Canada a connu l'un des plus forts développements de l'industrie immobilière. Les gens d'affaires connaissent bien l'entreprise Olympia & York, qui fut le plus imposant constructeur immobilier du monde. Ils connaissent Campeau, Trizec et Bramalea. Si ces grands constructeurs immobiliers avaient fait attention aux tendances démographiques, ils auraient su que l'expansion spectaculaire du secteur immobilier ne pouvait pas continuer indéfiniment.

Une tendance qui subsiste dans un marché pendant 30 ans ne signifie pas que tout va toujours continuer ainsi pour toujours.

David Foot
Entre le boom et l'écho

Il était déjà prévisible, il y a au moins 25 ans de cela, que la demande pour de nouveaux bureaux devait décélérer et même s'arrêter au milieu des années 1980, du simple fait que la croissance de la population active ralentissait. L'économie en général ne pouvait plus poursuivre indéfiniment sur sa lancée, ce que la récession de 1981-1982 devait confirmer.

De plus, la récession au début des années 1990 a entraîné des licenciements massifs d'employés. Les déréglementations, la mondialisation et les rationalisations sont devenues la réalité du travail dans les secteurs publics et privés. Ces phénomènes ont un effet direct sur la demande de bureaux à louer. Comment ce phénomène pourrait-il ne pas nuire au secteur immobilier? Les nouvelles technologies, par la combinaison des ordinateurs et des télécommunications, ont rendu possible le travail à la maison.

Ce qui est vrai dans l'immobilier commercial l'est également dans l'immobilier résidentiel. En deux décennies, près de 9 millions de Canadiens ont quitté la maison de leurs parents et ont fait construire ou rénover leurs propres maisons. Un tel degré d'activité entraîne inévitablement un boom dans l'immobilier résidentiel. Il était inévitable, pourtant, qu'une fois les baby-boomers installés dans leurs propres maisons, cette expansion spectaculaire prendrait fin.

Dans le marché de l'immobilier, d'autres facteurs que la démographie peuvent quelquefois retarder un ralentissement inévitable. C'est ce qui est arrivé au début des années 1980. Les premiers baby-boomers se dirigeaient vers leur trentaine et rêvaient de se procurer leur première maison. Ils auraient effectivement acheté ces maisons, n'eût été de la récession. Cette dernière a pris tout le monde par surprise, les hauts taux d'intérêt contribuant à jeter un coup de massue à la demande. Vers 1984-1985, lorsque l'économie a de nouveau repris et que les taux d'intérêt ont retrouvé un niveau acceptable, non seulement le marché des maisons neuves est devenu fébrile, mais tout le secteur immobilier a perdu les pédales.

L'étude des tendances démographiques indique qu'au début des années 2000, certains produits de l'immobilier vont continuer de s'apprécier alors que d'autres vont décliner ou se stabiliser. Selon David Foot, les jours sont finis où l'on pourra voir une augmentation rapide et énorme dans les prix des maisons. En somme, le boom de l'immobilier est terminé.

Plusieurs remettent en question les prévisions de Foot. Ce n'est toutefois que dans la seconde décennie du XXIe siècle, quand les premiers représentants de la génération de l'après baby-boom (baby boom echo) auront l'âge de chercher des maisons, que les prix dans l'immobilier risquent d'augmenter de nouveau. On peut donc prévoir que le taux de vacance va diminuer dans le domaine résidentiel. De plus, le mouvement vers la banlieue continuera sa poussée et la rénovation des maisons se poursuivra.

Clayton reproche à Foot d'avoir ignoré que les prix dans l'immobilier sont autant une fonction de l'offre que de la demande. Des facteurs comme la disponibilité des terrains, les services municipaux et les charges fiscales de même que les préférences des consommateurs ont des conséquences importantes sur la demande. Le nombre de locataires de maisons a régulièrement augmenté au Canada tout au long de la récession. Les plus jeunes aiment vivre au centre de l'action. C'est pourquoi, dans les grandes villes, seuls les appartements les plus accommodants, près des collèges et des universités, pourront être facilement loués. Les propriétés locatives intéressent beaucoup les investisseurs, du moins tant que les taux d'intérêt restent bas.

Le cœur des villes canadiennes demeurera en santé pour quatre raisons :

1. Dans la première décennie du prochain siècle, la « génération écho » quittera la banlieue pour aller vers le centre-ville.

2. Le Canada possède de hauts niveaux d'immigration. Puisque les immigrants sont jeunes, ces nouveaux Canadiens s'installeront dans les centres-villes alors que leurs aînés choisiront la banlieue. Les préférences des jeunes immigrants sont les mêmes que celles des Canadiens, et leurs comportements sont dictés par les mêmes besoins liés à l'âge.

3. Un petit pourcentage de boomers vieillissants (mais plus petit qu'on ne le croit) ne pourront pas résister longtemps à l'appel des copropriétés et échangeront leurs grandes maisons pour ces logements dans les centres-villes. Ces boomers sophistiqués vont contribuer aux marchés qui maintiennent en vie les endroits où il fait bon vivre.

4. Enfin, le Canada a beaucoup de jeunes boomers sans moyens financiers (la génération de la queue de la cohorte des baby-boomers). Pour eux, acheter une vieille maison à un prix modéré dans le centre-ville et la retaper peut être plus abordable que d'en acheter une neuve dans un endroit plus dispendieux ou en banlieue.

David Foot
Entre le boom et l'écho

Il ne faut pas exagérer l'étalement des banlieues au Canada. Une raison pour laquelle Toronto, Montréal et Vancouver offrent une qualité de vie urbaine élevée est la santé relative de leur centre-ville. Par contraste, aux États-Unis, le phénomène démographique des baby-boomers dans les banlieues combiné aux graves problèmes sociaux et raciaux ont conduit à créer de grandes villes en forme de beigne : le centre-ville vacant est entouré d'une banlieue prospère.

La plupart des Canadiens vivent dans les grandes villes, mais l'appel de la nature demeure profondément ancré dans l'inconscient collectif nord-américain. Les gens désirent se procurer une seconde maison, le cottage près de l'eau ou la copropriété près des pentes de ski. Entre le centre-ville ou la banlieue se profile cette troisième solution.

Les villes dotées d'un plan d'urbanisme ont une meilleure chance d'attirer un flux de personnes instruites, qui permettront l'accroissement des revenus et pourront apporter une contribution à la communauté en soutenant les causes caritatives et culturelles.

En contrepartie, les municipalités locales feront face à des coûts nouveaux associés au devoir de procurer les services fonciers et les autres nécessités essentielles à une population croissante.

David Foot
Entre le boom et l'écho

Au moment où la génération de l'effondrement de la natalité (*baby bust*) entre dans l'adolescence, les baby-boomers souhaitent vivre une retraite intense. Les gens de 45 ans et plus constituent le plus grand groupe de propriétaires de maisons de campagne. C'est pourquoi la demande pour des propriétés liées aux loisirs devrait augmenter. Ce secteur de l'immobilier connaîtra une forte croissance jusqu'en 2010. Évidemment, il ne s'agira pas d'une expansion comparable à celle des années 1970 dans la location des appartements ni à celle de la vente de maisons neuves dans les années 1980.

Tout le domaine récréatif est prometteur: il s'agit de la dernière frontière de l'immobilier dans ce siècle.

Joe Houssain
Chef de la direction d'Intrawest (mont Tremblant)

Alors que les plus grandes entreprises immobilières ont été assommées par la récession durant les années 1990, une compagnie comme Intrawest Corporation de Vancouver continue de prospérer. Intrawest possède des propriétés dans le secteur hôtelier (centres de villégiature). Les analystes d'Intrawest ont été surpris de constater le nombre de personnes intéressées par la possibilité d'acquérir une grande maison près de la montagne tout en conservant une plus petite maison à la ville (comme à Montréal). C'est l'inverse de la tendance normale. Cette entreprise continue de développer son projet récréatif au mont Tremblant, au nord de Montréal. Elle y a récemment investi 500 millions de dollars. D'autres entreprises semblent vouloir suivre l'exemple.

Cette tendance peut signifier que le mouvement des gens partant des grandes villes vers les petites villes entraînera un développement insoupçonné pour les petites villes canadiennes. Il s'agit de l'effet anticipé de ce qui deviendra une tendance importante au siècle prochain, lorsqu'un plus grand nombre de baby-boomers commenceront à profiter d'une retraite précoce.

En Ontario, on assiste déjà à un mouvement semblable : les gens quittent l'agglomération de Toronto en direction des plus petites villes à l'est et à l'ouest de la métropole, par exemple Guelph à l'ouest, Collingwood au nord et Kingston à l'est. Ces nouveaux venus ne voudront pas s'établir dans les centres de ces villes, mais ils chercheront, en banlieue, des lots de 5 à 10 acres. D'autres seront attirés par les nouvelles communautés résidentielles se regroupant autour des terrains de golf.

Le plus important, c'est que les baby-boomers, en raison de leur âge, seront intéressés par la disponibilité des soins de santé.

Les hôpitaux seront vus comme des actifs importants pour des petites municipalités et des districts ruraux qui pourront intéresser des communautés de retraités.

David Foot
Entre le boom et l'écho

À partir de 42 critères de la qualité de vie, le Canada a été le seul pays à avoir classé, en 1995, plus de trois villes dans les 20 premières du monde sur 118 villes choisies. Ces villes sont Vancouver (seconde après Genève), Toronto (quatrième), Montréal (septième) et Calgary (douzième). La ville américaine la plus agréable est Boston (au trentième rang).

Les municipalités qui sauront s'entourer des meilleurs planificateurs sachant trouver les meilleures façons de répondre à ces demandes conflictuelles (pour des services dans les petites municipalités), sans tomber dans le piège de détruire le charme de la petite ville, seront gagnantes.

David Foot
Entre le boom et l'écho

Les villes canadiennes sont attrayantes lorsqu'on les compare avec les autres grandes villes du monde parce qu'elles sont de «petites grandes villes». Elles ont conservé leur dimension humaine, contrairement aux grandes villes du monde, comme New York, Tokyo et Mexico.

Les villes canadiennes réussissent bien parce qu'elles sont assez grandes pour être vivables et intéressantes, mais assez petites pour ne pas poser à ses habitants tous les problèmes de gestion associés aux grands centres urbains du monde.

Ces mouvements vers les petites villes et les municipalités rurales auront des implications environnementales importantes. Les pressions augmenteront sur les terres agricoles, sur les forêts et les nappes aquifères. Ces ressources sans prix devront être protégées dans le but de les préserver pour les générations à venir. Les terrains vont inévitablement prendre de la valeur. Se procurer les services de pompiers et de police sera difficile.

David Foot
Entre le boom et l'écho

L'avenir des villes canadiennes sera marqué par un marché immobilier déprimé qui va conduire les propriétaires à rénover et à agrandir les maisons actuelles plutôt que de développer de nouveaux projets domiciliaires.

David Foot
Entre le boom et l'écho

Le succès de Toronto provient notamment de la mise en valeur d'un vaste espace de maisons unifamiliales dans le centre-ville et tout autour. Les voisinages tranquilles de maisons en briques rouges, les quadrillés de rues bordées de vieux arbres feuillus ont donné à Toronto un des centres-villes les plus en santé au monde.

Foot considère de plus que les activités de rénovation résidentielle sont toujours un signe de santé pour les villes, car elles améliorent la vie des quartiers. D'autre part, selon lui, une population vieillissante sera fidèle aux petits magasins de quartier offrant un service personnalisé et de bons produits.

À ce sujet, Clayton doute fort que Foot ait raison quand il dit que les mégacentres (*power centers*) et les galeries marchandes vont s'effondrer au profit des magasins de quartier. C'est minimiser le fait que les gens à la retraite ont un revenu sensiblement moindre et qu'ils vont chercher à obtenir les meilleurs prix. La compétition se jouera toujours sur l'arène des prix, et ce ne seront pas les phénomènes démographiques comme tels qui influeront sur la demande dans ce marché.

LE TRANSPORT DES CITADINS

Les deux plus grandes villes canadiennes, Toronto et, surtout, Montréal, affichent, dans le domaine des transports, des signes de fatigue depuis le début des années 1990. Malgré un effort de revitalisation et une amélioration des infrastructures financées en partie par les gouvernements, on voit bien sur le terrain que les principales artères ont besoin de réfection et que plusieurs magasins sont vacants.

Dans les années 1960 et 1970, les besoins de transport en commun se sont accrus considérablement pour, par la suite, diminuer de façon significative dans les années 1980 et 1990. Cette tendance devrait se maintenir en raison de l'évolution démographique des gens vivant dans les centres urbains.

David Foot
Entre le boom et l'écho

En raison de leur grand nombre, les premiers baby-boomers ont beaucoup fait monter les prix des logements à leur entrée dans le marché immobilier. Les derniers baby-boomers ne peuvent plus se les payer. En conséquence, ils ont préféré s'installer en banlieue, choix moins coûteux, pour élever leurs enfants. C'est ainsi que les banlieues ont connu un grand essor et regorgent de clients potentiels, alors que les centres-villes se désertifient.

Les infrastructures de transport en commun ont été construites pour desservir des secteurs densément peuplés, mais le vieillissement des baby-boomers et leur fuite vers la banlieue ont entraîné la diminution du nombre de passagers de plusieurs sociétés de transport. Le service est excellent et s'est même amélioré pour devenir attrayant et concurrencer l'automobile.

À Montréal, la Société de transport de la Communauté urbaine de Montréal (STCUM) a perdu 10 millions de passagers en 10 ans. Ces chiffres ne sont pas seulement le reflet du déclin économique de Montréal, mais sont aussi la conséquence directe de décisions prises au sujet du transport en commun, telles que la décentralisation du service pour servir la banlieue. Les gens utilisent de moins en moins le transport en commun au fur et à mesure qu'ils vieillissent. Les usagers sont surtout les adolescents et les jeunes adultes. Ces personnes n'ont pas les moyens de se payer une voiture.

L'encombrement chronique de nos routes et le manque de stationnement ou son prix élevé ont diminué l'attrait de l'automobile. Plusieurs solutions se présentent aux décideurs du transport en commun. On peut imaginer l'utilisation, en banlieue, de petits autobus facilement accessibles, comme cela se fait en Grande-Bretagne. Il est possible d'imaginer des moyens innovateurs pour améliorer le service, et certains efforts pourraient être rentables dans la mesure où la solution envisagée s'adapte bien aux besoins précis d'une clientèle vieillissante et soucieuse de l'utilisation économique de son temps. Aussi, l'amélioration des systèmes de transport ne passe pas forcément par leur privatisation, mais plutôt par une meilleure évaluation des coûts-bénéfices (à long terme) de solutions novatrices pour satisfaire les besoins des usagers.

Puisque la plupart des baby-boomers conduisent des automobiles, la fin des années 1990 sera le moment idéal pour construire de nouvelles routes à péage qui seront payées par l'utilisateur payeur.

Pamela Blais
Economics of the Urban Form

Les entrepreneurs suivent actuellement la seule logique du développement immobilier. Ils profitent des avantages tels que le transport en commun et construisent des communautés inefficaces et coûteuses, contribuant à la hausse des taxes et des coûts des services publics tout au long des aires commerciales. L'économiste Pamela Blais souligne que d'énormes économies seraient possibles si une forme plus modeste de développement était adoptée.

Dans la seule région de Toronto, les contribuables pourraient épargner jusqu'à 4 milliards de dollars en 25 ans en coûts d'exploitation et d'entretien si des quartiers plus densément peuplés étaient construits ; les coûts d'emprunt pour les routes, le transport et les services publics diminueraient simultanément de 16 milliards de dollars. On a déjà estimé que 2,2 milliards de dollars pouvaient être épargnés sur les coûts de transport sur la côte ouest du pays, le Vancouver régional.

ENFIN VIVRE DANS DES VILLES SÉCURITAIRES

Les habitants des grandes villes se préoccupent aussi beaucoup de la criminalité. Contrairement à la perception générale, le taux de criminalité a chuté presque partout en Amérique du Nord. Au Canada, au début des années 1990, le taux de criminalité a diminué partout de 5 %. En 1994, le taux de criminalité a chuté pour une troisième année consécutive (sauf au Québec). La même année, le taux de crimes violents est tombé sous les 3 % pendant que le taux de meurtres dépassait à peine 2 pour 100 000 habitants. C'est le plus bas taux enregistré dans les 25 dernières années. Enfin, les crimes liés à la jeunesse tombaient aussi sous la barre des 6 %.

Aux États-Unis aussi on a assisté à une baisse de la criminalité durant les six premiers mois de 1997. Les villes de plus de 250 000 habitants montrent les progrès les plus marqués.

TABLEAU 10.3

**Taux de criminalité aux États-Unis au premier semestre de 1997[69]
comparé à celui du premier semestre de 1996**

Caractéristiques	Pourcentage
Les meurtres et les attaques à main armée :	-9 %
Les viols :	-2 %
Les agressions violentes :	-3 %
Les incendies criminels :	-9 %
Les vols de voiture et les cambriolages :	-5 %

Dans les 10 plus grandes villes américaines (1 million d'habitants et plus), les meurtres sont en baisse de 16 %, les viols de 11 %, les vols à main armée de 13 %. Des villes comme New York et Los Angeles présentent elles aussi une nette diminution des activités criminelles.

Plusieurs facteurs expliquent cette baisse. Premièrement, le taux de chômage se maintient à des niveaux très bas aux États-Unis. Or, chaque point de moins dans le taux de chômage entraîne une diminution proportionnelle du taux de criminalité. Deuxièmement, les gens d'un certain groupe d'âge sont plus portés au crime. Or, on observe que ce groupe est actuellement de petite taille. Si les jeunes sont plus violents, il est certain qu'à l'approche du millénaire, en raison de la prépondérance démographique de la génération de l'après-baby-boom, nous verrons des années marquées d'une remontée du crime contre la personne et la propriété. D'autant plus qu'une population vieillissante multiplie les cibles d'un certain type de crimes, car les personnes d'âge mûr possèdent des biens qui valent l'effort d'être subtilisés. La probabilité augmente qu'elles soient l'objet d'un crime ou qu'elles connaissent quelqu'un qui en a été victime.

Les explications basées sur les facteurs démographiques montrent que le taux de criminalité diminue parce que nous avons un nombre plus petit de jeunes commettant le type de crimes lié à l'âge de ce groupe d'âge.

David Foot
Entre le boom et l'écho

Cette tendance à la baisse de la criminalité continuera jusqu'au moment où la vague des baby-boomers criminels passera de ses années de violence, de vols et de larcins vers ses années de fraude : c'est moins stressant et plus payant ! On notera donc une recrudescence des fraudes par télémarketing, la falsification des cartes de crédit et les programmes d'investissement frauduleux permettant d'arnaquer les gens naïfs, souvent des personnes âgées cherchant des occasions d'affaires prometteuses pour faire fructifier leurs économies. Le crime des cols blancs, la fraude, est souvent associé aux criminels âgés en raison des connaissances et du degré de connaissances requis pour le commettre. Chose certaine, un défi de taille attend les autorités concernées, car elles ne sont pas bien préparées pour faire face à l'expansion des fraudes.

OÙ VIVRONS-NOUS ?

Lorsque Jane Jacobs a commencé à écrire à propos des villes, elle espérait mettre en valeur ce que les bonnes villes pouvaient procurer de mieux à leurs citoyens et de souligner l'incurie de certaines villes en raison de leur manque de planification urbaine et de leurs modes architecturales revêches et sans intérêt.

Ses observations sur les villes et les réflexions qui en ont découlé l'ont conduite à faire des découvertes inespérées. Jacobs s'est rendu compte que les rues et les parcs d'une ville véhiculent des valeurs qui sont intimement liées aux particularités mêmes de la ville. Chaque ville possède non seulement sa propre personnalité, mais aussi sa propre « écologie » qui emprunte ses principes de l'écologie naturelle.

Aux yeux de Jacobs, les deux sortes d'écosystèmes (de la ville et de la nature) nécessitaient, chacun à leur façon, une grande diversité pour pouvoir se maintenir en équilibre. Plus il y a de niches permettant une diversité biologique (la biodiversité), plus grande est la capacité de l'écosystème naturel de porter la vie. Dans les écosystèmes naturels, le groupe génétique constitue sa propre richesse. Dans les écosystèmes de la ville, ce sont les différentes formes que prend le travail qui font la richesse. Les différentes formes du travail se reproduisent par le biais de la création et par la multiplication des nouvelles organisations. Au départ, ces organisations peuvent paraître hybrides, mais elles se transforment souvent en présentant des occupations et des réalisations sans précédent. Les villes évoluent en survivant.

L'interdépendance des composantes présente un processus fragile dans les deux types d'écosystèmes et leur équilibre est facilement menacé ou même détruit. Lorsque leurs processus fonctionnent bien, les écosystèmes apparaissent stables et en équilibre. Pour mieux comprendre les écosystèmes, il faut les observer. L'avenir présente un être humain qui comprend ses environnements écologiques (naturel et civique). Il devient donc pressant que les êtres humains comprennent tout ce qu'ils peuvent sur l'écologie de leur ville en partant des processus mêmes de la ville. Ces aspects proviennent des principes du biorégionalisme qui remettent en question les anciens principes de gestion et les façons de «penser les villes».

LE BIORÉGIONALISME

Les principes de biorégionalisme tels qu'ils sont présentés par Jane Jacobs illustrent les différentes façons avec lesquelles seront développées les communautés humaines de l'avenir. La promesse d'avenir tient à ceci: les régions biologiquement et culturellement définies (les biorégions) offriront les plus grandes possibilités de développement humain par l'expérimentation et l'exercice d'une variété de gouvernements qui seront élus démocratiquement sur la base des principes de compétence et de justice sociale. Ces gouvernements indépendants, les uns les autres, seront responsables de fournir une haute qualité de vie et seront institutionnalisés par le biais d'une fédération.

La planification biorégionale sera basée sur la distribution et le regroupement de population, de moyens de production et de pratiques de commerce qui faciliteront l'autosuffisance des régions dans la production de biens, de services et des aménités. De plus, on cherchera une revitalisation des plus petits «lieux urbains» (villages, villes provinciales, cités) qui compensera une diminution correspondante des centres urbains plus importants, des villes majeures et conglomérations métropolitaines.

Le développement économique d'une biorégion sera localement réglementé pour assurer le respect des limites de l'écosystème de la biorégion. On cherchera à canaliser l'effort social pour l'enrichissement et la diversification de la production locale dans des communautés plus petites et efficientes au lieu de chercher à augmenter la dépendance à des transports mécanisés de biens et de personnes comme solution aux problèmes logistiques. Par conséquent, on encouragera le développement des technologies adaptées à l'utilisation de ressources renouvelables. D'ailleurs, la production se fera de façon intensive, scientifique, et à une échelle humaine plutôt que d'envergure industrielle.

Une communauté scientifique écologique sera dévolue à guider la colonisation des régions abandonnées ou sous-utilisées. Elle visera l'amélioration des techniques d'éducation pour conduire un haut niveau d'éveil social, écologique et un niveau de compétence scientifique et intellectuelle qui prémuniront contre les guerres de clocher ou d'isolationnisme. Cette critique du néolibéralisme est pertinente, mais encore faut-il développer des moyens pour le réaliser concrètement et efficacement. Il doit encore se doter des moyens de réaliser un changement social comme un tout.

De son côté, Doug Aberley souligne le fait que plusieurs chercheurs qui critiquent le néolibéralisme avertissent les gens des catastrophes que peuvent produire les déséquilibres écologiques, mais ils oublient de formuler les moyens d'atteindre cet idéal systémique. Pour remédier à ce besoin, il propose un processus d'intégration de perceptions et d'actions comme moyen d'adopter, d'adapter et d'appliquer une grande variété de circonstances culturelles et sociales. Cette approche du changement social, la «planification écologique», propose le «design du futur» comme outil permettant d'assister les individus et les groupes pour mieux comprendre des pratiques locales interreliées pour soutenir les habitats des biorégions.

Le «design du futur» permet de situer quatre éléments importants pour satisfaire à ces exigences. Le changement, dans la vision mondiale de l'écologie humaine, réalisé par l'entremise d'une variété d'activités, exige une vision alternative des moyens par lesquels les sociétés humaines peuvent être créées socialement et écologiquement. De plus, une vision écologique s'actualise dans le contexte physique d'une organisation urbaine, surtout sur le plan des aspects culturels et bio-physiques. Les organisations humaines peuvent être transformées en des écovillages et des écovilles. L'implantation pratique du changement social requiert l'utilisation de processus adaptables par lesquels la transformation des villes et des biorégions peut réellement survenir. Enfin, la responsabilité de l'atteinte du changement social est ultimement celle des individus et des communautés en fonction des ressources disponibles pour ceux qui s'engagent dans l'adaptation de la planification écologique ou dans les techniques reliées aux approches de changements sociaux.

NOUS VIVONS MAINTENANT DANS LES VILLES DE DEMAIN

Janice Perlman propose des moyens concrets de résoudre les problèmes que vivent les villes. Elle rappelle que les villes ont toujours été le lieu des centres culturels et ont joué un rôle crucial pour l'avancement de la civilisation. À travers les âges, elles ont exercé une attraction magnétique sur les gens, les idées et les activités entrepreneuriales. Aujourd'hui, les villes ont atteint des tailles sans précédent dans l'histoire humaine ; elles vont avoir plus que jamais besoin de leur capacité d'innovation pour profiter des succès et éviter de répéter les erreurs.

Déjà, dans les années 2000, la majorité de la population mondiale vivra dans les villes et 23 d'entre elles seront des mégacités de 10 millions d'habitants et plus. Ces mégacités riches ou pauvres vont créer et subir un environnement en détérioration. Elles devront développer leurs habiletés à pouvoir le supporter ou le surmonter. En fait, toutes les zones urbaines seront touchées, mais les plus pauvres seront plus vulnérables et organisées en bidonvilles, sur les falaises ou dans des emplacements limitrophes à des entreprises à haut risque.

Étant donné l'émergence de la complexité de ces villes, les approches technologiques conventionnelles et les systèmes de gestion hérités du XIXᵉ siècle ne seront pas suffisants pour répondre aux besoins. Il existe déjà une nécessité et une urgence de trouver des manières créatives d'utiliser les ressources humaines, naturelles et financières de ces villes pour les mettre au service des écosystèmes de ces villes urbaines pauvres.

L'énergie et la créativité foisonnent dans les villes d'aujourd'hui pour répondre aux problèmes. Ce qui manque, ce sont les trop rares mécanismes canalisant les forces positives dans les processus politiques. Les habiletés qui permettent de relever ces défis proviendront des communautés locales, des différents niveaux de gouvernements ou des entrepreneurs qui font face à ces problèmes sur une base quotidienne.

Les innovations pratiques nécessitent la concertation avec les autres centres de décision d'aujourd'hui de manière à tirer parti de la participation locale ; l'augmentation de la productivité de l'économie sociale et le développement d'une approche non linéaire des systèmes de gestion de l'eau, des déchets, de l'énergie et des aliments sont des enjeux significatifs non seulement pour les villes et leurs territoires limitrophes, mais aussi pour le soutien du tiers-monde. Le véritable défi consiste à trouver les innovations et à maximiser leurs effets, c'est-à-dire déterminer quelles sont les meilleures pratiques de gestion pour nos villes de demain et les mettre en application.

UN EXEMPLE D'ENGAGEMENT FUTURISTE : LE PROJET MÉGACITÉ

Richard Register rappelle que les environnementalistes parlent d'efficience du recyclage sans jamais parler des structures d'une ville qui rendent possible ce type de projet. Pour Register, il faut, dès maintenant, organiser la reconstruction écologique.

Les dirigeants politiques veulent trouver des moyens fructueux pour combattre la pauvreté et rehausser l'environnement. On cherche non seulement à désigner, à analyser et à disséminer les approches positives, mais aussi à encourager les dirigeants et les groupes qui se dévouent à la cause.

Lancé en août 1987, le projet Mégacité met en relation 16 villes autour du monde : Bangkok, Bombay, Buenos Aires, Calcutta, Delhi, Jakarta, Lagos, Londres, Los Angeles, Manille, Mexico, New York, Rio de Janeiro, Sao Paulo, Tokyo. Ce projet est mené par un coordonnateur local situé dans chaque ville. Il est appuyé par des comités de direction multisectoriels représentant les dirigeants les plus créatifs provenant des secteurs publics, privés et de volontaires des médias et des universités.

Le projet Mégacité est à l'affût de toute innovation touchant la population, l'air, les transports, le recyclage des déchets, l'utilisation du papier, l'approvisionnement en eau potable, la revitalisation de l'environnement naturel, les techniques appropriées, et l'alimentation. Ce projet, bien actuel, procure un modèle de réflexion et d'intervention pour l'avenir. Il existe heureusement des solutions.

Chapitre 8

Formuler un scénario d'avenir

UN PEU D'HISTOIRE

Les scénarios sont apparus au cours de la Seconde Guerre mondiale. Les militaires se servaient de cette nouvelle méthode pour la planification de leurs opérations. Par exemple, l'armée de l'air américaine essayait d'imaginer ce que l'opposant pouvait faire et, en fonction de cela, préparait des solutions stratégiques.

En 1960, Herman Kahn, ancien collaborateur de l'armée, a raffiné la méthode du scénario pour en faire un outil de pronostic d'affaires. Il est devenu le futuriste le plus populaire aux États-Unis en prédisant l'inévitable croissance de la prospérité. Les scénarios ont atteint une nouvelle dimension dans les années 1970 avec le travail de Pierre Wack, alors planificateur au sein d'une nouvelle division de planification de groupe (*group planning*) de la Royal Dutch Shell, une multinationale du pétrole.

À cette époque, le groupe cherchait à estimer quel serait le prix du pétrole au moment de la renégociation des ententes avec les fournisseurs. L'exercice de prévision collectif a donné naissance à deux histoires complètes rendant compte de l'évolution possible des prix. L'un des scénarios supposait que le prix du pétrole resterait stable ; cela impliquait donc que de nouveaux gisements soient découverts à l'extérieur des champs pétrolifères arabes. L'autre scénario présentait un avenir plus probable avec l'éminence d'une crise provoquée par l'Organisation des pays exportateurs de pétrole (OPEP).

La direction de la Royal Dutch Shell prit connaissance des conséquences de ces deux scénarios. Aucune décision, toutefois, ne fut prise *à ce moment-là,* et rien ne changea dans le comportement de l'administration. Néanmoins, le simple fait de prévoir des changements dans la réalité par l'utilisation de scénarios avait produit un effet.

En octobre 1973, à la suite de la guerre du Yom Kippur au Moyen-Orient, les prix du pétrole s'enflammèrent. La crise énergétique éclatait, prenant de court les sociétés pétrolières, sauf Shell qui s'était préparée à un tel changement. Les gestionnaires réagirent rapidement à la situation et Shell connut une croissance ininterrompue dans les années suivantes. Située avant la crise parmi les plus petites du groupe des « sept sœurs » (les sept grandes firmes pétrolières), elle prit la tête et réalisa les plus grands profits. Malgré sa taille, elle est encore, entre toutes ces organisations pétrolières, celle qui rapporte le plus de profit.

Pour mieux s'adapter dans un monde incertain, les gens doivent accroître leur capacité de remettre en question les présupposés qu'ils ont sur la manière qu'a le monde de fonctionner.

La démarche que propose la réalisation des scénarios d'avenir nous aide à changer notre façon de voir la réalité, et à faire correspondre plus étroitement notre vision des choses à la réalité, telle qu'elle est et telle qu'elle sera. Cela implique que nous partagions avec les autres notre vision du monde. Nous devons prendre le risque de communiquer notre vision, même si cela signifie qu'elle sera remise en question par les autres.

Puisqu'une conception du monde est essentiellement une affaire personnelle, il est normal que la nôtre se heurte à celle des autres.

Pourtant, dans une organisation, l'exercice de confrontation est rarement de mise. Considérant qu'une conception ne peut être meilleure qu'une autre, bien des gens pensent qu'il est futile d'en discuter, d'autant plus qu'il est habituel de laisser à la direction le rôle de communiquer la manière dont nous devons apprécier le monde, les affaires, le marché, la compétition, les concurrents, les clients et les consommateurs.

Lorsque cette communication est juste et efficace, nous parlons de leadership charismatique. Cependant, un environnement des plus incertains ne favorise pas l'éclosion de leaders charismatiques. Les vrais leaders se font de plus en plus rares en ces temps d'incertitude.

> L'élaboration de scénarios d'avenir ne fournit pas un dessin précis de l'avenir, mais nous prépare à **prendre des décisions quant à l'avenir.** Il ne s'agit pas de prédire l'avenir, mais d'aiguiser notre perspicacité devant l'inconnu et de **devenir proactifs.**

Si vous voulez vous faire une idée de l'avenir, vous ne pouvez pas vous servir des sources d'information traditionnelles. Une démarche d'information traditionnelle suppose que l'avenir sera la continuité de ce qui est aujourd'hui. Bien que l'avenir ne soit pas en totale discontinuité par rapport au passé, il n'en est pas une simple projection. Nous vivons à une époque de changement imprévisible. C'est pourquoi il faut des gens capables de mettre le doigt sur le pouls du changement et de percevoir les forces significatives, les principales tendances et leurs répercussions, tout à la fois prévisibles et surprenantes.

Pensons, par exemple, à l'effet qu'aurait la découverte d'une hormone qui aiderait l'humain à vivre jusqu'à cent ans. Cela semble plausible, puisque l'espérance de vie est passée de 48 à 70 ans en un demi-siècle seulement.

Le monde actuel est déjà de la science-fiction pour les personnes de 80 ou 90 ans qui sont nées dans une maison sans radio et sans électricité. En 1969, nombre de personnes âgées ne croyaient pas que l'homme avait réellement marché sur la Lune. Ce qu'elles voyaient à la télévision était pour elles un film de science-fiction.

L'effet d'une découverte scientifique somme toute banale pourrait avoir des conséquences profondes sur notre monde.

Bien que la réalisation de scénarios d'avenir soit à la portée de tous, cela ne signifie pas qu'il s'agit d'un exercice facile pour tous. Certains ont de la facilité à construire des scénarios, alors que d'autres ont besoin d'être guidés et entraînés. Laisser libre cours à la créativité n'est pas chose facile lorsque, par ailleurs, on nous demande inlassablement de nous discipliner, d'analyser et de nous concentrer sur ce que nous avons à faire. Jusqu'à maintenant, chacun de nous a fait des efforts pour être efficace, c'est-à-dire faire les choses qu'il faut faire et les faire de son mieux. Cependant, être réactif n'est plus suffisant aujourd'hui ; nous devons devenir proactifs.

Pour prendre un certain recul par rapport aux activités quotidiennes, nous devons réapprendre à utiliser l'ouverture et la créativité que nous possédons tous mais que nous avons dû mettre de côté. Lorsque l'on se trouve dans un groupe de planification pour la première fois, il est intimidant de laisser libre cours à la créativité devant tous. La tentation est grande de se limiter à «donner la bonne réponse» pour ne pas perdre la face. Toutefois, cela compromet la chance de vivre une expérience de groupe susceptible de produire un effet profond et significatif dans l'organisation ou dans la communauté.

Les scénarios puisent à la fois dans le monde des faits ou des événements repérables et dans l'univers, des perceptions subjectives. Un scénario, en raison de l'histoire qu'il raconte, explore les faits observables et évolue de façon à atteindre les perceptions des décideurs, en orientant celles-ci de façon stratégique pour tout le groupe.

En effet, l'objectif du scénario est de recueillir et de transformer l'information ayant une signification stratégique pour l'organisation ou le groupe. Son but est de créer des perceptions nouvelles et de favoriser l'acceptation, non seulement de ce qui est souhaitable, mais également de ce qui peut répugner et qu'on voudrait ignorer, oublier ou fuir.

Il faut admettre que les scénarios peuvent suggérer des histoires d'horreur. Lorsque l'on imagine des scénarios d'avenir, on doit pouvoir **imaginer le pire et s'y préparer**. Lorsque l'on ne pense qu'à ce qui peut réussir, on oublie la possibilité d'échec et souvent, pour cette raison, on y aboutit, par ignorance ou par déni de la réalité. C'est là l'effet le plus courant du syndrome de l'autruche. Les scénarios d'avenir permettent de penser l'impensable et de reconnaître ce qui pourrait éventuellement mettre le bateau en péril. **S'y préparer, c'est contrecarrer le destin.**

Lorsqu'elle réussit, l'expérience créatrice apporte de grandes satisfactions et conduit à des visions stratégiques au-delà des recherches antérieures.

Formuler des histoires procure de nombreux avantages. Ouvrant l'esprit à la multiplicité des perspectives, les scénarios permettent de décrire comment peuvent surgir les différents événements qui ont des répercussions sur l'organisation ou sur la communauté. De plus, ils aident les gens à faire face à la complexité de la réalité et à partager leurs perceptions respectives. Au travail, au quotidien, en raison de ce qu'on nous demande de faire, nous avons tendance, en général, à ne voir qu'une partie de la réalité. Imaginer des scénarios vise à élargir notre perception de la réalité. Cet exercice nous sensibilise à notre environnement et nous apprend à le connaître et à le comprendre.

De plus, l'utilisation judicieuse de scénarios procure des occasions d'apprentissage au moment où ces histoires sont validées ou infirmées par les faits ou à la suite des actions prises. Les scénarios permettent de mieux nous connaître et de mieux comprendre nos *a priori,* nos préjugés et notre conception des choses et du monde. Les décisions traduites en actions permettent de mieux comprendre les valeurs de l'organisation et les motifs ayant conduit au succès ou à l'échec.

Les scénarios permettent d'évaluer ce qui est véritablement important pour un groupe ou une organisation, ce qui mobilise et motive véritablement les gens. Par conséquent, intégrer les contenus des scénarios aux processus décisionnels d'une organisation est aussi important que de les élaborer. L'un ne va pas sans l'autre.

LA RÉALITÉ EST DIFFICILE À SAISIR

La réalité est complexe. Elle se compose d'une foule d'événements et de phénomènes qui entrent en relation les uns avec les autres. La formulation d'un scénario d'avenir s'effectue à la suite d'une certaine lecture de la réalité actuelle.

Une façon simple et éclairante d'interpréter la réalité, dans la perspective du scénario d'avenir, est de se représenter l'information accessible dans l'environnement d'une organisation ou d'une société comme un iceberg. En effet, comme le démontre le schéma ci-après, le modèle de l'iceberg permet de représenter la réalité comme une sorte de tissu synthétique solide, formé de l'ensemble des phénomènes observables et de leurs interrelations. L'intérêt de ce modèle réside en ce qu'il mène à l'élaboration de scénarios d'avenir, puisque ceux-ci reposent également sur la logique des systèmes et de leurs relations. Voyons l'illustration des relations existant entre les systèmes et les scénarios.

Figure 8.1
Modèle de l'iceberg des systèmes et des scénarios selon Fahey et Randall

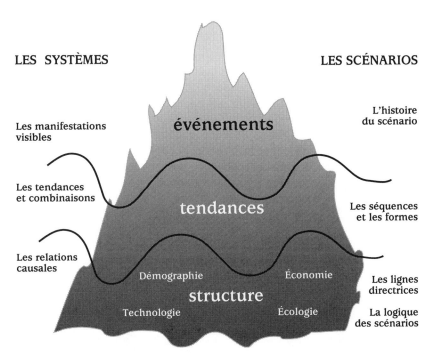

Ainsi, la partie inférieure de l'iceberg représente la **structure**. Elle se compose des facteurs économiques, écologiques, technologiques et démographiques qui caractérisent notre environnement. Ces facteurs nous fournissent les **lignes directrices** qui constituent la base des scénarios d'avenir.

La partie centrale de l'iceberg illustre les **tendances** qui se dessinent à partir de la manifestation des facteurs précédemment nommés (économiques, écologiques, technologiques, etc.). L'observation de ces tendances permet d'arriver à une perception particulière de l'environnement et de dresser des parallèles entre les différents facteurs qui composent l'environnement d'une organisation. Les « patterns » ainsi obtenus font ressortir des éléments qui seront utilisés subséquemment dans la formulation des scénarios d'avenir. En fait, les lignes directrices d'un scénario d'avenir prennent naissance dans le discours logique que l'on tient sur la **réalité** en vue d'en présenter les tendances, sur l'**impact** que produiront certains événements et sur les **prédictions possibles** et probables, que l'on formule sous forme de scénarios d'avenir.

Enfin, à la pointe de l'iceberg se trouvent les manifestations visibles, les **phénomènes** et les **événements,** observables sur le terrain, issus des analyses primaires et secondaires du marché et qui sont utilisables dans la formulation d'un scénario.

À l'aide du modèle de l'iceberg, on peut définir la construction de scénarios comme suit : une équipe se concentre, dans un premier temps, «sur la pointe de l'iceberg», c'est-à-dire sur des événements et des phénomènes qui émergent, formant une sorte d'agrégat dont on ne voit pas encore les liens. Dans un deuxième temps, le groupe établit des relations entre ces événements et en distingue des tendances. Puis, dans un troisième temps, l'équipe a pour tâche d'analyser et de comprendre les structures sous-jacentes à ces événements et patterns.

UN GUIDE POUR « PLANIFIER » L'AVENIR

Dans ce chapitre, les individus et les groupes trouveront un guide succinct dont le but est de leur fournir certains outils de travail qui les aideront à prendre des décisions et à agir en fonction de ce que l'avenir leur réserve. Nous proposons la technique permettant de constituer un **scénario d'avenir.**

Les scénarios d'avenir permettent d'atteindre trois objectifs précis :

• Ils visent à permettre le partage d'une vision d'avenir au sein d'une organisation ou d'une communauté, c'est-à-dire à élaborer un but commun.

• Les rencontres menant à la fabrication d'un scénario d'avenir incitent les participants à prendre leurs responsabilités en matière de planification stratégique, c'est-à-dire à prendre la place qui revient à chacun.

• Les rencontres peuvent aider les gens à donner toute sa force à une vision partagée qui existe déjà au sein du groupe, c'est-à-dire à mobiliser une équipe vers un but commun.

Prévoir l'avenir peut se révéler un exercice hautement inquiétant. D'ailleurs, de façon générale, les gens préfèrent nier ou ignorer l'incertitude reliée au lendemain plutôt que d'y faire face. Ils optent donc pour un point de vue déterministe des événements. En conséquence, l'avenir leur échappe complètement. Ils se vautrent dans les activités quotidiennes, ne prennent jamais le temps de s'asseoir pour planifier intelligemment et laissent les décisions importantes à «ceux que cela concerne».

Toutefois, lorsque l'on prend l'initiative de déterminer soi-même l'avenir, certaines questions surgissent :

• L'avenir est-il suffisamment clair ?

• Existe-t-il des voies de rechange pour l'avenir ?

• Se trouve-t-on devant une gamme de possibilités envisageables ?

• L'avenir représente-t-il une réelle ambiguïté ?

Le scénario d'avenir est un outil puissant qui peut contribuer à l'adoption d'un ou de plusieurs points de vue à long terme dans un monde qui nous semble incertain.

Le mot «scénario» provient du milieu théâtral. Nous ne l'avons pas choisi par hasard : à notre avis, les scénarios d'avenir ressemblent réellement au texte d'un film ou d'une pièce de théâtre. Ce sont des histoires élaborées et racontées par une équipe ou un groupe de personnes selon une prévision méthodique de ce que sera la conjoncture locale, nationale ou mondiale de demain.

En fait, le scénario d'avenir est une histoire qui repose sur ce que nous pensons qu'il va arriver ; c'est une manière de comprendre comment nos décisions et nos actions peuvent évoluer de façon cohérente. Le scénario d'avenir est essentiellement **stratégique** : il permet de prendre des décisions et de passer à l'action. Il est l'instrument proactif par excellence. En formulant un scénario d'avenir, on peut organiser les perceptions que les gens entretiennent à propos de l'environnement dans lequel ils vivront. Un groupe ou une équipe élabore des histoires portant sur son avenir à partir de ses propres perceptions.

On peut utiliser la méthode des scénarios dans de grandes ou de petites entreprises ou au sein des organisations gouvernementales. On peut même l'appliquer à notre vie personnelle! Cette méthode peut être utilisée dans différents contextes et pour répondre à différents besoins. Par exemple, on peut utiliser le scénario d'avenir dans le but de planifier les activités d'une petite entreprise, pour choisir un programme de formation, pour trouver un emploi, pour évaluer le succès potentiel d'un investissement ou encore pour analyser le déroulement d'une relation que l'on entretient avec quelqu'un. Formuler un scénario d'avenir peut aider les gens à prendre des décisions qu'ils ne prendraient peut-être pas autrement ou à faire face à des situations qu'ils auraient peut-être tendance à éviter.

Les entreprises ont avantage à utiliser les scénarios d'avenir lorsque :

- le contexte futur de l'organisation — les produits, les clients, le réseau de distribution, les fournisseurs, les concurrents, la technologie et les réglementations gouvernementales — sera très différent de ce qu'il est actuellement ;

- lorsque l'avenir dépend de choix découlant d'un processus de décision stratégique.

Mais attention, les scénarios ne sont pas des prédictions, bien que le processus pour les réaliser implique que l'on fasse des prédictions. Il faut comprendre qu'on ne peut prédire l'avenir avec certitude, même si nous tentons de faire des prédictions sur la base de tendances.

> Le scénario d'avenir est une approche qui permet d'aider les gens à connaître leur **orientation collective**. Il se distingue des prévisions traditionnelles ou des études de marché en ce qu'il présente diverses images plausibles de l'avenir.

LES SCÉNARIOS : UN MOYEN DE DÉVELOPPEMENT ORGANISATIONNEL

Grâce au scénario, les gestionnaires demeurent prêts à toute éventualité et sont capables d'agir en prenant un risque calculé. De plus, les scénarios peuvent servir au cours de plusieurs étapes de l'élaboration de la planification stratégique. Par exemple :

- On peut réaliser un scénario pour évaluer les possibilités pouvant survenir dans l'environnement de l'organisation.

- On peut utiliser le scénario d'avenir pour évaluer les options stratégiques que peut envisager une entreprise.

- On peut appliquer des scénarios en vue de vérifier dans quelles mesures ces options peuvent produire les résultats attendus.

- On peut aussi formuler des scénarios pour élaborer une vision stratégique de l'organisation.

Le tableau suivant présente différentes utilités des scénarios.

TABLEAU 8.1

**Différentes utilisations des scénarios
en gestion stratégique selon Fahey et Randall**

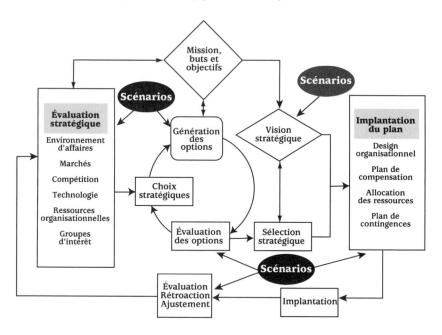

Les scénarios d'avenir peuvent également être d'une grande utilité pour estimer les difficultés pouvant survenir au cours de l'élaboration d'une planification stratégique ou encore pour déterminer les moyens de mesurer, d'ajuster et d'évaluer les rétroactions de l'implantation de la planification stratégique.

COMMENT ASSURER LE SUCCÈS DES SCÉNARIOS D'AVENIR

L'élaboration des scénarios d'avenir comporte certaines limites : la logistique des activités, la taille du groupe et sa composition ainsi que la durée des rencontres sont déterminantes. Cependant, il est important de dire que des gens ordinaires peuvent réaliser un travail extra-ordinaire, moyennant le respect de certaines conditions.

Les conditions à respecter pour assurer le succès des rencontres

• Tous les participants du groupe s'engagent activement dans l'activité et y participent du début à la fin.

• On analyse le contexte global dans lequel vit le groupe, bien que ce dernier vise une action locale.

• On établit des bases communes et on se concentre sur l'avenir.

• On met de côté les problèmes et les conflits actuels pouvant toucher les membres du groupe ; en effet, un scénario d'avenir ne peut pas servir à régler des problèmes internes.

• On constitue de petits groupes autogérés.

• Tous les participants sont obligatoirement présents à toutes les rencontres.

• On doit assurer des conditions saines de rencontre et d'échange.

• On organise des retraites à l'extérieur de l'environnement habituel.

• On établit une responsabilité commune pour les suivis.

Au cours de la fabrication des scénarios d'avenir, il arrive fréquemment que surgissent l'incertitude, l'irritation et la confusion. Ces contrariétés sont nécessaires. En fait, il est impossible de ne pas provoquer l'instabilité dans un groupe, du moins de ne pas bouleverser certains de ses membres, lorsque l'on demande aux gens de remettre en question leurs modes de fonctionnement et leurs présupposés sur le monde. Les scénarios d'avenir permettent cependant, une fois qu'ils sont formulés, de faire contrepoids au découragement. Le scénario d'avenir est la lumière au bout du tunnel.

Chaque groupe est particulier et évolue à son propre rythme. C'est pourquoi il est impossible de présenter dans cet ouvrage un modèle standard de planification des rencontres. Un groupe de 70 personnes peut être subdivisé en plusieurs petits groupes autogérés. Nous proposons toutefois d'accomplir certaines tâches logistiques.

Les tâches à accomplir en groupe au cours de la réalisation des scénarios d'avenir

- Revoir le passé.

- Explorer le présent.

- Créer deux scénarios qui présentent le meilleur et le pire de ce qui peut survenir, puis au moins deux autres scénarios afin d'obtenir quatre ou cinq scénarios d'avenir.

- Établir ce qui est commun aux petits groupes autogérés.

- Dresser un plan d'action.

Dans son effort pour réduire l'anxiété liée à l'incertitude, il est possible que les membres d'un groupe se réfugient dans les chiffres et les statistiques. Cela ne procure pas une vison plus parfaite ni plus exacte de l'avenir. Les statistiques et autres approches quantitatives de projection sont utiles, certes, mais l'avenir, tout comme le présent, dépend de l'interprétation qualitative que nous en faisons. Cette interprétation demeure une construction de la réalité, une perception. D'ailleurs, même les chiffres dépendent des mesures que nous prenons des choses et des évaluations que nous en faisons. Le défi d'un groupe réside dans l'attitude créative grâce à laquelle les membres choisissent des éléments avec lesquels ils sont à l'aise ou du moins par lesquels ils se reconnaissent et peuvent se comprendre.

Les rencontres visant à construire des scénarios d'avenir sont basées sur un objectif simple. On peut chercher, par exemple, à établir les assises d'une nouvelle action concertée au sein de l'entreprise. On peut vouloir changer le fonctionnement de l'entreprise selon cette vision d'avenir. Une telle évolution dans la culture de l'entreprise semble souvent abstraite et difficile à provoquer. Elle est toutefois réellement stimulante. De plus, si elle est réalisée avec doigté, elle peut être mobilisante.

Dans la recherche de l'avenir, chacun est invité à partager le leadership et à participer en tant que pair. Il s'agit d'une activité structurée permettant à tous de participer sur un pied d'égalité. Certains membres d'une organisation qui ont besoin de maîtriser le savoir, le pouvoir et les résultats risquent de vivre de l'insécurité dans de telles conditions, car les participants mettent généralement en place de nouveaux genres de relations de travail et de nouveaux genres de projets. Malgré ces cas dissidents, les rencontres permettent le partage d'une vision d'action commune que les individus pris isolément auraient pu rejeter ou à laquelle ils n'auraient pas pleinement adhéré.

Il est possible d'inclure dans la démarche de la conception de scénarios des participants étrangers au groupe. Ceux-ci peuvent présenter des histoires vécues relatant des conflits survenus au cours de telles rencontres. Cela peut constituer une pratique enrichissante, bien qu'elle puisse être anxiogène pour les membres du groupe. Le danger existe : l'information qui circule peut être confuse et contradictoire ; il faut savoir gérer cette information.

Nous ne procurons pas ici au lecteur le moyen de simplifier la gestion des équipes et des groupes par la fabrication de scénarios d'avenir, ni de diminuer les désagréments ou de résoudre les problèmes à long terme. Nous proposons une série de dialogues ouverts et mobilisants. Nous encourageons l'écoute et la compréhension de la parole d'autrui. Au cours de cette démarche, les participants découvrent ce qu'ils sont prêts à faire et ce dont ils sont capables pour l'avenir de l'organisation.

Dans le cadre de ces conditions, de nombreux participants font des choix qui paraissaient antérieurement impossibles.

Au cours de ces rencontres, on laisse de côté la résolution de problèmes et la gestion des conflits. Les gens découvrent une nouvelle liberté qui permet vraiment de faire en sorte que les choses puissent arriver. Grâce à la compréhension commune des objectifs et à l'échange quant à la perception de chacun de la réalité, les choses se réalisent plus rapidement et plus simplement. Les gens font l'expérience nouvelle de la puissance d'un engagement commun à un projet commun, communiqué comme jamais auparavant.

Ainsi, pour engager une série de dialogues ouverts, faisant place à la fois à l'optimisme et à l'inquiétude, nous avons des choix à faire. Nous pouvons nous contenter de suivre les autres ou nous pouvons choisir le chemin de l'innovation. Nous pouvons chercher à éliminer ou à éviter l'anxiété que causent les activités de créativité en nous retranchant sous le couvert d'analyses détaillées et complexes ; nous pouvons également laisser aux autres la responsabilité que leur domaine d'expertise leur confère. Mais, cela est une fuite. Le partage d'une vision commune nécessite que tous se reconnaissent comme des experts communiquant aux autres leurs perceptions et leurs connaissances.

Dans le processus de prévision de l'avenir, l'anxiété qu'entraîne l'exercice constitue par ailleurs une source d'énergie. Pour arriver à construire des scénarios d'avenir, il faut d'abord accepter comme étant pertinentes toutes les perceptions et les suppositions émises jusqu'à ce que l'on soit fixé sur ce qui compte vraiment.

Étant donné qu'il est demandé aux membres du groupe de réaliser quelque chose de personnel et de radicalement nouveau pour eux, un tel processus amène forcément les gens à changer.

Par exemple, ceux qui sont naturellement orientés vers l'action immédiate doivent retenir leur élan ; ils expérimentent ici une façon radicalement différente d'entrer en rapport avec le monde et les autres. Ils doivent tenir compte des perceptions des autres et attendre le consensus.

Les gens orientés vers les relations personnelles et l'analyse devront également s'adapter. Ils devront agir sur la base d'une décision prise en commun et devront s'engager dans un plan d'action qui rallie tout le monde, ce qui ne laisse pas de place à la tergiversation.

Si vous êtes inquiet de votre propre avenir et que vous désirez être proactif dans vos choix, ou si vous êtes responsable de la gestion stratégique dans votre organisation ou votre communauté, l'élaboration de scénarios d'avenir vous aidera. Enfin, si vous participez à un comité de direction sur la prévision de l'avenir de votre organisation, vous découvrirez pourquoi le succès de votre réunion dépend principalement de vos décisions à propos de qui, quoi, quand, comment et où tout cela se passera. Le succès dans la prévision de l'avenir ne se trouve pas dans la technique utilisée, mais dans les principes et les valeurs gouvernant sa gestion.

Une série d'aptitudes permet de **prendre du recul** et de réagir rapidement dans une période de changements rapides. Il faut encourager l'émergence de ces qualités. Plusieurs aptitudes permettent de prédire les changements à venir et doivent être encouragées chez les membres d'une équipe désirant élaborer des scénarios d'avenir.

Aptitudes permettant de prédire les changements à venir

• Pouvoir faire la **projection** des tendances.

• Avoir la capacité de **créer** de nouveaux produits ou de perfectionner les produits et services existants.

• Savoir comment **recycler** les anciens produits et services dans des formules répondant mieux aux besoins actuels.

• Pouvoir reconnaître les **tendances opposées** qui exercent une forte pression sur les tendances actuelles et futures, c'est-à-dire imaginer les produits substitutifs ou nouveaux pouvant être mis sur le marché par la concurrence, ou encore détecter les facteurs externes à l'organisation ou à l'entreprise qui peuvent contrecarrer les tendances.

• Pouvoir observer tout ce qui constitue le **chaos** actuel.

• Avoir un **esprit libre** permettant d'imaginer ce qui pourrait arriver si l'on suivait telle ou telle tendance.

• Pouvoir retracer les **tendances** des marchés, des produits et des mouvements sociaux ; connaître les langages (vocabulaire à la mode) ; reconnaître ce qui est vétuste ; poser des questions de base telles que : « Qu'est-ce qui pose problème ? », « Y a-t-il une solution ? »

• Avoir de l'**entrepreneurship** et de l'**intrapreneurship**.

Pour travailler en équipe et formuler des scénarios, il faut considérer à la fois le contenu des scénarios et le processus conduisant à leur formulation. Il est important d'avoir une bonne idée, au départ, des qualités qui seront utilisées par chacun dans l'élaboration des scénarios.

UNE SAINE FAÇON DE TRAVAILLER

Les responsables de la constitution d'un groupe qui élabore des scénarios d'avenir doivent émettre des idées qui rendent les participants :

- capables de faire une tâche plus simplement avec les mêmes ressources ou d'obtenir de meilleurs résultats ;

- pleinement responsables et aptes à la gestion de soi ;

- capables de s'exposer au contact d'un grand nombre de personnes et de s'adapter à la complexité et à la multiplicité de plus en plus facilement et rapidement ;

- capables de dialogues plus poussés et d'écoute mutuelle dans le temps alloué ;

- capables d'exercer la coordination et d'assurer l'exécution des étapes de la formulation des scénarios d'avenir ;

- capables de s'engager de façon entière, corps et esprit réunis.

Les responsables doivent étouffer ou faire dévier les activités des individus du groupe qui :

- minimisent l'importance des expériences de groupe au profit des réalisations individuelles ;

- minimisent l'importance du dialogue, de l'ouverture et de l'expression ;

- cherchent l'utilisation ou la production mécanique de données, la détermination de priorités ou la catégorisation des résultats ;

- empêchent les gens de prendre connaissance des sentiments et des rêves des autres ;

- freinent le groupe dans l'évaluation de son propre travail ;

- ajoutent des étapes et de la complexité à des tâches simples.

LES ÉLÉMENTS DYNAMIQUES CONTRIBUANT AU CONTENU DU SCÉNARIO D'AVENIR

Les éléments qui aident à concevoir un scénario d'avenir sont nombreux. Les scénarios d'avenir sont des histoires logiques et plausibles, car ils rendent compte des contradictions s'il y a lieu.

Les tendances

Les tendances, observables dans le monde concret, sont des éléments factuels manifestes qui exercent une influence significative dans un domaine d'activité particulier. Elles forment les lignes directrices d'un scénario, c'est-à-dire la logique interne de celui-ci. Une tendance peut durer longtemps ou être brève. Elle peut être importante ou non. Il faut donc se poser des questions sur sa durée et sur son importance. Nous pouvons aussi nous demander si les tendances observées ont une influence l'une sur l'autre, un effet multiplicateur. Par exemple, est-ce que les technologies de l'information continueront d'être utilisées par un nombre croissant de petites entreprises ? Et une entreprise qui n'utiliserait pas les technologies de l'information risquerait-elle de disparaître au profit d'un concurrent plus dynamique ?

L'impact

L'impact est l'effet produit par une tendance, un phénomène ou un événement. Les tendances qui perdurent ou des événements qui se répètent de manière récurrente peuvent avoir un certain effet sur notre avenir et nous pouvons les utiliser dans nos scénarios d'avenir. Un même événement peut avoir un impact plus ou moins grand selon la tendance observée, selon la ligne directrice choisie. Par exemple, quel est l'impact de l'utilisation des microprocesseurs dans notre industrie ? Comment cela affecte-t-il la compétitivité des entreprises de l'industrie ?

Les prédictions

Les prédictions sont des histoires probables portant sur les tendances et les lignes directrices. Les prédictions peuvent être formulées à propos de l'avenir des tendances ou des impacts que peut avoir une ligne directrice. De plus, les prédictions peuvent porter sur les effets combinés des tendances et de leurs impacts sur les lignes directrices. Par exemple, nous prévoyons des frais supplémentaires pour les entreprises polluantes en vertu du mode de l'utilisateur-payeur. Notre entreprise sera-t-elle touchée ?

Les lignes directrices

Si la répercussion des réglementations gouvernementales sur les entreprises est évidente pour la plupart des entrepreneurs, d'autres facteurs externes sont plus difficiles à saisir. Il peut être difficile, par exemple, de prévoir l'incidence d'une déréglementation. Repérer et formuler les tendances, l'impact des phénomènes et des événements de même que les cartes surprises pouvant influer sur les prédictions, c'est le point de départ et l'un des objectifs de la méthode des scénarios.

Les cartes surprises

Enfin, les « cartes surprises » sont des histoires, des tendances ou des événements dont la probabilité de survenir est faible, mais qui, s'ils surviennent, auront probablement un impact majeur. Les surprises du passé permettent de juger de l'importance que pourront avoir des tendances et des événements futurs imprévisibles. Par exemple, comment utiliser un scénario improbable (la carte surprise) comme l'a fait Shell au moment de la crise du pétrole ?

Les lignes directrices sont les éléments utilisés pour structurer un scénario ; elles en déterminent la scène, les personnages et l'action. Nous avons dans cet ouvrage privilégié les facteurs technologiques, écologiques, économiques et démographiques. Ce sont les facteurs pouvant le mieux déterminer les lignes directrices. Bien entendu, vous pouvez vous-même tirer, à partir des mêmes facteurs ou d'autres facteurs mieux ajustés à votre organisation, des lignes directrices permettant d'élaborer des scénarios d'avenir.

Quand un dirigeant réfléchit à l'avenir de son entreprise, il est surtout intéressé au taux d'intérêt, au prix des matières énergétiques, à l'implantation et à l'incidence des nouvelles technologies, au comportement du marché, ainsi qu'aux comportements de ses compétiteurs et à leurs produits. Ces facteurs sont externes à l'entreprise. La question est de trouver les lignes directrices significatives pour l'entreprise et ses membres.

Les lignes directrices peuvent sauter aux yeux de l'un et se dérober à l'autre. C'est une question de perception des enjeux et des facteurs touchant sa propre organisation ou sa propre section de fonctionnement. C'est pourquoi il est préférable de construire un scénario en équipe. On commence la plupart du temps par une recherche et une réflexion personnelles. Puis, on prend de grandes feuilles de papier et on procède à un remue-méninges en équipe. Les différents chapitres de notre livre représentent un ensemble de lignes directrices sur lesquelles vous pouvez vous baser pour amorcer votre réflexion. C'est un point de départ.

N'oubliez pas que vous êtes le spécialiste compétent au sein de votre organisation, de votre domaine d'activité. Inspirez-vous des tendances présentées, mais permettez-vous d'aller aussi loin que vous le désirez, même si cela va à l'encontre des impacts et des prédictions que nous avons présentés dans ce livre. Ce livre est un guide et non une fin en soi. C'est un outil pour vous inciter à vous dépasser.

Les lignes directrices choisies permettent de mettre en évidence les tendances, les impacts et les prédictions qui sont importants pour l'équipe et qui ne le seraient pas nécessairement pour une autre, même si cette dernière faisait partie d'une même organisation ou d'une même industrie. Les lignes directrices sont la logique interne du discours. Deux équipes pourraient tenir deux discours différents.

Nous avons présenté dans ce livre certaines lignes directrices formulées en fonction de grands facteurs de l'environnement. Nous avons fait certains choix. Nous avons considéré certaines tendances et en avons omis d'autres. Nous avons choisi de retenir tel impact plutôt que tel autre. Nous avons retenu certaines prédictions plutôt que d'autres. Une ligne directrice est le résultat des choix que nous faisons lorsque nous retenons certaines tendances, certains impacts et certaines prédictions à l'intérieur d'un facteur particulier. La trame de notre histoire, c'est notre ligne directrice.

Voici les critères à considérer par l'équipe qui désire retenir les tendances, les impacts et les prédictions des phénomènes liés aux facteurs des lignes directrices :

- Les phénomènes évoluant lentement

- Les phénomènes évoluant rapidement

- Les situations contraignantes

- Les tendances lourdes et les tendances fuyantes

- L'impact des phénomènes observés

- Les incertitudes critiques ou cartes surprises

- Les prédictions faites par les spécialistes du domaine

Après avoir déterminé les lignes directrices importantes pour les facteurs considérés, il faut habituellement les regrouper de manière à obtenir des configurations particulières de tendances et d'impacts qui permettent de formuler des scénarios.

Nous vous proposons maintenant cet exercice en prenant pour base les facteurs que nous avons nous-mêmes privilégiés, à savoir les facteurs technologiques, économiques, écologiques et démographiques.

UN EXEMPLE : LES ÉTAPES DE LA RÉALISATION D'UN SCÉNARIO

Imaginons une équipe à laquelle nous demandons de donner une idée du monde de demain. Quels sont les scénarios de l'humanité?

Dans un premier temps, les membres de cette équipe se poseraient la question à savoir quelle est l'importance relative de chacun des facteurs de changement pour mieux comprendre le monde de demain.

Il ne fait pas de doute que tous les facteurs sont à considérer. Pourtant, dans la réalisation des scénarios d'avenir portant sur l'avenir de l'humanité, l'équipe pourrait, pour simplifier sa vision, se limiter aux deux facteurs principaux. C'est une façon de faire. Ce n'est pas la seule, mais elle possède l'avantage de rendre la formulation des scénarios plus facilement réalisable. Il est fort probable que l'utilisation de deux facteurs soit amplement suffisante pour aider une équipe à définir les lignes directrices des scénarios.

Dans sa projection d'un monde à venir, une équipe peut penser que les facteurs écologiques jouent un faible rôle, que les facteurs économiques jouent un rôle moyen, alors que les facteurs technologiques et démographiques jouent un rôle important. Les membres de l'équipe désigneraient les valeurs relatives suivantes pour chacun des facteurs de changement.

TABLEAU 8.2

**Importance relative de chacun des facteurs
dans les scénarios d'avenir de l'humanité**

FACTEURS	VALEURS RELATIVES		
	Faible	Moyenne	Élevée
Économiques		X	
Démographiques			X
Écologiques	X		
Technologiques			X

Ainsi, une équipe peut très bien considérer que les facteurs technologiques et démographiques expliquent au moins 80 % des changements observés ou pouvant être observés en ce qui touche l'humanité dans l'avenir. Cette équipe utilisera principalement les facteurs technologiques et démographiques pour formuler ses scénarios d'avenir. Une autre équipe peut croire que ce sont les facteurs technologiques et économiques qui sont prédominants et que ceux-ci expliquent 80 % des changements observables dans l'humanité. Les équipes choisissent ainsi les deux facteurs qui seront mis en commun.

Facteurs retenus combinés

Des équipes différentes peuvent choisir des facteurs différents pour tenter de prévoir l'avenir de l'humanité. Lorsque le choix des facteurs est effectué, on oppose l'un à l'autre les deux types de facteurs choisis afin de constituer un tableau à double entrée. Le tableau à double entrée permet de déterminer deux pôles (faible-élevé) pour chacun des types de facteurs. Le tableau suivant montre comment présenter la combinaison des facteurs considérés.

Facteurs combinés et pôles

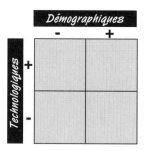

Certaines tendances sont significatives et influeront sur les individus et sur les groupes, tandis que d'autres sont insignifiantes. L'évolution du coût du transport et les changements brusques des taux d'intérêt sont des exemples de tendances qui apparaissent clairement significatives et qui peuvent avoir un impact sur les gens ou sur les organisations.

Des ambiguïtés peuvent apparaître après le repérage et l'examen des lignes directrices. Il est possible que des éléments ne soient pas traités et que l'on soit devant des incertitudes ou des cartes surprises. La considération des facteurs entraîne ce genre de réflexion. Le plus important à considérer ici est la créativité : il faut se donner les conditions favorisant le plus d'ouverture possible.

Parmi les différents modèles de construction de scénarios d'avenir, certains réalisateurs de scénarios refusent de définir quelque élément que ce soit des lignes directrices. Selon eux, l'effort de définition produit souvent le résultat inverse de l'effet recherché. Cependant, d'autres peuvent accepter certains critères qui permettent de distinguer les lignes directrices satisfaisantes de celles qui sont incertaines ou peu pertinentes pour l'équipe. Une fois cette étape accomplie, il s'agit de créer une image des éléments de l'histoire.

Certaines questions se posent avant de formuler les scénarios d'avenir:

- Quelles sont les possibilités d'avenir qui n'ont pas été considérées par l'équipe ?

- Qu'est-ce qui pourrait faire survenir des possibilités que les employés de l'organisation ont négligées ?

- Quels choix pouvant être associés aux stratégies décisionnelles courantes de l'organisation n'ont pas été considérés ?

Et certaines questions se posent pendant la réalisation d'un scénario d'avenir.

Les questions clés d'un scénario d'avenir

• Quelles sont les tendances observables ?

• Quelle est l'importance relative de ces tendances dans votre scénario d'avenir ?

• Quel est l'impact des événements ou des tendances dans votre scénario d'avenir ?

• Quels sont vos certitudes, vos éléments prédéterminés ou présupposés ?

• Qu'est-ce que vous croyez incertain ?

• Qu'est-ce qui est inévitable ?

• Quelles sont vos prédictions ?

• Quelles sont les cartes surprises auxquelles vous croyez devoir faire face ?

• Quelles sont les lignes directrices de votre projet ?

• Quel nom donnez-vous à chacune de ces lignes directrices ?

On fait ensuite le point sur les idées exprimées et on prend un temps d'arrêt. Les participants rentrent à la maison pour un repos bien mérité. Le matin suivant, quelqu'un dira : « Vous savez, j'ai eu telle idée à propos de ce scénario. » Chacun écrit les nouvelles idées surgies depuis la veille. Progressivement, les scénarios d'avenir de l'humanité se dessinent les uns par rapport aux autres.

Le processus du scénario d'avenir se compare à l'écriture d'un scénario de film. On insère l'idée du film avant les personnages. Les « personnages » du scénario d'avenir sont des blocs choisis en équipe, ce qui permet de créer un ensemble plausible.

Le scénariste considère plusieurs ensembles possibles. Le scénario peut tout aussi bien porter sur la rivalité de l'entreprise avec son environnement, sur l'amélioration de la productivité ou sur un changement radical du marché cible.

Il ne peut y avoir que quelques lignes directrices pouvant servir aux scénarios. La plupart proviennent des comportements de la vie économique, culturelle et politique, des technologies, de l'écologie et de la démographie. Dans de nombreux scénarios, plusieurs lignes se recoupent. Le réalisateur des scénarios examine les éléments convergents et essaie de comprendre comment et pourquoi ils peuvent se recouper ; il utilise son imagination pour produire une image cohérente des choix à venir. Cela donne une texture aux scénarios, un aspect réel et vivant. Chaque scénario se voit attribuer un nom qui caractérise son orientation.

Dans le contexte d'une organisation, il faut prévoir la conception d'au moins un scénario qui puisse être apocalyptique et dont le but est de faire réfléchir et peut-être de faire réagir, sans tomber dans l'incitation à la panique ou au désespoir. On peut envisager, par exemple, un marché qui se rétrécit ou une récession d'envergure, mais pas une guerre nucléaire soudaine ou la venue d'extraterrestres. Il faut éviter les excès et rester dans des sphères plausibles, même si l'idée avancée est farfelue. Bien entendu, si on travaille pour le Pentagone ou l'ONU, la question ne saurait être évitée.

Votre but est de sélectionner les lignes directrices qui conduisent rétroactivement à des choix différents et à la prise de décision menant à des actions différentes. Les scénarios doivent permettre de planifier la prise de décision et la mise en place de différentes actions.

Les «personnages» du scénario d'avenir tendent à être des lignes directrices ou des institutions, des nations, des entreprises ou des blocs régionaux.

Dans notre exemple, nous nous limitons à considérer un ensemble de quatre ou cinq scénarios. Chacun porte un nom qui le caractérise. Deux scénarios ne suffisent pas à saisir la réalité de l'avenir, c'est pourquoi on en utilise souvent trois. Mais, pour forcer l'élaboration d'un scénario complémentaire plausible, il est préférable d'en formuler quatre ou cinq.

On garde donc en tête quatre avenirs possibles, avec un ensemble de variations.

Dans notre exemple, notre équipe pourra définir au moins quatre scénarios. Chacun des scénarios possède ainsi son propre nom permettant de faire émerger d'autres éléments de la ligne directrice issue de la combinaison des facteurs considérés et assurant la cohésion entre les scénarios.

On peut envisager un monde plus ou moins technologique avec une population humaine plus ou moins élevée (facteur démographique). Ainsi, l'équipe peut considérer qu'un monde fortement peuplé et faible sur le plan technologique nous ramènerait le «bon vieux temps», alors qu'un monde démographiquement surpeuplé (qui reste à définir par les lignes directrices) et technologiquement avancé créerait un avenir de haute technologie et de grande sensibilité humaine: *high-tech/high-touch*. Un monde peu peuplé mais technologiquement avancé nous conduirait dans l'univers d'Aldous Huxley, «le meilleur des mondes», alors qu'un monde démographiquement peu peuplé et technologiquement peu avancé serait celui résultant d'une guerre sans merci et sans lendemain: «Après la guerre». Enfin, il faut se raconter les histoires de chacun de ces scénarios et se les formuler en fonction de notre réalité organisationnelle propre.

TABLEAU 8.3

Quatre scénarios d'avenir de l'humanité
basés sur des facteurs démographiques et technologiques

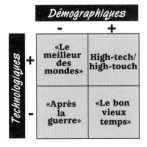

Attention! Un scénario d'avenir sera plus efficace si:

- nous le présentons comme une borne dans une situation décisive pour une communauté ou dans la vie d'une organisation;

- nous visons l'amélioration d'une grande quantité de personnes;

- les dirigeants ou les leaders des communautés y participent activement et ont un profond désir de réussir en utilisant ce processus particulier;

- le groupe de participants inclut des sous-groupes d'intérêt dans l'organisation ou dans la communauté ainsi que des fournisseurs, des représentants du gouvernement et des membres de la communauté;

- les participants gèrent l'information, s'ils analysent et planifient l'action eux-mêmes;

- l'attention est placée sur les possibilités et non sur les problèmes particuliers;

- les facilitateurs se retirent des débats lorsque les participants travaillent de façon productive, et deviennent actifs lorsque les gens sont l'objet de conflits ou ne se concentrent pas sur les tâches à accomplir.

Nous proposons ici quelque chose que les gens veulent faire, sans avoir jamais pensé qu'il était possible pour eux de le réaliser. Les scénarios d'avenir ne remplacent pas la planification stratégique. Cependant, ils peuvent aider à mobiliser les ressources pour qu'elles prennent des décisions et réalisent des projets de façon concertée. Une rencontre de ce genre permet aux membres d'un groupe de travailler sérieusement à l'implantation de plans et de rêves, de systèmes et de projets, de visions et de valeurs.

Attention ! Un scénario d'avenir sera moins efficace si :

• trop peu de participants font en sorte d'imaginer un maximum de possibilités ;

• trop peu de points de vue différents sont exprimés ;

• les dirigeants ne donnent pas suite aux initiatives qui émergent de la rencontre ;

• les consultants cherchent à répondre aux besoins du groupe en faisant de la formation (c'est-à-dire en proposant des instruments, des sondages, des exercices d'habileté, des jeux de groupe), ce qui a pour effet d'enlever du pouvoir à celui-ci.

SAVOIR ÉVITER LES PIÈGES

Il existe deux types de pièges dans la réalisation d'un scénario d'avenir. Les pièges sont liés soit à la réalisation des scénarios, soit au contenu des scénarios.

9 pièges liés à la réalisation des scénarios

1. *Le manque de soutien de la haute direction.* Sans l'appui de la direction, les scénarios risquent fort de n'avoir aucune suite.

2. *Le manque d'intrants.* Il peut arriver qu'une équipe ait besoin de ressources extérieures pour effectuer le travail adéquatement.

3. *Le manque d'équilibre entre le personnel d'encadrement et le personnel des opérations.* Ce sont les cadres qui doivent, en premier lieu, accorder une attention particulière aux scénarios envisagés.

4. *Le manque de réalisme dans les objectifs et dans les attentes.* Le but initial de la planification de scénarios n'est pas de produire bêtement des plans, mais d'aider les gestionnaires à mieux comprendre ce qui pourrait arriver à leurs plans dans l'avenir.

5. *Le manque de clarté dans la distribution des rôles.* Au début du processus, il est important de bien clarifier le rôle de chacun et les étapes que le groupe doit franchir pour atteindre ses objectifs.

6. *Le manque de clarté dans la « carte routière » à dessiner.* Le processus de confection d'un scénario peut dériver si les participants ne savent pas exactement où ils vont, s'ils n'ont pas de plan de travail, d'échéancier ou encore de tâches précises à accomplir. Il faut analyser ce qui est pertinent, ce qui a un impact potentiel, et en quoi consistent le degré de compréhension, les incertitudes et les interactions possibles.

7. *Le développement d'un trop grand nombre de scénarios.* On devrait s'en tenir à deux, trois ou quatre scénarios.

8. *Le manque de temps pour confectionner les scénarios.* Il est important de bien planifier le temps requis, mais il ne faut pas non plus se perdre dans la formulation de détails non pertinents.

9. *Le manque de liens établis au cours du processus de planification.* Le processus de confection des scénarios ne devrait pas être isolé des autres processus de prise de décisions organisationnelles. Idéalement, la planification du scénario devrait être liée étroitement à la planification existante et au processus de préparation du budget.

8 pièges liés au contenu des scénarios

1. *Des délais et une envergure de projet inappropriés.* Il est difficile pour une entreprise de bien gérer le quotidien et de se donner une perspective à long terme. Souvent, les scénarios sont trop concentrés sur les crises courantes et les gens qui les mettent sur pied ont tendance à ignorer les possibilités à long terme.

2. *Des échelles de résultats trop limitées.* Même les firmes ayant expérimenté un passé tumultueux et vécu les difficultés de leur industrie peuvent échouer au moment d'émettre des prédictions d'avenir. Le *benchmarking* est un des quelques outils pouvant les aider à établir des comparaisons avec d'autres industries qui ont vécu des périodes difficiles.

3. *Une focalisation trop grande sur les tendances.* Le danger est ici de tomber dans la simplicité qui consiste à projeter le passé vers l'avant.

4. *Un manque de points de vue diversifiés.* Même les firmes qui collectent des données quantitatives sur les tendances futures et les incertitudes échouent souvent au moment de les synthétiser en des scénarios thématiques. Elles font l'erreur de voir le futur comme s'il était la continuité du présent et n'en différait pas.

5. *Un manque de focalisation sur les dirigeants.* Le contenu d'un scénario peut être quantifié en variables, un peu comme les taux d'intérêt ou la part de marché à conquérir, mais il ne devrait pas être basé sur ces variables au point de départ.

6. *Une mauvaise remise en question du paradigme organisationnel.* La confection de scénarios exige de confronter les croyances clés de l'équipe de gestion. Un scénario qui confirme la direction que prend déjà l'organisation n'a que peu d'utilité. Il faut absolument trouver un équilibre entre ce que l'avenir peut réellement apporter à l'organisation et ce que l'organisation est prête à faire pour faire face à cet avenir.

7. *Un manque dans la formulation d'une histoire dynamique.* Plusieurs entreprises formulent les scénarios sous forme de descriptions figées dans des images. Un scénario efficace explique le processus qui permet d'arriver au futur projeté dans une description du point d'arrivée. En fait, un bon scénario présente une manière persuasive d'atteindre des résultats imprévus et qui utilisent une logique enracinée dans la réalité d'aujourd'hui. En fait, le scénario doit expliquer comment nous pouvons passer de notre réalité actuelle aux possibilités de demain.

8. *Un manque dans la liaison avec les considérations de l'administration.* L'histoire doit être pertinente aux yeux des gens qui prennent les décisions. Les scénarios qui font la différence doivent être branchés sur les considérations de l'équipe de gestion. Ils fonctionnent lorsque l'organisation agit en regard des occasions d'affaires avant que les compétiteurs ne les découvrent.

Bons scénarios !

CECI N'EST PAS UNE CONCLUSION

La démarche proposée dans cet ouvrage n'a pas vraiment de fin. En effet, nous avons la chance de vivre à une époque riche en changements et nous pouvons y participer activement en tirant profit des nombreuses occasions qui nous sont offertes. Ainsi, relever le défi de se faire une histoire de l'avenir exige un effort de compréhension des tendances qui se manifestent actuellement sur une foule de plans : technologique, écologique, économique et démographique. Nous aurions pu ajouter des éléments de politique ou de culture pour étoffer notre réflexion ; c'est un choix.

Chose certaine, quels que soient les éléments choisis pour étayer la vôtre, rappelez-vous toujours que ce ne sont pas les *événements* qui définissent l'importance de l'information nécessaire à la réalisation d'un scénario d'avenir, mais bien le *processus de réflexion* auquel on se livre à partir de ces événements. Pourquoi retenir telle ou telle information au détriment de telle autre ? Qu'est-ce qui est pertinent, qu'est-ce qui est secondaire ? Et ce qui est secondaire est-il nécessairement insignifiant ? Dans une telle démarche, la tentation de l'analyste de tout relever, de tout considérer et de tout conserver est tout à fait légitime, mais peut se révéler combien futile !

***

Actuellement, comme c'est le cas pour tout processus cyclique, les fusions et acquisitions d'entreprises mènent généralement à une phase de croissance phénoménale. Et les dirigeants des différentes industries qui vivent de tels changements pensent que la croissance leur apportera des moyens de se préparer aux exigences de l'avenir. Mais l'avenir nous réserve-t-il vraiment une mondialisation des marchés fondée sur les économies d'échelle ? Est-il prouvé que les grandes organisations seront réellement efficaces pour répondre aux besoins d'innovation technologique et générer la richesse que l'on attend d'elles ? Est-ce réellement un avantage concurrentiel que d'être gros ? Et si cette stratégie de fuite vers l'avant n'était simplement qu'une décision de gestion vétuste mal adaptée au contexte présent pour faire face à la peur de l'incertain ? Il est permis de croire que les petites organisations vont profiter des possibilités offertes par les grandes, même dans un monde de géants. À moins que les grandes entreprises ne se renouvellent totalement en des organisations hybrides inimaginables actuellement.

Les organisations, les groupes et les individus se doivent d'adopter une attitude proactive, d'exercer des choix et de se mobiliser pour faire face aux défis qui les attendent. Mais y parviendront-elles ? Le défi est ici de trouver les moyens de rendre cohésif un effort qui puisse donner du sens à un travail sans cesse remis en question par la turbulence d'un environnement imprévisible. Le scénario d'avenir réduit l'incertitude sans l'éliminer complètement, et permet de retrouver son assurance devant des obstacles qui deviennent alors autant de possibilités organisationnelles.

* * *

Nous souhaitons grandement que vous utiliserez les outils proposés, que ceux-ci vous aideront à mieux comprendre votre environnement. En raison des incertitudes que nous vivons, il devient crucial, aujourd'hui plus que jamais, de mettre en perspective les éléments qui permettent d'entrevoir ce qui se passera demain.

Remettez en question, analysez de façon critique les événements relatés, la qualité de l'information ainsi que son utilité, de manière à pouvoir dégager l'essentiel de l'accessoire. Et n'hésitez pas à vous servir de votre intuition, de votre créativité, de vos connaissances, de vos compétences et de votre jugement lorsque vous établirez les lignes directrices de vos scénarios. Faites-vous confiance! Il y a autant de scénarios possibles qu'il existe de gens pour y réfléchir et pour les raconter. Allez, foncez! C'est motivant, c'est mobilisateur!

Et attention: parfois, le détail anodin, l'événement d'apparence insignifiante peuvent receler une information de grande valeur, tout comme le manque d'information ou leurs lacunes peuvent être révélatrices de la réalité. Il est vrai qu'un détail pris individuellement peut sembler insignifiant, mais lorque celui-ci trouvera sa place dans un contexte particulier, qui sait combien cet élément gagnera en importance. C'est pour cette raison que l'intuition et la créativité jouent un rôle déterminant dans l'établissement des liens entre les événements et le contexte dans lequel ils surviennent.

Nous vous invitons à poursuivre votre réflexion sur le futur à partir des chemins que permettent d'emprunter les scénarios d'avenir. À vous la liberté de les utiliser en harmonie avec votre imagination, votre intuition et votre créativité! Grâce aux scénarios d'avenir, le futur vous appartient. Il n'y a donc pas de conclusion possible ici car le temps passe, et tout reste encore à être imaginé, découvert et inventé!

NOTES

1   Dertouzos, Michael L., *What Will Be — How the new world of information will change our lives*, New York, HarperEdge, 1997.

2   Ramsay, Laura, « The Future : all of the industry players know where they want to go », *The Financial Post*, 5 octobre 1996, p. T2.

3   Uchitelle, Louis, « What has the computer done for America lately ? », *The New York Times*, 8 décembre 1996, section 4.

4   Shepard, Stephen B., « The New Economy : what it really means », *Business Week*, 17 novembre 1997, p. 38-40.

5   Produit intérieur brut : mesure de l'ensemble des biens et des services produits à l'intérieur des limites d'un pays pour une période donnée.

6   Shwartz, Nelson D., « Market Shock ! », *Fortune*, 24 novembre 1997, p. 88-92.

7   Ogden, Frank, *Navigating in Cyberspace : a guide to the next millenium*, Macfarlane Walter & Ross, Toronto, p. 80-81.

8   Kirkpatrick, David, « 10 tech trends to bet on », *Fortune*, 10 novembre 1997, p. 97-112.

9   Lortie, Marie-Claude, « Trop de sociétés engloutissent leur fortune dans l'informatique », *La Presse*, 24 novembre 1997, p. C2.

10 Kirkpatrick, David, 1997, *op. cit.*

11 Rosenfeld, Donald, « The revolution in inventory and logistics », communication donnée au MIT Centre for Reat Estate les 21 et 22 novembre 1996 à Cambridge, au Massachusetts.

12 Ogden, Frank, 1995, *op. cit.*, p. 1-6.

13 Rifkin, Jeremy, *La fin du travail*, Montréal, Les Éditions du Boréal, 1996.

14 Rifkin, Jeremy, 1996, *op. cit.*

15 Minkin, Barry Howard, *Future in Sight : 100 trends, implications and predictions*, New York, MacMillan, 1995.

16 Shwartau, Winn, « Le meilleur des cybermondes », *La Presse*, 10 janvier 1998, page B1.

17 Shwartau, Winn, 1998, *op. cit.*

18 Morrisson, Ian, *The Second Curve*, New York, Ballantine Books, 1996.

19 Ogden, Frank, 1995, *op. cit.*

20 Morrisson, Ian, 1996, *op. cit.*

21 Kirkpatrick, David, 1997, *op. cit.*

22 Hawley, Michael, « Computers and telecommunications by 2020 », communication donnée au MIT Centre for Real Estate les 21 et 22 novembre 1996 à Cambridge, au Massachusetts.

23 Morrisson, Ian, 1996, *op. cit.*

[24] Minkin, Barry Howard, 1995, *op. cit.*

[25] Stagflation : conjoncture économique qui se caractérise par l'inflation des prix malgré la stagnation de l'activité et de la production.

[26] Récession : contraction soutenue de l'activité économique.

[27] Thurow, Lester C., *The Future of Capitalism*, New York, William Morrow & Company, 1996, p. 211-231.

[28] Agence France-Presse, « La crise financière en Asie est plus complexe que celle du Mexique », *La Presse*, 8 décembre 1997, p. C2.

[29] Mandel, Michael J., Engardio, Pete, Thornton, Emily S. Farrell, Christopher, « The treat of deflation », *Business Week*, 10 novembre 1997, p. 162.

[30] Shepard, Stephen B., « What the markets are telling us », *Business Week*, 10 novembre 1997, p. 162.

[31] Norris, Floyd, « Caution : economic statistics are wrong », *The New York Times*, 10 novembre 1996.

[32] Morton, Peter, « Greenspan wants inflation calculated independently », *The Financial Post*, 31 janvier 1997, p. 6.

[33] Handy, Charles, *Le temps des paradoxes*, Montréal, Les Éditions Transcontinental, 1994.

[34] Thurow, Lester C., 1996, *op. cit.*

[35] Nakamura, Jim, « Confronté à la récession, le Japon vit une crise de l'emploi », *La Presse*, 8 novembre 1997, page B6.

[36] Théorêt, Raymond, « Forte hausse du nombre d'emplois autonomes depuis 1995 », *Les Affaires*, 19 juillet, p. 8.

[37] Krugman, Paul, *Pop Internationalism*, Cambridge, Massachusetts, The MIT Press.

[38] Morrisson, Ian, 1996, *op. cit*

[39] Ogden, Frank, 1995, *op. cit.*

[40] Minkin, Barry Howard, 1995, *op. cit.*

[41] Tanzer, Andrew, cité dans Barry Howard Minkin, 1995, *op. cit.*

[42] Harris, Catherine, « World economy faces China challenge », *The Financial Post*, 27 septembre, p. 14.

[43] Manthorpe, Jonathan, « Asia's tiger nations declawed kittens », *The Gazette*, 19 juillet 1997, p. E4.

[44] Agence France-Presse, « La crise financière en Asie est plus complexe que celle du Mexique », *La Presse*, 8 décembre 1997, p. C2.

[45] Desmond, Edward, « The bottom line of Japan », *Fortune*, 21 juillet, p. 92-96.

[46] Krugman, Paul, « First : what ever happened to the Asian miracle ? », *Fortune*, 18 août 1997, p. 26-28.

[47] Agence France-Presse, 8 décembre 1997, *op. cit.*

[48] Shepard, Stephen B., 10 novembre 1997, *op. cit.*

[49] Sherden, William A., *The Fortune Sellers*, New York, John Wiley and Sons, 1998.

[50] Preston, Samuel H., « Children Will Pay », *The New York Times Magazine*, 29 septembre 1996, p. 96-97.

[51] Hétu, Richard, « Le confort et l'indifférence », *La Presse*, 18 janvier 1998, p. A1.

[52] Hétu, Richard, 18 janvier 1998, *op. cit.*

[53] Léger, Jean-Marc, « Le mythe de la génération X », *Affaires PLUS*, janvier 1997, p. 55.

[54] Bushouse, Kathy, « Clash of personalities : as generation Xers enter work force, managers must deal with their different values, *The Gazette*, 28 juillet 1997, p. F5.

[55] Foot, David K. et Daniel Stoffman, *Entre le boom et l'écho*, Montréal, Les Éditions du Boréal, 1996.

[56] Worzel, Richard, *The Next 20 Years of your Life : A personal guide into the year 2017*, Toronto, Stoddart, 1997.

[57] Foot, David K. et Daniel Stoffman, 1996, *op. cit.*

[58] The Dorling Kindersley World Reference Atlas, Montréal, Libre Expression, 1996.

[59] Preston, Samuel H., 29 septembre 1996, *op. cit.*

[60] Thurow, Lester C., « The birth of a revolutionary class », *The New York Times Magazine*, 19 mai 1996, p. 46-47.

[61] Gérontocratie : société dirigée par les personnes âgées.

[62] Worzel, Richard, 1997, *op. cit.*

[63] Fausold, Charles J., & Lilieholm, Robert J., (1996). The Economic Value of Open Space in *Landlines : Newsletter of the Lincoln Institute of Land Policy*, septembre 1996, vol. 8, no.3.

[64] *The Dorling Kindersley World Reference Atlas*, (1976). Libre Expression, Montréal.

[65] Rybczynski, Vitald, *City Life, op. cit.*

[66] Egan, Timothy, (1996). Urban Spraw strains western States, *New York Time*, 29 décembre, 1996.

[67] Chinitz, Benjamin & Horan, Thomas, (1996). Communication Technology and Settlement Patterns in *Landlines : Newsletter of the Lincoln Institute of Land Policy*, Septembre 1996, vol. 8, no.3.

[68] Faircloth, Anne, (1997). « North America's most improved cities », *Fortune*, 24 novembre, pages 170-191.

[69] Agence France-Presse, (1997). « Baisse de la criminalité partout aux États-Unis », *La Presse*, 24 novembre, page A9.

AUTRES TITRES PARUS
AUX ÉDITIONS TRANSCONTINENTAL

Collection Affaires PLUS

15 mythes qui menacent vos épargnes
Pierre Caron
29,95 $
384 pages, 1998

S'enrichir grâce à un portefeuille de valeurs mobilières
Charles K. Langford
21,95 $
168 pages, 1998

Partez l'esprit en paix
Sandra E. Foster
24,95 $
392 pages, 1998

S'enrichir grâce aux fonds communs de placement
Nicole Lacombe et Linda Patterson
18,95 $
227 pages, 1998

Guide de planification de la retraite (cédérom inclus)
Samson Bélair/Deloitte & Touche
34,95 $
392 pages, 1998

Guide de planification financière (cédérom inclus)
Samson Bélair/Deloitte & Touche
37,95 $
392 pages, 1998

Comment réduire vos impôts (10ᵉ édition)
Samson Bélair/Deloitte & Touche
16,95 $
276 pages, 1998

Les fonds vedettes 1998
Riley Moynes et Michael Nairne
21,95 $
320 pages, 1998

La bourse : investir avec succès (2ᵉ édition)
Gérard Bérubé
36,95 $
420 pages, 1997

Collection Communication visuelle

Comment constuire une image
Claude Cossette
29,95 $
144 pages, 1997

L'idéation publicitaire
René Déry
29,95 $
144 pages, 1997

Les styles dans la communication visuelle
Claude Cossette et Claude A. Simard
29,95 $
144 pages, 1997

Comment faire des images qui parlent
Luc Saint-Hilaire
29,95 $
144 pages, 1997

Collection Ressources humaines

L'intelligence émotionnelle au travail
Hendrie Weisinger
29,95 $
288 pages, 1997

Vendeur efficace
Carl Zaiss et Thomas Gordon
34,95 $
360 pages, 1997

Adieu patron! Bonjour coach!
Dennis C. Kinlaw
24,95 $
200 pages, 1997

Collection principale

Les entreprises de services
Une approche client gagnante
Benoît Paquin et Normand Turgeon
39,95 $
428 pages, 1998

Internet, intranet, extranet : comment en tirer profit
CEVEIL
24,95 $
240 pages, 1998

La créativité en action
Claude Cossette
24,95 $
240 pages, 1998

Guide des franchises et du partenariat au Québec (4ᵉ édition)
Institut national sur le franchisage et le partenariat
36,95 $
464 pages, 1997

Solange Chaput-Rolland
La soif de liberté
Francine Harel-Giasson et Francine Demers
21,95 $
200 pages, 1997

Crédit et recouvrement au Québec (3ᵉ édition)
La référence pour les gestionnaires de crédit
Lilian Beaulieu, en collaboration avec N. Pinard et J. Demers
55 $
400 pages, 1997

Le télétravail
Yves Codère
27,95 $
216 pages, 1997

Le Québec économique 1997
Panorama de l'actualité dans le monde des affaires
Michèle Charbonneau, Lilly Lemay et Richard Déry
27,95 $
240 pages, 1997

Les fondements du changement stratégique
Taïeb Hafsi et Bruno Fabi
39,95 $
400 pages, 1997

Le nouveau management selon Harrington
Gérer l'amélioration totale
H. James Harrington et James S. Harrington
59,95 $
600 pages, 1997

Comprendre et mesurer
la capacité de changement des organisations
Taïeb Hafsi et Christiane Demers
36,95 $
328 pages, 1997

100 % tonus
Pour une organisation mobilisée
Pierre-Marc Meunier

19,95 $
192 pages, 1995

9-1-1 CA$H
Une aventure financière dont vous êtes le héros
Alain Samson et Paul Dell'Aniello

24,95 $
256 pages, 1995

Redéfinir la fonction finance-contrôle
en vue du XXIe siècle
Hugues Boisvert, Marie-Andrée Caron et leurs collaborateurs

24,95 $
188 pages, 1995

La stratégie du président
Alain Samson

24,95 $
256 pages, 1995

La réingénierie des processus d'affaires dans
les organisations canadiennes
François Bergeron et Jean Falardeau

24,95 $
104 pages, 1994

Survoltez votre entreprise !
Alain Samson

19,95 $
224 pages, 1994

La réingénierie des processus administratifs
H. James Harrington

44,95 $
406 pages, 1994

La nouvelle économie
Nuala Beck

24,95 $
240 pages, 1994

Processus P.O.M.
Une analyse du rendement continu de l'équipement
Roger Lafleur

34,95 $
180 pages, 1994

La certification des fournisseurs
Au-delà de la norme ISO 9000
Maass, Brown et Bossert

39,95 $
244 pages, 1994

Les 80 meilleurs fromages de chez nous
et leurs vins d'accompagnement
Robert Labelle et André Piché

18,95 $
272 pages, 1994

Un plan d'affaires gagnant (3e édition)
Paul Dell'Aniello

27,95 $
208 pages, 1994

1001 trucs publicitaires (2e édition)
Luc Dupont

36,95 $
292 pages, 1993

Maître de son temps
Marcel Côté

24,95 $
176 pages, 1993

Jazz leadership
Max DePree

24,95 $
244 pages, 1993

À la recherche de l'humain
Jean-Marc Chaput

19,95 $
248 pages, 1992

Vendre aux entreprises
Pierre Brouillette

34,95 $
356 pages, 1992

Objectif qualité totale
Un processus d'amélioration continue
H. James Harrington

34,95 $
326 pages, 1992

Collection Entreprendre

Faites le bilan social de votre entreprise
Philippe Béland et Jérôme Piché

21,95 $
136 pages, 1998

Comment bâtir un réseau de contacts solide
Lise Cardinal

18,95 $
144 pages, 1998

S'associer pour le meilleur et pour le pire
Anne Geneviève Girard

21,95 $
136 pages, 1998

Correspondance d'affaires anglaise
B. Van Coillie-Tremblay, M. Bartlett et D. Forgues-Michaud

27,95 $
400 pages, 1998

Profession : patron
Pierre-Marc Meunier

21,95 $
152 pages, 1998

Comment gagner la course à l'exportation
Georges Vigny

27,95 $
200 pages, 1997

La révolution du Savoir dans l'entreprise
Fernand Landry

24,95 $
168 pages, 1997

Comment faire un plan de marketing stratégique
Pierre Filiatrault

24,95 $
206 pages, 1997

Profession : travailleur autonome
Sylvie Laferté et Gilles Saint-Pierre

24,95 $
272 pages, 1997

Devenez entrepreneur 2.0 (version sur cédérom)
Plan d'affaires
Alain Samson, en collaboration avec Paul Dell'Aniello

69,95 $
1997

Devenez entrepreneur 2.0 (version sur disquettes)
Plan d'affaires
Alain Samson

39,95 $
4 disquettes, 1997

Réaliser son projet d'entreprise
Louis Jacques Filion et ses collaborateurs

27,95 $
268 pages, 1997

Des marchés à conquérir
Guatemala, Salvador, Costa Rica et Panama
Pierre-R. Turcotte

44,95 $
360 pages, 1997

La gestion participative
Mobilisez vos employés !
Gérard Perron

24,95 $
212 pages, 1997

La passion du client
Viser l'excellence du service   24,95 $
Yvan Dubuc   210 pages, 1993

Entrepreneurship technologique
21 cas de PME à succès   29,95 $
Roger A. Blais et Jean-MarieToulouse   416 pages, 1992

Devenez entrepreneur (2e édition)
Pour un Québec plus entrepreneurial   27,95 $
Paul-A. Fortin   360 pages, 1992

Correspondance d'affaires
Règles d'usage françaises et anglaises et 85 lettres modèles
Brigitte Van Coillie-Tremblay, Micheline Bartlett   24,95 $
et Diane Forgues-Michaud   268 pages, 1991

Autodiagnostic
L'outil de vérification de votre gestion   16,95 $
Pierre Levasseur, Corinne Bruley et Jean Picard   146 pages, 1991